希利尔讲给孩子的世界史

［美］维吉尔·莫里斯·希利尔／著 谢晓健／译

H.P.H 哈尔滨出版社
HARBIN PUBLISHING HOUSE

图书在版编目（CIP）数据

希利尔讲给孩子的世界史 /（美）希利尔著；谢晓健译.—哈尔滨：哈尔滨出版社，2013.1
ISBN 978-7-5484-1144-4

Ⅰ.①希… Ⅱ.①希…②谢… Ⅲ.①世界史—青年读物②世界史—少年读物 Ⅳ.①K109

中国版本图书馆CIP数据核字（2012）第191599号

书　　名：希利尔讲给孩子的世界史

作　　者：［美］维吉尔·莫里斯·希利尔　著
译　　者：谢晓健　译
责任编辑：关　健　韩伟锋
特约编辑：李异鸣　刘志红
责任审校：李　战
封面设计：吕彦秋

出版发行：哈尔滨出版社（Harbin Publishing House）
社　　址：哈尔滨市松北区科技一街349号3号楼　　邮编：150028
经　　销：全国新华书店
印　　刷：北京中振源印务有限公司
网　　址：www.hrbcbs.com　　www.mifengniao.com
E-mail：hrbcbs@yeah.net
编辑版权热线：（0451）87900272　87900273
邮购热线：4006900345（0451）87900345　87900299　或登录蜜蜂鸟网站购买
销售热线：（0451）87900201　87900202　87900203

开　　本：720mm×1000mm　1/16　印张：22.5　字数：316千字
版　　次：2013年1月第1版
印　　次：2013年1月第1次印刷
书　　号：ISBN 978-7-5484-1144-4
定　　价：36.80元

凡购本社图书发现印装错误，请与本社印制部联系调换。　服务热线：（0451）87900278
本社法律顾问：黑龙江佳鹏律师事务所

目录

CONTENTS

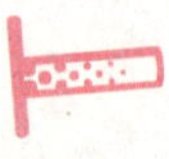

孩子们，这一页不是给你们写的，而是给那些年龄比你们更大一些的人写的，他们的年龄有20岁、30岁或40岁了，他们可能会扫一眼这本书，他们会将这一页称为：

序 PREFACE

让孩子知道一些事情，这些事情在他（她）来到这个世界之前就已经发生过了；

带着孩子跳离自我中心的圈圈，由于原来他（她）的眼中只有这个圈圈，因此容不得其他东西了；

拓展孩子的视野，使他（她）的眼界开阔，为孩子“打开”过去岁月中所出现的种种事件；

让孩子知道一些重要的历史事件与伟人的名字，并让他（她）知道这些事件与名字所处的时代与所在的地点，为将来进一步学习打下基础；

给孩子一部带有重要人物与事件指引的编年史书，使他（她）能够将未来要学到的历史放到这部编年史书中的合适位置。

以上这些，就是一开始写作这部世界史概览时的意图。

孩子们，这部分也不是给你们写的，而是给你们的父亲、母亲，或是老师们写的，他们会把这部分称为：

引言 FOREWORD

跟我生活的那个年代的所有孩子一样，我是读着美国历史长大的，不知道除了美国历史之外还有其他的什么历史。日子就这样一年一年地过去，我也一年一年地长大，直到八岁或更大一些的时候。

在这个时候，我所知道的这个世界，是开始于1492年的。倘若偶尔遇到在此之前发生的事件或是人物，我会在心里暗暗地将它归为神话传说一类的东西。耶稣基督和他的时代，我只在主日学校里听过，它们对我而言纯粹是虚构的，没有丝毫真实性。它们并没有在我所读过的任何历史书中提到过，因此我认为，它们并不属于真实时空中的这个世界，而是属于精神世界中的东西。

让一个美国孩子只知道美国历史，这就跟对一个得克萨斯州的孩子只传授得克萨斯州的历史一样狭隘。爱国主义通常被用来作为这种历史教育的借口，但这种做法只会助长一种狭窄的心胸与一种荒谬的骄傲自大，而它们则源自对其他民族与其他时代的完全无知，这是一种实际上站不住脚的心胸狭窄的自尊自大。自从第二次世界大战以后，以下这点就变得越来越重要起来了，即，为了使得美国孩子看待事物的态度理智且没有偏见，他们需要具备一些关于其他国家与民族的知识。

早在九岁的时候，孩子们就渴望着去探索在过去的岁月中发生了什么事情，在这个时候他们也很容易去接受世界史的概念。因此，尽管学术界以及父母们对此有着种种怀疑和敌视，卡尔维特学校在学生九岁起就开始让他们学习世界史课程了。而且，我也看到了教学界逐渐采用这种历史教学计划的趋势，随着这一趋势而来的，是对儿童通俗历史课本的日益增长的需求。不过，我发现，现存的所有历史课本都需要大量删节，同时需要不断地增补和注解，以使得孩子们能够理解它们。

对美国儿童智力研究的最新成果告诉我们，不同年龄段的孩子通常能够理解什么和不能够理解什么——诸如日期、修辞、词汇、概括及抽象等这些他们能够理解的或不能够理解的东西——在将来，所有的课本自始至终都要根据这种智力规范来编写。否则，这些课本很可能就会“悬在孩子们的头顶之上”，它们试图将那些从本质上超出孩子们理解力的东西教给他们。

尽管我这么多年来一直在同孩子们打交道，一直在同孩子们的心灵相接触，但我还是发现，无论我在教案中写了什么内容，每次在课堂上进行试讲之后，我的教案都必须要进行重新修订与编写。即使教案的初稿是用我以为的最简单的语言来编写的，另外我还发现，每个字、每个词、每种表达方式，都必须一遍一遍地经受课堂上实际讲授的测试，然后才能决定要怎么来传达出其中的意思。最轻微的措辞颠倒或是可能会有的歧义，都会造成误解或混淆。比如说，“罗马在台伯河上”这样一个表述，通常就会在字面上被理解为这座城市是建在台伯河上方的，孩子们对此会有丰富的想象，他们想象这一幢幢房子是建在河里的许多根桩上的。九岁的孩子还非常小呢——他们可能仍然还相信有圣诞老人呢。他们在观念方面、在词汇方面、在理解力方面，可能都比大多数成年人以为的还要幼稚些，即使这些成年人是他们的父母亲或是老师。向这么大的孩子们传授新东西可不是一件容易的事。

因此，我选作本书题材的那些东西并不总是最最重要的——最重要的是它们要能够被孩子所理解并喜欢。大部分归属于政治、社会、经济或是宗教方面的内容，都超出了孩子们的理解能力，不管它们讲得多么简单。毕竟这部关于世界史的书只是一本基础性的故事集而已。

本书中也有一些出色的传记与故事是从通史中选来的。但这些选自历史的传记本身并不会提供历史框架，也就是说，传记故事根本不会提供历史框架，供孩子们在以后的学习岁月中把学到的东西填充进去。实际上，这些传记故事除非自身被填充进这样一个通史大纲中，否则它们就只不过是一些零散的故事而已。那样的话，它们就是一些在孩子们的头脑里漂浮的故事，并没有时间与空间的联系。

因此，在这本书中，我们处理主题的方式是编年体式的，是一个世纪接着一个世纪、一个年代接着一个年代来讲述过去发生的事，而不是一个国家接着一个国家来讲的。一个国家的故事会被另一个国家的故事打断。这就像在一部小说中，不同的线索会被同时展开一样。这样做是为了跟我们的目的相一致。也就是说，为了使学生们对这一个个时代有一个连续的全景景观，而不是从头到尾讲述一遍希腊史，然后又从时间上倒退回去，重新开始讲述罗马史，如此等等。在本书中，我们的做法是以大纲的方式提契出整个图景，而把细节部分留给学生们在以后的学习中去逐渐填充。这就像艺术家在画画儿时先描出一个大体的轮廓，然后再慢慢填充细节一样。这样一个框架对于将历史知识加以有序分类来说是必要的。这就像在任何办公室中，每个文件系统都必须是一样的，它们可以很合适甚至极好地发挥作用。

紧接着引言部分的，是“时间阶梯”。这个部分使孩子们对于世界历史中的时间范围与发展阶段有一个形象化的观念。每个“楼层”代表着1000年，而每个“台阶”则代表着100年或者说一个世纪。如果你们有一面墙是空的，不管这面墙是在儿童游戏室中，是在阁楼上，还是在谷仓里，你们都可以把这样一幅时间阶梯图放大后画在上面，从墙脚开始画，一直到你们够得着的高度为止。倘若再画上一些人物或是事件，使它更为精致些、更有特色些，那就更妙了。如果这面墙正对着的是孩子的床，那就更好了。这样，无论是在早上，还是在任何时间里，当他醒着躺在床上的时候，他都不会去想象壁纸上的奇巧的图案，而会在这幅时间阶梯图上想象各种各样的历史事件。不管怎样，孩子们在学习历史的时候，都应该不断地去参照这张时间阶梯图或是其他时间表，直到他们在头脑中建立起了一个过去时代的大体意象为止。

在一开始的时候，孩子们并不理解数字所代表的时间的意义，也不理解在时间轴上年代所处的相对位置。他们会不加区分地随口就说公元前

2500年、公元前25000年，或是公元前2500万年。只有持续不断地参照时间阶梯图或是其他时间表上的年代的相对位置，孩子们才会对这些年代有一个形象化的观念。如果一个孩子说第一届奥林匹克运动会发生在公元776000年，或是说意大利位于雅典，或是说亚伯拉罕是特洛伊战争中的一个英雄，你们可以觉得很好笑，但不要觉得很惊讶。

如果你们曾被人一下子引见给一屋子的陌生人，你们就会知道，企图一下记住他们全部的名字，这太难了，更不用说要把他们的名字跟他们的长相一一对应起来了。因此，在你们可以开始回忆他们的名字和长相之前，听听每一个人的有趣故事就是很有必要的了。向孩子们讲述世界历史也与之相仿，众多的人物、地点对于孩子们而言是完全陌生的。因此，在讲述名字的时候，不要仅仅讲名字，应该再多讲一点儿东西。而且，我们必须每次仅多讲一点点东西，否则的话，不仅名字，就连长相都会被立刻忘记。此外，为了使得学生们可以逐渐熟悉新的名字，不断地重复这些名字也是很有必要的。不然，如此多的陌生人物与陌生地名，会把学生们的头脑弄成一团乱麻。

因此，这部历史书并不是一本辅助性读物，而是一部基础性的历史大纲性教程。本书对历史事件的叙述，恰恰足够给这个大纲填充以血肉，使之生动逼真。我们的想法就是，不是讲述得尽量多，而是讲述得尽量少。从原初的上千页削减至现在的不到500页，但与此同时书中的内容却没有变成干枯的骨架。

不管书中的内容会以何种面目呈现给读者，最要紧的就是孩子们要完成自己的那部分任务，同时让他们自己的头脑开动起来。为了达到这个目的，孩子们应当在阅读完每一个故事之后把它讲述出来，并且教师应当重复提问他们其中的人物、年代以及故事情节，以保证他们已完全记住了故事中的要点并已对其充分吸收。

我想起来，以前有个小伙子，他刚从大学毕业，来到学校开始教授他的第一节历史课。他像一个刚把球踢回前场的足球后卫那样，付出了他的全部热情，又是说又是唱；并且在黑板上、地板上、操场上绘上地图；他画图画、用桌子来跳马，甚至倒立过来，以此来举例说明一些知识点。而他的学生们则对他这种教学方式着迷了，他们一个个都睁大了眼睛，竖起了耳朵，张大了嘴巴。他们都全神贯注地听着，带着难以遏制的求知欲汲取着他们的老师传达的每一个知识点；而他们的老师，则像闵希豪生男爵那样幻想着，看不到出现其他任何结果的可能性。一个月后，他那和善的校长建议他给孩子们做个小测验，于是，他信心满满地出了考题。

测验只有三个问题：

1.说出所有你们知道的关于哥伦布的知识。

2.说出所有你们知道的关于詹姆斯敦的知识。

3.说出所有你们知道的关于普利茅斯的知识。

下面就是最认真听讲的一个学生对这三个问题的回答：

1.他是一个大伟（他把伟大写错了，great拼成了grate）的人。

2.他是一个大伟的人。

3.他也是一个大伟的人。

时间阶梯是从比这幅图的底部更低的地方开始的，然后它一直上升、上升、上升至我们现在所处的位置——每一级台阶都是100年，每一层楼梯都是1000年。时间阶梯会一直往上延伸至高空中。让我们站在现在所处的位置，俯瞰下面的楼层，倾听那些发生在以往悠远岁月中的故事吧。

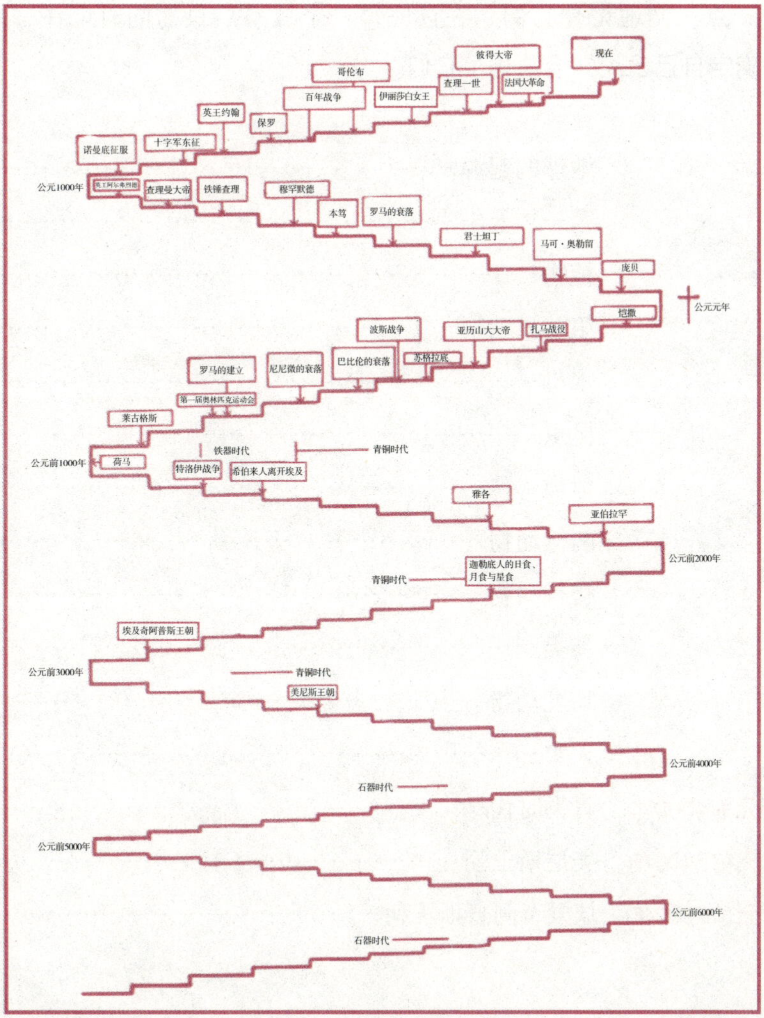

现在
彼得大帝
哥伦布
查理一世
法国大革命
百年战争
伊丽莎白女王
英王约翰
保罗
十字军东征
诺曼底征服
公元1000年
英王阿尔弗烈德
查理曼大帝
铁锤查理
穆罕默德
本笃
罗马的衰落
君士坦丁
马可·奥勒留
庞贝
公元元年
恺撒
波斯战争
亚历山大大帝
扎马战役
巴比伦的衰落
苏格拉底
尼尼微的衰落
罗马的建立
第一届奥林匹克运动会
莱古格斯
铁器时代
青铜时代
公元前1000年
荷马
特洛伊战争
希伯来人离开埃及
雅各
亚伯拉罕
公元前2000年
迦勒底人的日食、月食与星食
青铜时代
埃及奇阿普斯王朝
公元前3000年
青铜时代
美尼斯王朝
公元前4000年
石器时代
公元前5000年
公元前6000年
石器时代

附有日期以及其他精神食粮的时间表

不要企图一下子就把这些日期都记住，否则它会让你们很难受，这样的话，你们就永远也不想再看到它了。

请一点一滴地记住它们，在读完每一个故事后只需同时记住一两个时间，并确定自己已经完全消化了它们。

希利尔讲世界史

从这里开始

世间万物的开端

从前，有一个男孩子——

就跟我差不多。

他每天早上七点钟之前必须躺在床上，直到他的爸爸跟妈妈准备起床了他才可以起来。

我以前也是这样的。

由于他总是在七点之前很久就醒来了，所以他经常一边躺在床上，一边想着各种各样奇奇怪怪的事情。

我以前也是这样的。

他经常想的是这样一件事情：

倘若这个世界上——

没有爸爸与妈妈，

没有叔叔跟阿姨，

没有堂兄弟姊妹与表兄弟姊妹，也没有其他的小孩子在一起玩，

甚至除了他自己之外，在这个世界上根本没有其他任何人！

——那么这个世界将会是什么样呢？

或许你们也想过同样的问题。

我以前也这样想过。

他经常这样想着想着，想到最后就会感到特别孤单，觉得这样一个世界该是多么可怕啊。于是就再也忍不住，冲进妈妈的卧室，跳到妈妈

的床上，偎依在她的身旁，只是为了把这可怕的想法从头脑中驱赶出去。

我以前也这样做过——因为我就是那个小男孩呀。

在很久、很久、很久以前，那个时候，整个世界上既没有男人，没有女人，也没有孩子，甚至没有人类。当然也没有一栋栋房子，因为没有人去建造它们，也根本没有人要居住，既没有村镇也没有城市……总之，凡是人类建造的东西一概没有。那时，世界上只有野生的动物，像熊啊，狼啊，鸟啊，蝴蝶啊，青蛙啊，蛇啊，乌龟啊，鱼啊等等。你们能想象这样的一个世界吗？

那么，

比这更早、更早、更早以前，

在那时，整个世界上既没有人类，也没有任何动物，只生长着一些植物。你们能想象这样的一个世界吗？

那么，

比这更早、更早、更早、

更早、更早、更早以前，

在那时，整个世界上既没有人类，也没有任何动物，也没有任何植物。在这个世界上，到处都只有光秃秃的石头跟无边无际的大水，你们能想象这样的一个世界吗？

那么，

比这更早、更早、更早、

更早、更早、更早——你们可以一直“更早、更早、更早”地说下去，说上一整天，说到明天，说到下星期，说到下个月，甚至说到明年，那也是不够长的——因为在所有这一切以前，那时候根本就没有这样一个世界！

根本没有这样一个世界！只有一些星星，还有大自然，是她创造了这些星星。

不过，真正的星星可完全不像星条旗上的星星那样，也跟你们挂在圣诞树上的星星完全不一样。天空中真正的星星是没有棱角的，它们是燃烧着的巨大火球——是火球！并且，每一颗星星都是如此巨大，以至于在这个世界上根本没有什么东西能跟它们比大小。一颗星星上的一小块，就比我们的整个世界大得多，就是说，比我们的整个地球都要大。

在这些星星中，有一颗是我们的太阳——是的，我们的太阳。如果我们靠得离其他的星星足够近的话，那么它们看起来也会跟我们的太阳一样大。但是在很久很久以前，我们的太阳不像现在我们在天空中看到的那样，是一个又大又圆又白的火热球体；那时候，我们的太阳就像你们在每年的7月4日美国国庆日看到的焰火一样，它急速地旋转着，喷射出耀眼的火花。

太阳喷射并飞溅出火花来

在太阳飞溅出的这些火花中，有一颗火花被抛射到远处冷却了下来，就像壁炉里燃烧着的木段迸出的一颗火星一样，渐渐冷却了下来。那么，这颗冷却下来的火花是——

你们认为它会是什么呢？

让我们看看你们是否能够猜到——

它就是我们的世界！——是的，就是我们现在居住的地球！

不过，在最初的时候，我们的世界或者说地球只是一个石头的球体，这个石头球体被浓雾一般的水蒸气包围着。

后来，水蒸气变成了雨，雨开始下了，落在地面上。

雨　雨　雨　雨　雨　雨　雨　雨　雨

一　一　一　一　一　一　一　一　一

直　直　直　直　直　直　直　直　直

在　在　在　在　在　在　在　在　在

下　下　下　下　下　下　下　下　下

雨一直下着，直到它把地球上的洞里都填满了水，形成了一些巨大无比的水坑。这些水坑就是海洋，那些干的地方就是光秃秃的岩石。

后来，在这之后，地球上开始出现第一种活着的生物——它们是非常小的植物，小到你只能在显微镜下才能看到它们。在一开始的时候，它们只生长在水中；后来，它们开始生长到岸边；再后来，它们生长到了岩石上。

再后来，泥土或者说土壤，就像人们平时称呼的那样，慢慢地覆盖住了岩石，使岩石变成了陆地，然后植物开始长得高大起来，再一步步地蔓延到了大片的陆地上。

在这之后，水中开始出现第一种动物，它们就像第一种植物那样，极其微小，如果不借助显微镜，我们根本看不到它们。

之后，在水中开始出现大一些的像水母一样的动物，还出现了一些像蛤与蟹一样的动物。

之后，开始出现昆虫。它们中有一些生活在水中，有一些生活在水面上，有一些生活在陆地上，还有一些生活在空中。

之后，开始出现只能生活在水中的鱼类。

之后，开始出现一些像蛙那样的动物，它们被称为两栖动物。这些动物既可以生活在水里，也可以生活在陆地上。

之后，开始出现爬行动物，像蛇、龟、蜥蜴和恐龙这样的动物。

之后，开始出现生蛋的鸟类，还出现了哺乳动物，像狐狸、猴子，还有牛等等。在生下小宝宝后，它们会给小宝宝喂奶吃。

最后，你们猜出现了什么呢？——是的——出现了人类——男人、女人，还有孩子。

下面就是世间万物出现的阶梯，你们来看看自己能不能记得住：

星星，
太阳，
火花，
地球，
蒸汽，
雨，
海洋，
植物，
动物，
水母，
昆虫，
鱼类，
两栖动物，
爬行动物，
鸟类，
哺乳动物，
人类。

我们就在这里！

你们来猜猜，接下去会出现什么呢？

“痒痒-挠挠”

对于所有这些发生在遥远的过去的事情，你们觉得我是怎么知道的呢？

我不知道呀。

对于这些事情，我仅仅是猜测罢了。

不过，猜测也分很多种。如果我攥紧两只手，伸出来让你们猜哪只手里放了枚硬币，那么这是一种猜测。你们的猜测可能会是正确的，也可能是错误的，这完全取决于运气。

但在这个世界上还有一种猜测。当下雪的时候，我看到雪地上有些鞋印，我就会猜测肯定有个人走过去了。这是因为，如果没有人穿着鞋的话，鞋通常不会自己走路。那么，这样的猜测就不是靠运气，而是通过常识判断出来的。

就这样，我们就可以猜测许许多多发生在过去久远年代里的事情，即使在那时没人能够看到它们。

在地球上的各个地方，人们都曾经往地下的深处挖掘过。在那里，他们发现了——你们猜他们发现了什么呢？

我相信，你们肯定猜不到。

他们发现了一些箭簇、长矛和短柄斧。

奇怪的事情是，这些箭簇、长矛和短柄斧都不是你们以为的那样，是用铁或钢做的，而是用石头做的。

现在我们可以确信，只有人类才会制造并使用这些器具。这是因为，鸟啊、鱼啊以及其他的动物，都不会使用斧子或长矛。我们还可以确信，这些人生活在远早于铁器与钢器出现之前的一个时期。这是因为，需要经过很长很久的时间，这些器具才会被覆盖上这么厚的灰尘与泥土。我们还发现了这些人类的骨头，他们一定死于几百万年前，远在人类书写历史之前。因此我们知道，那时候在地球上生活的人类，他们工作、玩耍、吃饭、打仗——他们做着我们在今天做的同样的一些事情——尤其是打仗。

这段时期处于世界史的史前时期，这个时期里的人类使用的器具是用石头做成的。由于这个原因，我们称之为石器时代。

第一个石器时代的人类被称为原始人，原始的意思仅仅是第一个，正如初级读本的意思就是供初次阅读的课本一样。原始人其实就是野兽，但跟其他的野兽不一样的是，他们是用自己的后肢来行走。

有一些野兽会盖房子，比如狐狸们就会自己挖洞，海狸们会用棍子与泥土搭建小窝。但这些原始人却不会建造任何能居住的房子。每当夜晚来临，他们只能躺在地上。到后来，地球变冷了，原始人就开始在岩石中或者山边寻找洞穴。在那里，他们可以避开寒冷与暴风雨，也可以避开其他的野兽。因此，这个时期的男人、女人以及孩子，被称为住在洞里的人。

他们的日子是这样过的：一边打猎，捕捉动物；一边逃跑，避免被其他的动物抓到。他们会先挖个洞，然后在上面覆盖一些枝叶，当动物掉进去后，他们就抓住它们；在偶尔的情况下，他们会用棍子或石头打死它们，或是用石箭、石矛扎死它们。他们甚至会用锐利的石头在居住的洞中墙壁上刻下这些动物，其中的一些动物图画直到今天我们还能够看到。

他们会吃浆果、坚果以及草籽，也会去抢夺鸟窝中的鸟蛋，然后生吃下去。这是因为，在一开始的时候，原始人没有火可以把食物弄熟。原始人是嗜血的，他们喜欢把动物杀死后饮用它们温热的血液，就像你们喜欢喝牛奶一样。

他们彼此之间通过一些类似咕哝的声音来沟通、谈话——

“嗡呋嗡呋，咕噜咕噜。”

他们用杀死的动物的皮来制作衣服，因为在当时没有像布料那样的东西。尽管他们是真正的人类，他们却活得跟野兽如此相似，因此，我们把这些人类称为野蛮人。

原始人必须花大量的时间来打猎觅食，或是躲避其他动物的捕食。这些原始人没有大象那样的厚皮来保护自己；没有熊那样的厚厚的毛层来保暖；他们不会像鹿那样飞速奔跑，逃过种种天敌的追捕；他们也不像狮子那样，有着可傲视群雄的尖利的牙齿、锋爪和强壮的肌肉。他们中的有些人能够活到成年，就已经是一个奇迹了。

然而，原始人拥有两件东西，这两件东西比尖锐的利爪、强壮的肌肉或厚厚的皮层更管用。这两件东西就是比其他任何动物都聪明的大脑，以及比其他任何动物的前肢都更灵巧的双手。有了这样的大脑，他们就可以思考，就可以想出能够把事情做得更好的办法。

通过大脑思考，原始人想到了使用工具。通过自己的双手，他们开始制造工具并使用它们。动物不会使用工具，而人类会。没有尖利的牙齿，人类可以使用长矛；没有盖着毛层的皮肤让自己暖和，人类就使用动物的皮毛。

假如你们是生活在石器时代的男孩子或女孩子，你们可能会有一个像“痒痒–挠挠”这样的名字，我猜你们会非常喜欢这样的生活呢。

每天早上你们醒来的时候，你们不需要洗澡，不需要洗手，不需要洗脸，不需要刷牙，也不需要梳头。

你们用手抓着吃东西，这是因为没有刀叉或勺子、杯子、碟子这样的东西，只有一个碗——这个碗是你们的妈妈用泥巴捏成的，然后放在阳光下晒干，你们用它来装水喝。没有盘子需要洗好收起来，没有椅子，没有桌子，也不用讲究什么餐桌礼仪。

在这里，没有书本，没有纸张，也没有铅笔。

在这里，没有星期六或星期天，一月份或七月份。除了天有时温暖有时晴、有时寒冷有时下雨的分别外，所有的日子都差不多。在这里，没有学校要去上。每一天都是假日呢。

在每天长长的时间里，除了跟你们的兄弟姐妹们一起做泥巴饼干、摘果子、玩捉人游戏外，你们再没有什么其他的事情要做了。

我猜，你们会多喜欢这种生活啊！

“多好啊！”你们会这样想吗？——“多么快乐的生活呀——就跟野营一样吗？”

不过，我刚才跟你们说的，只是这个故事的一部分而已。

山洞里面又冷又湿，而且很黑，用来当床的，只是光秃秃的地面或者一个草堆。很可能会有蝙蝠和巨大的蜘蛛跟你们一起住在这个山洞里。

你们可能会披着张兽皮，这张皮是你们的爸爸杀死的一只野兽的皮。由于它只能罩住你们身体的一部分，并且山洞里面没有火，因此你们会在冬天里感到寒冷。当天气变得非常寒冷的时候，你们可能会被冻死。

在早饭的时候，你们可能会吃到一些干制的浆果、一些草籽，或是一片生肉；在午餐时，你们仍然会吃这些东西；在晚餐时，你们还会吃同样的东西。

你们永远都不会吃到面包、牛奶，也不会吃到抹着果酱的煎饼，也不会吃到加了糖的燕麦粥，也不会吃到苹果饼干和冰淇淋。

在这里，整天都会无事可做，除了时时刻刻提防着野兽——熊和老虎。因为山洞里没有带着锁和钥匙的门，因此，如果一只老虎发现了你们，它们会追着你们到你们能去的任何地方，甚至跑进你们的山洞里抓住你们。

还有，忽然有一天，你们的爸爸早上离开山洞去打猎，后来就再也没回来。你们知道他一定是被野兽撕成了碎片，但你们不知道这样的事情还有多久会轮到自己。

在知道上述情况后，你们觉得自己还会喜欢生活在那样一个时代吗?

3

火！火！！火！！！

最初的通常也是最有趣的——第一个孩子、第一只牙齿、第一次走路、第一个单词、第一次奔跑。在这本书中，我们主要讲的就是种种关于第一次的故事，那些第二次、第三次、第四次或是第五次发生的事情，你们会在以后的学习生涯中读到。

起初，原始人并不知道火是什么，他们没有火柴，也没有其他任何可以生火的工具。他们在晚上没有火光取亮，也没有火堆可以取暖，更没有火可以弄熟他们的食物。我们现在无法确切地知道，到底在什么时间通过什么方式，他们在什么地方发现了火然后学会了使用它。

如果你们把双手放在一起快速地摩擦，那么双手就会变得暖和起来。试试吧，如果你们更加快速地摩擦双手，那么它们会变得发烫。如果你们把两根棍子放在一起快速地摩擦，它们也会变热。如果你们让两根棍子非常非常非常快地相互摩擦，它们就会变得非常热。到最后，如果你们让摩擦的时间持续得够长、摩擦得够快，那么它们就会燃烧起来。印第安人与童子军就会这样做，他们会在一根棍子上快速地旋转另一根棍子使其冒烟、着火。

生火是人类最初的发明之一，对于当时的人类而言，这项发明就像我们这个时代电灯的发明一样具有非凡的意义。

石器时代的人类留着长长的头发和胡子，他们从来不会理发和刮胡子。这是因为，他们没有工具可以剃掉头发或刮掉胡子。即使他们想把头发或胡子弄短一些，也确实没有办法来实现这一点。

他们的指甲会长得很长，就像爪子一样，直到它们自动折断为止。

他们也没有什么布料做衣服，因为他们没有布，何况即使有布他们也没有工具可以裁剪布料。

他们没有锯子可以锯断木板，也没有锤子和钉子可以固定木板，因此也就没有办法建造房子和家具。

他们没有叉子与勺子，没有罐与锅，没有桶与铲子，也没有缝衣针与别针。

石器时代的人类从没有见过或是听说过用像铁、钢、锡、黄铜这类金属做的东西。原始人就这样过了几百万年，其间没有任何金属制品可以用。

后来有一天，一个石器时代的人偶尔发现了某种东西，我们把它叫做“发现”。

他生起了一堆火，对于我们今天的人类而言，生火是日常生活中再

洞穴人发现了铜

普通不过的事情了，但对于当时的他却是非常奇妙的。他把一些石块围绕着火堆摆放，做成了一个类似于我们今天称作营火炉子的东西。不过，很巧的是，这些石头不是普通的石头，而是一些我们今天称为“矿石”的石头，这些石头里含有铜的成分。火的热量把石头里的铜熔化了，于是铜流出来了，流到了地上。

那些一滴滴闪闪发亮的是什么呢？

他仔细地观察着它们。

它们是多么漂亮啊！

他加热了更多这样的石头，于是就得到了更多的铜。

这就是人类第一次发现金属的过程。

起初，人类用铜来做成珠子和其他装饰品，它是那么明亮闪耀。但很快他们就发现，铜可以被锤打成锋利的刀刃与箭簇，这比他们用石头做的刀跟箭簇更好用。

这里需要注意的是，他们一开始发现的并不是铁，而是铜。

我们认为，人类接下来发现的金属是锡，它是以同样的方式被发现的。后来，他们又发现，将锡和铜混在一起做成的器具，要比单独用其中一种金属做出的器具更为坚硬、好用。这种把锡跟铜混在一起的合金，今天我们称之为青铜。在历史上，有两三千年的时间里，人们一直用青铜来制造工具和武器。我们把人类使用青铜工具狩猎、使用青铜武器打仗的那段时期，称为“青铜时代”。

最后，又有人冶炼出了铁，人们很快发现，用铁制造的东西要比铜和青铜做的东西更好用。铁器时代起源于铁的发现，我们现在仍然处于“铁器时代”。

由于发现金属之后，生活在青铜时代与铁器时代的人类能做很多在石器时代时所不能做的事情；并且由于他们生活得跟我们现在的人类非常像，所以我们就把青铜时代与铁器时代的人类称为“文明人”。

你们可能会在神话传说或童话故事中听说过“黄金时代”的说法，但它的意思跟这里的含义大不一样。黄金时代指的是这样一个时代：在那时，所有的东西都是美丽可爱的，所有的人都是聪明而友善的。在世界历史上曾出现过这样的时期，由于这样的特征，它被称为“黄金时代”。

但我认为，历史上从来没有过真正的黄金时代，它仅仅出现在童话故事中罢了。

4

从飞机上往下看

生活在青铜时代与铁器时代的人们认为这个世界是平的，他们只知道这个世界的一小部分，也就是他们所生活的那一小块地方。他们还认为，如果你们一直往前走，走到很远的地方，就会走到这个世界的尽头，然后你们就会

摔

下
去

那块无人知道的遥远土地，他们称之为“天涯海角”。这是一个很好记的名字——天涯海角，天涯海角——遥远的天涯海角。

如果我们坐在飞机上，往下看地球上最初的文明人曾经居住过的地方，我们就会看到两条河流、一片海洋、一个海湾。从天空中如此高的地方往下看，它们就像下面图中所画的那样：

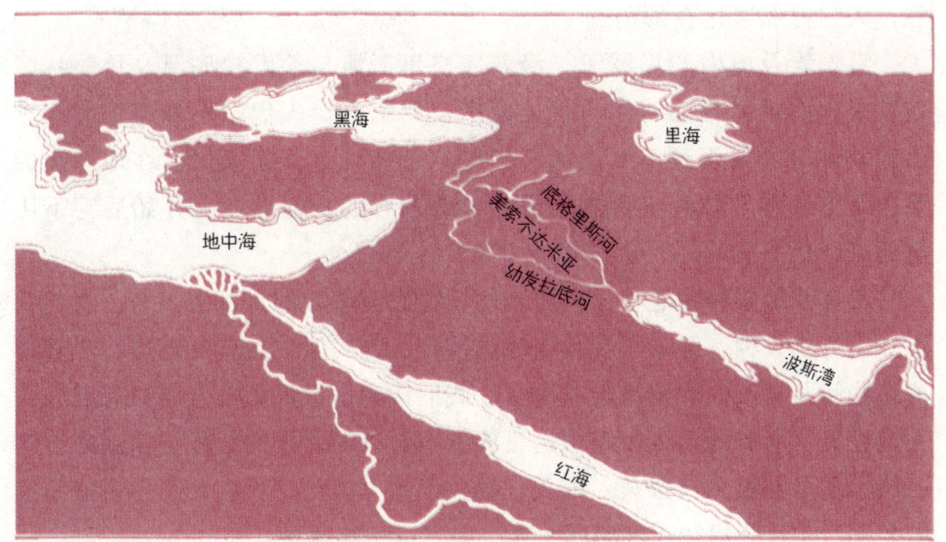

美索不达米亚与地中海的地图

迄今为止，你们很可能从来都没有听说过这些河流与海洋，但它们在这个世界上的历史却比其他任何地方的历史都要久远。其中一条河流是底格里斯河，另一条河流是幼发拉底河。它们流啊流，流得越来越接近，最后，它们流到了一起，共同流进了被称为波斯湾的地方。

如果你们的妈妈允许的话，你们可以把这两条河流画在自己家的院子或花园的地面上，或是把它们画在家里的地板上。为了好玩，你们可以把你们的喝水杯命名为“底格里斯”，而把你们的玻璃杯称为“幼发拉底”。然后你们就可以把你们的嘴巴，也就是这两个杯子里的水都要流入的地方，称为“波斯湾”。你们会逐渐听到大量的新名词，并且由于大人们会给他们的房子、船、马、狗取名字，那么你们为什么不把属于自己的东西也取个名字呢？比如，你们可以把你们自己的椅子、床、桌子、梳子跟牙刷，甚至你们的帽子、鞋子取上这种奇怪的名字。

接下来，如果我们坐着飞机继续往西飞，我们应该会看到一个被称为埃及的国家，还会看到另一条河流，即尼罗河，还会看到一片海，现在我们把它称为地中海。地中海仅仅是指“陆地中央的海”，这是因为这片海洋被陆地所围绕，实际上，它更像一片大的湖泊。人们认为，在很久很久以前的石器时代，地中海所处的位置根本没有水，只是一个山

谷，人们曾经居住在那里。

沿着埃及境内的尼罗河，沿着底格里斯河与幼发拉底河，这一片区域曾是仅有的生活在青铜时代的几个文明国家。人们并不知道那时地球上的其他地方是否还有人生活。当时，可能也有其他人生活在地球上的某个地方，但居住在这两个地方的人是仅有的自铁器时代开始后写下历史的人。

所有曾经居住在底格里斯河与幼发拉底河流域的人都会书写。我们并不知道有色人种一开始是在什么时候以什么方式居住在什么地方，尽管猜测这些问题是一件非常有趣的事情。我们认为，世界上一开始只有三族白人，世界上所有的白人都是由这三族繁衍而来的。是的，你们家就来自这三族，那是在很久、很久、很久、很久以前。因此，你们会想知道这三家的名称，并且会想知道你们属于哪一家，这三族就是：

印欧语系人，他们经常被称为雅利安人，
闪米特人，以及
哈姆族人

美国白人中的大部分都属于雅利安人的后裔，有一些是闪米特人的后裔，世界上只有很少一部分白人是哈姆族人的后裔。

如果你们的名字叫亨利，或是叫查理、威廉，那么你们很可能就是雅利安人的后裔。

如果你们的名字叫摩斯，或是叫所罗门，那么你们很可能就是闪米特人的后裔。

如果你们的名字叫舒夫，或是叫雷姆塞斯，那么你们很可能就是哈姆族人的后裔。

我们认为，相比其他两族人，雅利安人来自这张地图的更高处。他们第一次驯服了野马，用它们来骑乘或是拉车；他们也驯服了野牛，用来挤奶；他们还驯服了野羊，用来剪羊毛。

真正的历史开端，或是很久很久以前追溯至吉卜赛的时代

你们一定会记得那些发生在你们自己生命中的一些大事情。

当然，你们也曾听你们的爸爸讲过那些发生在他自己生命中的事情——比如，作为美国人，他可能跟你们讲过他是如何在第一次世界大战中跟德国人打仗的事。

如果你们的祖父仍然在世的话，那么他可能会告诉你们一些其他的故事，比如说在你们的爸爸没有出生之前发生的一些事情。

或许你们的曾

曾

曾

祖父

曾经生活在华盛顿当总统的时代，而他的

曾

曾

曾

曾

祖父

则曾经生活在美国这个地方还只有野蛮的印第安人的时代。

尽管这些祖辈——正如他们被称呼的那样——已经逝去了很长时间，但那些很久很久以前真实发生在他们生命历程中的故事，却被写到了书上，而那些故事就是真实的历史——有一个男孩把它称为“他的故事”。

耶稣基督诞生在公元1年——当然，这指的并不是世界开始的第一年。

你们知道从那以后过去了多少年吗？

倘若你们知道现在是哪一年的话，那么你们就可以说出一共过去了多少年。

如果耶稣基督直到今天还活着，那么他该有多少岁了呢？

两千多年的时间，几乎算得上很长一段时间了，但或许你们曾见过或者听说过一个男人或者一个女人活到了100岁以上，你们见过或是听说过吗？

在两千多年的时间中，假如有20个人，他们每个人都活了100岁，并且他们都是一个去世后另一个出生——这20个人从耶稣基督诞生的时间开始一个接着一个地活着——那样想的话，就不会觉得两千多年有多长了！

在耶稣基督诞生之前所有的时间都冠以公元前（B.C.）的标记，你们可以猜到，B.C.这两个字母是Before Christ（耶稣基督之前）的首字母，因此B.C.代表着“基督诞生之前”，这些都很简单呢。

在耶稣基督诞生之后所有的时间都冠以公元（A.D.）的标记，这个却不是很容易理解，因为尽管A.可能代表After（之后），但我们知道D.可不是Christ（耶稣基督）的首字母。实际上，A.D.分别是两个拉丁词“Anno Domini”的首字母。Anno指的是“在这一年里”，而Domini指的是“属于耶稣基督的”，因此，Anno Domini这两个词连起来的意思就是“属于耶稣基督的这一年”。当然，用平常的语言来说，就是“从耶稣基督（诞生）的这一年开始（计算）”。

我曾跟你们讲过，在某个历史时期发生的事情，我们只能去猜测。那个历史时期，我们把它称为“有历史之前”，或者“史前”，这两个称谓的意思相同。但那些发生在某些人的生命历程中的事情，它们被记录了下来——这些故事是不用我们去猜测的——我们把它们称为历史。

我们感到相当可信的最初历史应该发端于哈姆族人。你们应该还记得，哈姆族是生活在底格里斯河与幼发拉底河这两河流域的白人三大族中的一族。我们认为，哈姆族人在历史开始很早以前就已经从底格里斯河与幼发拉底河附近迁移到了如今埃及所在的地方。

当然，他们不会把他们所有的家具都装在一辆大货车上运去埃及，就像你们从现在住的房子迁往新家那样。他们那时是住在帐篷里的，根本没有房屋可住。他们就像露营者或是吉卜赛人可能会做的那样，在一段时间里只移动一天的旅程。实际上，相对于迁往埃及，吉卜赛人的流浪时间太短了。当哈姆族人吃光了一个地方附近的所有东西并厌烦了这个地方后，他们就开始卷起他们的帐篷，把它们打成包裹，放到骆驼背上，然后移动到不远处，把家搬到新的地方。就这样，他们在这里扎营待上一段时间，然后逐渐往远方移动，到下一个更好的处所，再扎营待上一段时间，最后就移到了我们如今称之为埃及的地方。当他们最终到达埃及的时候，他们发现这里非常适宜居住。他们觉得住在这里非常好，因此他们就被称为埃及人。

你们猜，为什么他们找了埃及这样一个地方来居住呢？主要原因在于尼罗河的一个自然习性——你们一开始可能会认为这是一个坏的自然习性——每年一度的洪水泛滥，漫过这个国家。

每年春天，这里的雨都下得非常大，河水就会涨满尼罗河，然后溢出河岸，水会漫到离河很远的地方，但不会很深。这就像你们打开一个水龙头任水汩汩流出那样；或是像开始用软管给你们的花园浇水，然后你们离开了花园，忘了这件事那样。

但住在埃及的人们却知道什么时候河水会漫出河岸，他们会很高兴见到河水溢出来。他们会预先筑一些堤，在水溢出来的时候把它们围起来，这样就可以储存这些水，留着它们在一年中无雨的季节浇灌土地。等到这片土地大部分的水都干了之后，整片土地上都会留下一层肥沃而潮湿的黑泥。在这层黑泥上，很容易种上枣子、麦子，以及其他可以作为食物的农作物。

倘若没有一年一度的尼罗河泛滥，那么埃及这个国家就将是一片沙漠，在沙漠上是不会有什么植物或者活的东西长出来的——因为，所有的植物跟动物一样都需要水，如果没有水，它们就会死亡。假如埃及没有水，那么它就会跟离它不远的撒哈拉大沙漠一样了。因此，正是尼罗河，使得这片土地如此富饶，使得埃及成为一个很容易生活且生活成本很低的国家。在这里，提供食物的农作物需要很少或者几乎不需要人力

第一任埃及国王美尼斯

成本，也不需要什么其他成本。因此，哈姆族人最后就到了埃及，定居了下来，从此被称做埃及人。

我们知道的第一个埃及国王的名字叫美尼斯，除此之外，我们就不知道关于他的更多事情了。我们相信，他修建了一些水利工程，这样人们就可以很好地利用尼罗河的水资源了。他很可能生活在公元前3400年左右，他也有可能生活在更早或者更晚的一些时间里，但因为这是一个很容易记住的时间，因此我们把它作为一个起点。你们可以假想它是一条电话号码记录，并且你们想打这个人的电话，这样就容易记住了：

美尼斯，第一任埃及国王，公元前3400年。

6

书写谜语的人

石器时代的人类学会了怎样跟其他人交谈，但他们还不会写字。因为那时候还没有像字母或文字这样的东西，因此他们没办法把消息或信息写下来传达给别人，他们也没办法写下历史事迹。埃及人是第一代想办法写下他们想要说的内容的人。

不过，埃及人并不用像我们那样的字母来写字，而是用看起来像图画的符号来写字，这些图画看起来就像一头狮子、一根长矛、一只鸟、一条鞭子等等。这种图画式的文字被称为象形文字——看看你们能不能连着读出“象形文字”这几个字。或许你们以前在报纸的猜谜版面上见过那些用图画组成的故事，让你们去猜测它的意思。嗯，是的，象形文字就是类似的东西。

这里有一位埃及王后的名字，你们将会在以后听到她的名字——她的名字就是用象形文字写的。你们永远都不可能从这种有趣的书写中猜到她的名字，她叫“克雷欧帕特哈”。

正如我们在这张图中看到的那样，一位国王或一位王后的名字总是会被这样一圈线围绕。这就像你们在阅读中看到了这样一个名字，你们觉得它比较重要，于是用笔给它作了一标记让它更醒目一样，也像你们的妈妈在她的信上把她的首字母或是整个名字用正方形或圆圈围起来一样。

不过，那个时代还没有纸，因此埃及人会把字写在一种植物的叶子上，这种植物生长在水里，叫做纸草（papyrus）。正是从它的名字“纸草”中，我们获得了“纸”(paper)这个名称。你们是否能看出来，“纸草”和“纸”这两个词的形状接近，发音也相像？当然，埃及人的书都是手写的，但是他们没有铅笔或钢笔，也没有墨水，因此他们就把芦苇在根部劈开当钢笔，然后把水与烟灰混合起来当墨水来写字。

↑ 用象形文字书写的“克雷欧帕特哈”这个词

埃及人的书并不像我们今天的书那样是一页一页分开的，他们是把很多纸草叶子粘到一起做成长页。他们把这种长页卷起来，形成一个“卷轴”，就像一卷墙纸，当需要阅读的时候就把它打开。

关于他们国王的事迹、发生的国内外战争，以及他们历史上的其他重要事件，他们通常都写在建筑物的墙上和纪念碑上。这里的“写”指的就是刻在石头上，这样，这些刻在石头上的文字就会比纸草叶保存的时间更为长久。

所有那些会写象形文字并且知道怎么去读的古埃及人都已经去世了，因此在很长一段时间里，没人知道这些文字是什么意思。但是在100多年前，有一个人偶尔发现了怎么去读这些象形文字和怎么去理解这些象形文字的办法。下面就是他碰巧知道的经过。

在汇入地中海之前，尼罗河会分成很多支流，这些支流被称为入海口，其中一个入海口的名字叫“罗塞达”。

有一天，一个人在罗塞达入海口的附近挖掘，他挖到了一块石头，这块石头像一块墓碑，上面刻着一些东西。最上面的是一些我们今天称为象形文字的图画，没人能够理解它们是什么意思。在这些图画的下面是一些希腊语，我们猜测写的应该是同一件事情，至于希腊语，许多人都懂的。因此，下面要做的所有事情就是对照这两种文字，去找出这些象形文字的意思。这就仿佛我们已经知道了这些文字代表着什么，然后去破译一封密函一样。你们可能曾试着破解过一个杂志背后的谜语，那么这块石碑恰恰就是这样一个有趣的谜语，只不过没人会在下期杂志上公布答案而已。

然而，这个谜语并不像它看起来那么简单，因为解开它的那个人为了它花了将近20年时间。要解开这样一个谜语，20年的时间对任何人来说都是一段相当长的时间了，不是吗？不过，随着谜底的揭开，人们就能够阅读所有的埃及象形文字了。这样，人们就能知道在耶稣基督诞生之前很早的时候，埃及这个国家曾经发生过什么事情。

这块石碑被称为罗塞达石碑，这个名称来自尼罗河的罗塞达入海口。如今它被陈列在伦敦的大不列颠博物馆里，非常有名。这是因为，凭借它我们才知晓了如此多的历史；如果没有它，我们说不定对这些历史还一无所知呢。

埃及的统治者是一位国王，名字叫“法老”。他去世后，他的儿子就会变成法老，就这样一直延续下去。在这个国家，所有的人都被划分了阶级，如果父亲隶属于哪个阶级，那么他的孩子也归属哪个阶级。在我们美国有时会看到这种情形：一个穷人家的男孩子，他从底层开始，经过努力打拼，最后爬到了上层。不过这种情况在埃及非常罕见。但是，在这个伟大的时期，这一情形甚至也发生了，我们很快就会在下文中看到。

埃及人中阶级最高的叫“牧师”或“祭司”，不过，这种牧师或祭司跟我们今天在教堂里看到的不一样，因为那时并没有教堂。埃及的牧师或祭司负责制定宗教教义与行为规范，它们是每个人都必须遵守的，就像在美国，每个人都要遵守法律一样。

但是在埃及，这群牧师或祭司的身份却不仅仅是祭司，他们还是医生、律师、工程师等等。他们是受教育最高的阶级，只有他们才知道怎么读书写字。因为，正如你们可能猜到的，在埃及，学习如何阅读与书写象形文字是一件非常困难的事情。

祭司下面的阶级是士兵，这两个阶级属于上层阶级。在祭司阶级与士兵阶级之下的是下层阶级——农民、牧民、店主、商人、手工业者，最下层的是养猪的人。

埃及人并不像我们美国人只信仰一个上帝，他们信几百个男神与女神。并且埃及人给每样东西都安排了一位特殊的神来掌管，每位神都主宰着属于自己的东西——农业之神、家庭之神，如此等等。其中一些神是善的，还有一些神是恶的，但埃及人都一视同仁地向他们祈祷。

冥神奥西里斯是埃及人的主神，他的妻子是伊西丝。奥西里斯是农业之神与死神，他们的儿子太阳神荷鲁斯长着一个鹰的脑袋。

埃及人的许多神祇都长着人的身体跟动物的脑袋，埃及人认为，这些动物都是神圣的。例如，狗和猫就是神圣的动物；还有朱鹭，一种长得像鹳的鸟，也是神圣的动物；还有一种昆虫叫做圣甲虫，它也是神圣的动物。如果有谁杀死了某只神圣的动物，他就会被处死。埃及人甚至认为，杀死一只神圣的动物，其罪恶比杀死一个人的罪恶还要大。

7

建造坟墓的人

埃及人相信，他们死后，灵魂仍然会陪伴在身体左右。因此当一个人死了，他们就会把他放到坟墓里。同时放到坟墓里的，还有他平时用的各种东西——比如吃的喝的、家具、盘子、玩具和赌具等。埃及人认为，灵魂会在审判日那天回到他自己的身体里。因此他们希望自己的身体可以保存到审判日那天而不腐烂，这样他们的灵魂才能有一个身体可以回去。因此，埃及人就把尸体放到一种熔化的柏油里浸渍，然后用一种像绷带一样的布一层一层地包裹起来。用这种办法处理过的尸体叫做木乃伊。在几千年之后的今天，我们仍然有机会看到埃及法老的木乃伊。不过，大部分木乃伊都不在它们一开始搁置的坟墓里，而是被移到了博物馆，这样我们今天才能看到它们。尽管它们已经发黄并且干枯，但看起来仍然像“只剩皮包着骨头的小老头”。

在一开始的时候，只有法老或上层阶级的重要人物才会被制成木乃伊。但过了一段时间后，或许除了最下层的阶级，其他所有人都会以同样的方式被做成木乃伊。神圣的动物们，小的如甲虫，大的如牛，也都会被做成了木乃伊。

一个埃及人死后，他的朋友们会在他的身体上堆起一堆石头。一开始，这样做仅仅是为了比较体面地覆盖住他，同时也可以防止被偷或者被以吃死尸为生的野兽们咬坏。不过，法老与富人们却希望能够拥有一个比普通人的更大的石堆来覆盖住自己。为了确信自己的石堆足够

图坦卡蒙的坟墓表明，其中还埋葬着食物

巨大，法老们会在生前就为自己建造。每一位法老都希望自己的石堆比其他所有人的都大。这样，石堆就变得越来越大。到最后，变得巨大无比，简直成了石头山，人们就把它叫做金字塔。因此，金字塔就是法老们的坟墓，是法老们在活着的时候就为自己死后建造的纪念碑。事实上，比起建造活着的身体的居所，法老们对建造尸体的居所有着更浓厚的兴趣。因此，法老们不去建造宫殿，而是一个个都忙着去建造金字塔。在尼罗河的沿岸，有许许多多的金字塔。据今天的我们推断，它们中的绝大部分建于公元前3000年以后。

今天，人们在建造一座建筑物时，会使用起重机和其他机械设备来拖拉并举起沉重的石料和大梁。但在那时，埃及人并没有这样的机械设备。由于他们要用巨大的石头来建金字塔，所以他们只能拖拉着这些石头走很多英里，然后再又是拖又是拉地把它们抬到需要的地方。最大的三座金字塔都是离开罗比较近的。这三座中最大的那一座，被称为“大金字塔”，是法老胡夫建造的。要记住他生活的时间，只需想想下面这个电话号码就行了：

胡夫……………………………………………………公元前2500年

据说，当时一共有10万人，花了整整20年才建造出了这座金字塔。胡夫金字塔是地球上最宏伟的建筑物之一，塔上的有些石块本身就大得像座小房子。我也曾经去过它的顶部。爬这座金字塔，就像爬一座四面都是石头的陡峭山峰。我还去过这座金字塔中心像洞穴一样的房间，那里是摆放胡夫木乃伊的地方。不过，现在什么都没有了，除了一些蝙蝠在黑暗中飞来飞去。因为木乃伊已经消失不见了——可能被偷了吧。

在胡夫金字塔旁边，有一座斯芬克司的雕像。它是一座巨大的狮子雕像，有着人的脑袋。斯芬克司雕像大得像一座教堂，尽管它如此之大，却是用一整块石头雕刻成的。而且，这块石头是一直在那里的，因此在雕刻过程中，不必搬过来搬过去地移动它。斯芬克司像是黎明神的雕像，它的头是照着一位建造某座金字塔的埃及法老的样子雕的，这座金字塔位于胡夫金字塔附近。沙漠里的沙子把狮子的脚爪与身体的大部分都掩埋掉了。尽管人们不时地挖走这些沙子，但风很快又会带来沙子，再次把它的身体盖住。

埃及人还在石头上刻下了许多男男女女的雕像。这些雕像通常要比正常人的尺寸大许多倍。它们或者是僵硬地坐着，或者是僵硬地站着，两只脚直直地立在地上，两只手紧紧地贴在身旁，就像一些孩子拍照时端正、局促的样子。

胡夫在建造他的金字塔

埃及人为他们的神祇建造了非常宏大的房子。这些房子被称为神庙，相当于我们美国人的教堂。它们都有非常巨大的柱子与栋梁。普通人站在它们旁边就像侏儒一样。下图是一间神庙，你们可以看出它跟我们平时看到的教堂是多么不一样啊。

埃及神庙

埃及人用图画跟油漆来装饰他们的神庙、金字塔，以及盛放木乃伊的棺材。然而，他们的图画，看起来就像小孩子画的一样。比如，当他们想画一幅水的图画时，他们就简单地用一些波浪线来代表波浪；当他们想画一排人在前面、另一排人在后面时，他们就把排在后面的那一排人画在上边，把排在前面的那排人画在下边；如果要表示一个人是法老，他们就会把这个人画得比其他人大上几倍；当他们画画时，他们经常会认为什么颜色好看就用什么颜色，这些颜色通常是蓝色、黄色或棕色，而不管画中的人或动物实际上是什么颜色，他们对此不加以区分。

8

一块没有金钱的富庶之地

你们可能曾经在童话里读到过，有这样一块土地——在这里，蛋糕、糖果和蜜饯长在树上，你们想要吃的或是玩的任何东西，只要伸伸手就能摘到。对，在很久很久以前，人们曾经真的认为世界上存在这样一个国度。那么，你们来猜猜看，他们说的是什么地方呢？这个地方就在底格里斯河与幼发拉底河附近——这两条河有着奇怪的名字，我在前文中让你们记住的——人们把它称为伊甸园。我们并不能确切地知道这个地方在哪里，因为确实没有一个地方能像上文所描述的那样美妙。

埃及是尼罗河流域的一块陆地。在两河流域的这片区域，每一块土地都有自己的名字。

让我们设想一下，我们正坐着飞机飞在两河的上空，往下看着处于两河中间的那片土地。那片土地叫美索不达米亚，它是由两个希腊单词组成的，意思是“在两条河之间”。

我们看到，在底格里斯河上方有块土地，叫亚述。

我们看到，在两条河交汇处附近有块土地，叫巴比伦。

我们看到，在两条河流入地中海的地方有块土地，叫迦勒底。

我们再看那边，那是阿勒山，据说它是大洪水之后挪亚方舟停放的地方。

读到这里，你们会发现有许多新名词。我有一位小朋友，他有几辆玩具汽车。他注意到，他乘坐过的卧式汽车都有自己的名字。因此，他把自己的玩具汽车也都取上了名字，他把它们叫做：

亚述	美索不达米亚
巴比伦	阿勒山
迦勒底	幼发拉底

巴比伦是一个非常富庶的国家。这是因为，底格里斯河与幼发拉底河均流经此地，给这里沉积了大量的泥沙。这就像尼罗河给埃及带来大量的泥沙，使得那里的土壤非常肥沃一样。我们用来做面包的小麦，我们称它为生命的原材料，它是所有提供食物的农作物中最有价值的一种。据说，小麦最初就是生长在巴比伦的。在两河流域这个地方，椰枣几乎是跟小麦一样重要的作物。巴比伦也大量出产椰枣。今天，你们可能认为椰枣是一种跟糖果差不多的小吃，但是在巴比伦，它可以代替燕麦呢。在两河流域的那些河流中，有很多又肥又大的鱼。不过，打渔在巴比伦只是一种消遣。从这一点你们就可以看出，住在巴比伦的人——他们被称为巴比伦人——有着大量的食物，而不需要为此付出很多的努力去工作。那时，没有哪个人特别有钱。人们所拥有的，都是牛羊之类的家畜。如果一个人拥有很多这种家畜“货物”，那么他就是一个富人。不过，如果一个人需要买东西或是卖东西，他就必须拿着自己有的东西去换自己需要的东西。

在巴比伦的某个地方，人们建造了一座宏伟的塔，叫巴别塔。这个名字你们很可能已经听过。巴别塔与其说是座塔，还不如说是座山。巴比伦人还建造了一些其他的塔。有人说，巴比伦人建造这些塔是为了在洪水来临的时候可以爬上去逃生。但另一些人给出了不同的答案。他们说，建造这些塔的巴比伦人是从很远的北方来到这里的，那里有很多的山峰。他们总是把祭坛放到山顶，使它更接近天堂。因此，当他们移居到像美索不达米亚和巴比伦这样的平原国家之后，由于这些国家没有什么山，因此他们就建起了山一样高的塔，这样就能有一个很高的地方安放祭坛。为了登上这些高高的塔顶，他们还特地修建了楼梯，但是他们没有把梯子修在塔里，而是围绕着塔搭起一条斜斜的路，就像在山的侧面修了一条路一样。

和埃及不一样，在巴比伦及其附近几乎没有什么石头。因此，巴比伦人用砖来建造他们的建筑物。这种砖先用湿泥做好，然后放在阳光下晒干。随着时间的流逝，这种砖会变为碎屑，然后再一次回归尘土。这就像你们可能做过的泥巴馅饼一样，最后都变成了尘土。这就是为什么在经过了漫长的时间之后，原先高高耸立的巴别塔以及其他的建筑都成了一个个泥土堆，这些泥土其实就是原来的砖。

埃及人会把字写在纸草上或者把他们的历史刻在石头上，但巴比伦人既没有纸草也没有石头。他们有的只是砖头。因此，巴比伦人会在砖完全干透之前，也就是它还是软泥的时候就在上面写东西。他们用小棍的尖端把文字刻进砖泥，这种文字叫楔形文字，意思是楔子的形状。之所以这样称呼，是因为，这种文字看起来就像一组组楔形的记号，或者湿泥中的鸡爪印儿一样。我曾见过一些男孩子的笔迹，他们写的字看起来不像英文字母，而是更像楔形文字。

巴比伦人在日日夜夜照看着他们的家畜的同时，也观测太阳、月亮

▲ 巴比伦人在观察日食

以及星辰在天空中的移动。因此，他们渐渐掌握了很多有关天体的知识。

你们在白天见过月亮吗？

嗯，是啊，你们可以见到的。

每过一段时间，月亮就会从天空中穿行而过，它挡在太阳的前面把它的光芒遮住——这就仿佛，你们把一个白盘子放在电灯泡的前面，那么这个发亮的电灯泡就会变暗一样。比如说，在某个时候，当时可能是上午10点左右，外面正是朗朗晴空，阳光刺眼。正在这时，太阳被月亮遮住了，就像被一个白盘子遮住了。于是，天马上黑了下来，只能见到星星在天空中闪耀。而小鸡们则以为到了晚上，于是就回棚里去栖息了。但过了一小会儿，月亮就从太阳前面掠过去了，然后阳光再一次洒满大地。这种现象，被称为“日食”。

迄今为止，你们很可能都没有见到过日食，但以后你们会见到的。在那个时候，甚至直到今天，愚昧的人们在见到日食的时候，都会觉得将要发生什么可怕的事情——他们会觉得可能是世界末日呢。这只不过是因为，他们以前从来没看到过这种景象，他们不知道“日食”是每隔一段时间就会发生的，而且不会给人们带来什么灾祸。

在公元前2300年左右的时候，巴比伦人就预测到了什么时候会发生日食。他们看到月亮从天空中穿过，然后就会推算出来，再过多少时间月亮会赶上太阳并从它的前面穿过。你们看，古巴比伦人对天体运动知道得多么透彻啊！研究星辰与其他天体的人被称为天文学家，那么，巴比伦人就是出色的天文学家。

埃及人崇拜的是动物，那么很自然，巴比伦人应当崇拜那些奇妙的天体，比如太阳、月亮、星星，是这样的吗？是的。

我们知道得比较多的——即使比较多，其实也是少得可怜的——巴比伦的第一任国王叫萨尔贡一世，他可能生活在埃及正大肆建造金字塔的那个时代。

公元前1792年左右，巴比伦出现了一位赫赫有名的国王，他由于制定了一部法典而名垂青史。他的名字叫汉穆拉比。我们在今天还能看到他制定的法典的内容，尽管我们现在已经不再遵守它了。《汉穆拉比法典》用楔形文字刻在一块石头上，我们直到今天还保留着这块石头。萨尔贡与汉穆拉比的名字非常奇怪，它们跟你们以前所听到过的所有人名都不一样。不过，它们却是真正统治着老百姓的国王的真实名字。

9

漂泊的犹太人

“You are”（你们是）读作“Ur”（吾珥），这是我所知道的最短的名字之一。它是迦勒底这个地方下属的一个区域的名字。大约在公元前19世纪的时候，这里生活着一个男人，叫亚伯拉罕。亚伯拉罕的家族非常庞大。尽管亚伯拉罕没什么钱，但是他过得很富足。他拥有许多绵羊和山羊。在那个时候，这是很大一笔财产。亚伯拉罕跟我们一样，他也信仰上帝。不过他的邻居巴比伦人，却崇拜偶像和天体，例如太阳、月亮、星星等，这一点我在前文中已提及。由于这个原因，亚伯拉罕不喜欢他的邻居，他的邻居们也不喜欢他，因为他们觉得亚伯拉罕的想法实在是奇怪，甚至是太疯狂了。因此，大约在公元前19世纪的时候，亚伯拉罕带着他的大家族，还有他的牛群、羊群，把家搬到了迦南。这个地方靠近地中海海岸，离他原来居住的地方很远。

亚伯拉罕在这里生活了很久，直到成为一个老人。他的家族人丁非常兴旺。他的一个孙子叫雅各，雅各还有一个著名的名字，叫以色列。雅各有个儿子叫约瑟。你们很可能还记得，在《圣经》故事中，雅各最心爱的儿子约瑟有一件五彩的衣服。约瑟的兄弟们非常忌妒他——孩子们甚至小狗们都会忌妒比自己更招人喜欢的同类。因此，约瑟的兄弟找了一个机会把他推进了一口枯井，后来又把他卖给了路过的埃及人做奴隶。然后，他们告诉父亲雅各说，约瑟已经被野兽咬死了。而埃及人则带着约瑟去了遥远的埃及——那儿离迦南很远。

▲ 公元前1900年，亚伯拉罕离开吾珥

然而，尽管约瑟在埃及是一个奴隶，并且，我在前文已经说过，任何一个埃及人，要想从他所在的阶级一步步爬到上层阶级，是一件非常困难的事情。但是约瑟做到了，他非常聪明。到最后，他成了埃及的政要之一。

不过，在约瑟主政的时候，迦南发生了饥荒，没有什么东西可以吃。由于埃及有大量的食物，因此约瑟那些缺德的弟兄们就来到了埃及，请求埃及的当政者施舍给他们食物。那时，他们很可能认为他们的兄弟早就死了，却并不知道他已成为了一个大人物。他们请求施舍给他们食物的那位政要，正是他们的这位兄弟。你们可以尽情想象，当他们发现这位有权有势的政要正是他们曾经坑害的兄弟、正是他们以前计划杀掉、当成奴隶卖掉的亲生兄弟时，他们该感到多么惊奇啊！

如果约瑟想要报复他们，那么他可以任由他们饿死，或是把他们投到监狱里，或是什么也不做，把他们送回迦南。不过，约瑟没有那么做。他不仅给了他们需要的食物，还给了他们更多的东西，此外，他还赠送了他们一些值钱的礼物，然后嘱咐他们回去后把家里所有的人都叫上，跟他们一起到埃及来，并且他还承诺，会给他们一块叫歌珊地的土地，在那里，他们不会遭受饥荒，会过着快乐的生活。这样，他的兄弟们就照着他的吩咐去做了。因此，在公元前1700年左右，雅各和他的儿子们带着他们的家人来到了歌珊地，最终在那里定居下来。他们被称为以色列人，它的意思当然就是：他们是以色列即雅各的子裔。他们相信，他们是上帝的选民。以色列人就是我们今天所称的犹太人。

雅各——当然他自己就是个以色列人——死后，埃及的法老们不喜欢这些属于闪米特家族的外来人，因此对他们很不友好，就像自古以来其他的种族对待犹太人那样。尽管这群犹太人在埃及的土地上生活了400年左右，他们还是总被埃及人憎恨。

从犹太人最初进入埃及算起，过了400年左右的时间——从公元前1700年到公元前1300年，埃及出现了一位法老，叫拉美西斯大帝。

拉美西斯非常憎恨犹太人，他颁布命令，杀掉所有的犹太男婴。他认为可以通过这种办法除去这个民族。不过，有一个叫摩西的犹太小男孩被救了下来。他长大之后，成了这群犹太人的伟大首领。摩西想让犹太人从这个不友好的国家离开，他认为，埃及人崇拜的是假的神。因此，最后，他领着所有的犹太人穿过红海，离开了埃及。这个事件叫“出埃及记”，它发生在公元前1300年左右。

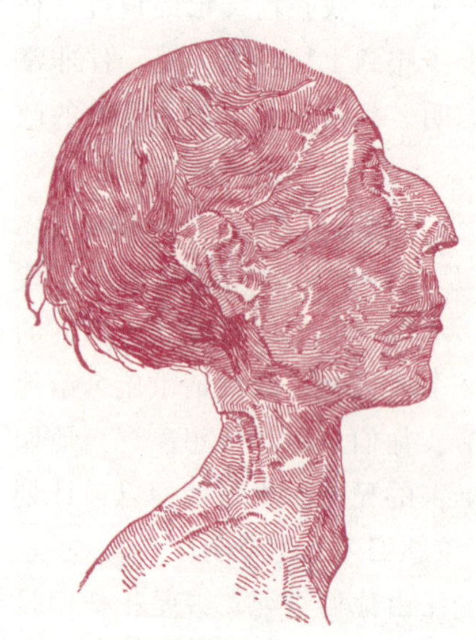
拉美西斯的木乃伊

犹太人离开埃及后，第一个栖止的地方是西奈山脚下。在这段时间里，摩西独自爬上了山顶。在这里，他独处并聆听上帝对他和其他犹太人的指示。摩西在山顶祈祷了40天。当从山顶下来后，他颁布了十条诫令，这就是你们可能在主日学校学过的“摩西十诫”。但是，由于摩西在山顶上待的时间太长了，因此当他回到犹太人中间的时候，他发现他们正在供奉一头金牛，就像埃及人平常做的那样。原来，这些以色列人在埃及住了很多年，慢慢地觉得，埃及人信仰的那些偶像也是不错的。

摩西非常愤怒，他觉得该让犹太人摆脱他们的埃及邻居的坏影响了。最后，他成功地使他们重新开始信仰上帝，并成功地让他们以十诫作为自己的生活准则。因此，摩西被称为犹太教的立法者与奠基者。后来摩西死了，在之后的很多年里，犹太人从一个地方漂泊到另一个地方，最后才在迦南定居下来。

▲ 拉美西斯大帝

犹太人没有自己的国王，他们被一些称为士师的人管理着。不过，士师们生活得非常俭朴，就像普通人那样；他们不像国王那样住在宫殿里，有着众多的仆人，穿着华丽的袍子，戴着贵重的珠宝。可是，犹太人确实需要一位国王，就像他们的敌人或其他的邻邦那样。在其他国家都想摆脱国王统治的同时，犹太人却渴求一位国王，这是很奇怪的事情——我们认为，犹太人更想要的可能是一位总统，就像我们美国有一位总统那样。

就这样，最后有一位叫撒母耳的士师说，他们应当有一位国王，于是扫罗就被推举为国王了。在仪式中，撒母耳把橄榄油泼在了扫罗的头上。这在别人看来是一件奇怪的事情，但这就代表着将一顶王冠戴在了扫罗的头上，标志着扫罗成了一位国王。因此，撒母耳是犹太人的最后一位士师，扫罗则是犹太人的第一任国王。

在那个时代，就像埃及人与迦勒底人那样，所有国家的人都信仰着多个神灵或各种偶像。只有犹太人，只信仰一位上帝。他们有一部《圣经》，这是他们的先知写的。这部书就是基督教“圣经”中的旧约部分。

以上这些就是漂泊的犹太人的故事，犹太人留给我们的是旧约与十诫。下面是他们漂泊的路程：

从吾珥到迦南——公元前1900年
从迦南到埃及——公元前1700年
从埃及回到迦南——公元前1300年

诸神

从前有个男人叫赫楞——对于一个男人来说这个名字太奇怪了，不是吗？他既不是闪米特人，也不是哈姆族人，他是雅利安人。他有很多孩子，孩子们又有很多孩子，因此他们家族自称为赫楞人。赫楞人住在靠近地中海的一个半岛上，他们把这块土地叫赫拉斯。有一次，我把一瓶墨水打翻在自己的书桌上，墨水流出来，流成了一个歪歪扭扭的污迹，酷似地图上赫拉斯的形状。尽管赫拉斯几乎没有我们美国的任何一个州大，但它的历史却比这个世界上跟它大小相仿的任何国家都著名。我们把赫拉斯称为“希腊”，把居住在这里的人称为“希腊人”。

大约在犹太人离开埃及的同时，这段时间，人类正在从青铜器时代向铁器时代过渡。大约是在公元前1300年，我们才第一次听说赫拉斯与赫拉斯人、希腊与希腊人。

希腊人信仰多个神灵，他们不像我们美国人或者犹太人那样，信仰着一个上帝。希腊人信仰的诸神不太像神圣的存在物，而更像神话传说中的神灵。希腊人为他们的神灵塑造了很多雕像，还写下了关于他们的很多诗歌与传说。

希腊人信仰的主神一共有12位——正好一打。据说他们居住在奥林匹斯山上，奥林匹斯山是希腊最高的山。这些神并不总是善良的，他们经常吵架、欺骗，甚至做些更恶劣的事情。神们吃的东西比我们吃的要好得多，希腊人把它们称为神酒与神食。他们认为吃了这些东西就会长生不老，也就是说，吃下这些东西，他们就永远都不会死了。

现在我向你们介绍一下这些神的家族，我知道你们很乐意认识他们。这些神中的大多数都有两个名字。

朱庇特，或称宙斯，他是众神之父，支配着所有的人类。他坐在王座上，手里拿着个“Z”字形的闪电。一头众鸟之王的鹰，总是陪伴在他身旁。

朱诺，或称赫拉，她是宙斯的妻子，也就是王后。她手里拿着根权杖，她的宠物是一只孔雀。

海神尼普顿，或称波塞冬，他是宙斯的兄弟，掌管着海洋。他驾着一辆海马战车，手里拿着根三叉戟，看上去就像一根有着三个刺的干草叉。他只要挥舞起这根三叉戟，就能够在海上掀起暴风雨或者使海浪平静下来。

伏尔甘，或称赫菲斯托斯，是火神。他是一个跛腿的铁匠，在铁匠铺工作。据说他的铁匠铺在一座山的山洞中，当某些山冒出烟或者火时，人们便称之为火山。火山（volcano）就是以火神伏尔甘（Vulcanus）的名字来命名的。

阿波罗是众男神中最英俊的一位。他既是太阳神，又是歌曲与音乐之神。希腊人说，每天早上，阿波罗都会驾着他的太阳车从东方出发，穿过天空到达西方，这就形成了阳光充沛的白天。

狄安娜，或称阿耳忒弥斯，她是阿波罗的孪生妹妹，是月亮之神与狩猎之神。

马尔斯，或称阿瑞斯，他是可怕的战争之神。他只有在发生战争时才会很快乐——因此，他在大多数时候都很快乐。

墨丘利，或称赫尔墨斯，他是众神的信使。他的帽子与鞋子上都长了翅膀。他的手里握着一根奇妙的长着翅膀的棍棒或称权杖。这根权杖如果放到正在吵架的两个人之间，就能立刻让两个人成为朋友。有一天，墨丘利看到两条蛇在打架，于是他就把权杖放到了它们中间，这两条蛇马上就像恋人般拥抱在了一起，把他的权杖都缠住了。从此，它们就一直缠在他的权杖上，这根权杖亦因此被称为蛇杖。

密涅瓦，或称雅典娜，她是智慧女神。她的诞生方式非常奇怪。有一天，宙斯的头疼得非常厉害——就像我们说的头疼得要裂开了。情况

雅典娜的诞生

越来越糟，最后，宙斯再也忍不住了。他采取了一个非常极端的方法来治疗。他把火神伏尔甘也就是那个跛腿的铁匠叫来，让他用铁锤用力敲打自己的脑袋。伏尔甘觉得这是一个有趣的要求，他遵从了众神之父的命令，用铁锤用力地敲打他的头。这时，全身穿着盔甲的密涅瓦就从宙斯的头中跳了出来，而由她造成的头痛戛然而止。因此，密涅瓦是从宙斯的脑袋里生出来的，这也是为什么她是智慧女神的原因。密涅瓦的希腊名字是雅典娜，她在希腊建立了一座伟大的城市，用自己的名字把它命名为雅典。传说，雅典娜看护着这座城市，就像母亲看护着自己的孩子一样。

维纳斯，或称阿佛洛狄忒，她是掌管爱与美的女神。正如阿波罗是男神中最英俊，维纳斯是众女神中最美丽的。据说，维纳斯是从海浪的泡沫中诞生的。她的儿子叫丘比特，一个胖乎乎的小男孩，他的背上背着一个箭袋。他会把他的无形之箭射进人类的心里。不过，被他的箭射中的人不会死掉，而是会立刻爱上某个人。这就是为什么我们会用两颗被箭穿过的心来代表情人或爱情的原因。

维斯太是家庭与灶边的女神，她守护着家庭。

色列斯，或称得墨忒耳，她是农业女神。

以上就是奥林匹亚诸神家族中的12位主神。

普路托是朱庇特的一个兄弟，他掌管着地界即阴间，他也住在那里。

除了这些神之外，还有许多不是那么重要的男神或女神，以及一些半人半神的神，比如命运三女神、美慧三女神，还有九位掌管艺术的缪斯女神等等。

直到今天，天空中一些看起来像星星的行星都还在以这些希腊神灵的名字来命名。朱庇特是最大的那颗行星，木星的名字；马尔斯是那颗像红色圆盘一样的行星，土星的名字——红色是血液的颜色；维纳斯是那颗非常美丽的行星，金星的名字；墨丘利是水星的名字；尼普顿是海王星的名字。

对我们今天的美国人而言，很难理解古代希腊人是怎样向这些神明祈祷的，但他们确实是在向这些神明祈祷，只不过，他们的祈祷方式跟我们的不一样。我们在祈祷的时候会跪下，闭上眼睛，而他们却直挺挺地站着，手臂直直地向前伸开。并且，他们也不会祈祷神明宽恕自己的罪恶，也不会向神明祈祷让自己过得更好点儿；他们会祈祷让自己战胜敌人，或者使自己免受伤害。

希腊人祈祷的时候，经常会祭献上一些动物、水果、蜂蜜或者酒类，他们想用这些东西来取悦神明，让他们允诺自己的要求。祈祷的时候，他们会把酒泼在地上，因为他们觉得神明会喜欢他们这样做；他们也会在祭坛上杀死动物，然后架起一堆火来烧烤，这种活动叫做祭或者牺牲。他们的想法似乎是这样的：即使这些神明不会吃这些动物的肉，也不会喝他们的酒，但是他们还是喜欢有人把东西献给他们。因为这个，甚至直到今天，我们仍然会将某人把某物让与某人的这种行为，称为作出了“牺牲”。

希腊人献祭的时候，总是会去寻找某些来自神明的征兆，来看看神明对他们献祭的东西是否满意，是否愿意允许他们祈祷，是否会满足他们的要求。一群鸟从头顶飞过，一道闪电亮起，或者有任何不寻常的事情发生，他们都会将之看成一种意味着什么的征兆。他们把这类征兆称为“预兆”。有一些预兆是好的，表示神明愿意满足他的请求；而还有一些预兆是不好的，表示神明不愿意满足他的请求。古希腊人相信预兆的这种思想与今天的一些人非常相似。今天，比如有人看到一轮新月悬挂在右肩上方，他们就会说这是一个好的预兆或者好的运气要来了；一不小心把盐洒了，他们就会说这是一个坏的预兆或者坏的运气要来了。

离雅典城不远的地方有一座山，叫帕纳萨斯山。在帕纳萨斯山的旁边，有一个叫特尔斐的城市。在特尔斐城的地面，有一道裂缝。这道缝会喷出一些气体，有点儿像火山口喷出气体那样。据说，这些气体是太阳神阿波罗呼出的气。在这里，有一位女祭司，她把一只三脚凳放在裂缝上并坐在那里。这样，她就吸入了一些气体。吸入这种气体后，她就开始神志失常了，就像有些人发烧后神志不清、“灵魂出窍”那样。在她神志失常期间，每当人们问她问题，她就会咕哝出一些莫名其妙的话来，然后旁边的一位祭司就会告诉大家她说的是什么。这个地方被称为特尔斐神庙。人们会长途跋涉来到这里询问神谕，人们相信，阿波罗会回答他们的问题。

无论什么时候，每当希腊人想知道下一步该怎么做或接下来会发生什么事情时，他们就会去神庙询问，他们坚定地相信神谕，相信神指示的每一句话。不过，神谕通常自身就像个谜，这样，他们就可以用多种方式来理解一道神谕。比如，有一位国王想跟另一位国王开战，他会询问神谕，哪个将获胜。神谕这样回答：“一个伟大的王国即将陨落。”你们猜猜神谕是什么意思呢？像这样一种回答，你们可以用两种或者三种思路去理解。直到今天，人们还在把这样的回答称为“神谕式的”。

神话中的战争

一个国家的历史通常发端于——当然也通常结束于——战争。在希腊历史上，第一个伟大的事件就是一场战争。它被称为“特洛伊战争”。特洛伊战争据说发生在公元前1200年左右，或者说发生在铁器时代开始后的不久。不过，我们不仅对这场战争的具体发生时间没有把握，甚至，对这场战争是否真的发生过也没有什么把握。这是因为，我们知道，这场战争的大部分情节都仅仅是神话传说。下面就是这场战争的经过：

有一次，奥林匹亚山上举办了一场婚宴，男神们和女神们都来参加了。突然，一位没有被邀请的女神向桌子上扔了一个金苹果。这个金苹果上写着这样一行字：

赠给最优雅的女神

在桌子上扔金苹果的那位女神就是争吵女神。跟她的名字很搭的是，一场争吵很快就开始了。因为女神们也像人类一样虚荣，都认为自己是最优雅的，只有自己才配拥有这个金苹果。最后，她们叫来了一个叫帕里斯的牧童，请他裁定谁是最优雅的女神。

每一位女神都向帕里斯许诺，如果选自己就赠给他一个礼物。众神之王后朱诺，许诺让他成为一位国王；智慧之神密涅瓦，许诺让他变得更有智慧；而美神维纳斯，则许诺把这个世界上最美丽的女孩给他做妻子。

不过，帕里斯实际上并不是一个牧童，他是特洛伊之王普里阿摩斯的儿子。特洛伊是一座海边城市，与希腊隔海相望。帕里斯在婴儿时期就被抛弃在一座山上，后来一位牧民发现了他，把他当成自己的儿子抚养长大。

帕里斯对于变得更有智慧没什么兴趣，对成为国王也没有兴趣。他想要的，是这个世界上最美丽的女孩儿能成为他的妻子。因此，他把金苹果给了维纳斯。

然而，世界上最美丽的女孩儿已经跟别人结婚了，她叫海伦，她的丈夫是斯巴达国王梅内莱厄斯。维纳斯无视这些事实，让帕里斯去希腊的斯巴达，告诉他在那里可以找到海伦，然后跟她一起私奔。于是帕里斯去了斯巴达，并拜访了国王梅内莱厄斯，梅内莱厄斯以王室之礼款待了帕里斯。而帕里斯呢，尽管受到了如此善意的招待，也得到了梅内莱厄斯的信任，却还是在一天夜里偷走了海伦，用船载着她穿过大海回到了特洛伊。尽管那时已经是铁器时代了，但帕里斯的行为却还是石器时代人的做事方式。

海伦走了之后，梅内莱厄斯与希腊人怒不可遏，他们立即准备发动战争，准备乘船去特洛伊把海伦接回来。可是在那时，所有城市的四周都被建起的城墙环绕，这些城墙是用来保护自己免受敌人攻击的。由于当时没有大炮、没有枪，也没有我们今天在战争中使用的致命武器，因此要攻入或征服一座带有围墙的城池是件非常困难的事情。由于有围墙保护，尽管希腊人打算花10年来征服特洛伊，但是10年之后，特洛伊依然固若金汤。

就这样，最后，希腊人决定用骗术进入特洛伊城。他们造了一匹非常大的木马，然后把一些士兵藏在里面。他们把这匹马放在了城墙外，然后乘船远去，似乎最终放弃战争了。接着，就有奸细告诉特洛伊人，说这匹木马是众神的礼物，他们应该把它带进城里。这时，一位名叫拉奥孔的特洛伊祭司认为，这是一个阴谋，让特洛伊人不要搬动木马。不过人们在执意做一件事情的时候，是很难听得进别人的意见的。

就在这时，一些巨蛇从海里钻出来，开始攻击拉奥孔和他的两个儿子，它们缠住他们，一直把他们缠死。于是特洛伊人认为，这是一个来自神明的征兆，神想说，不要相信拉奥孔。因此，特洛伊人决定把木马搬进城。但是由于木马太大了，没办法搬进城门。所以他们不得不把城墙拆掉一些才把木马搬到了城里。夜幕降临后，木马里的希腊士兵钻了出来，打开了城门。而一直等在外面的其他希腊士兵则穿过城门和拆掉的城墙洞进入了特洛伊城。就这样，特洛伊城被轻易地征服了，整座城池最后都被烧得一干二净。海伦的丈夫带着海伦最终回到了希腊。由于木马诡计的原因，我们至今都流传着一个谚语："要警惕希腊人给你们的礼物"，意思是："要留心送给你们礼物的敌人。"

特洛伊战争的故事被写在两首长长的史诗中。有些人认为这两首史诗是至今最完美的诗歌。其中一首史诗的名字叫《伊利昂纪》，这个名字来自特洛伊城的另一个名称，即"伊利昂"。另一首史诗的名字叫《奥德修纪》，它描述的是特洛伊战争结束后，一位希腊英雄在回家途中的历险故事。这位希腊英雄的名字叫奥德修斯，这也是《奥德修纪》这部书名的由来，这位希腊英雄还有一个名字叫"尤利西斯"。这两部史诗《伊利昂纪》与《奥德修纪》，都是由一位叫荷马的希腊诗人创作的。人们认为，他大约生活在特洛伊战争后200年左右，也就是公元前1000年左右。

荷马是一个游吟诗人。他会从一个地方走到另一个地方，把他的诗歌唱给人们听。通常，一位吟游诗人会在唱诗的同时弹奏竖琴，而听他唱诗的人会给他一些吃的东西或者提供一个睡觉的地方，以此作为报酬。今天的我们，并不会听荷马唱《伊利昂纪》与《奥德修纪》作消遣，我们会在自己的家里听收音机或留声机播放的音乐。

荷马从来没有把他的诗歌写下来过，因为他是盲人。但由于人们非常喜欢他的诗歌，因此他们就在心里把这些诗歌记了下来。在荷马去世之后，母亲们会把这些诗歌教给自己的孩子。最后，许多年以后，有一个人用希腊文把这些诗歌写了下来。如果你们学习希腊语的话，那么总有一天会读到这些希腊文诗歌，或者读到它的英译版本。

尽管希腊人是那么喜欢荷马，但荷马却很难以此谋生，他不得不每

天乞讨维持生计。不过，在他死后，有九个城市的人们都自豪地宣称荷马是出生在他们所在的城市。因此，有人在诗中这样写道：

九个城市都宣称，盲人荷马在它那里死去；
而要在那里生存，荷马却每天把面包求乞。

现在有些人怀疑，历史上是否真的曾经出现过一个叫荷马的诗人。另一些人则认为，写作这些诗歌的人并不是一个人，而是几个人，这个数字很可能是九。那么这种说法就可以解释，为什么荷马能够出生在九个城市了。

12

犹太人的国王们

在盲人荷马唱着他那美妙的诗歌穿行乞讨在希腊的街道上时，犹太人的一位伟大的国王这时也在迦南唱着另一些美妙的歌。这位国王的名字叫大卫。他并不是生来就是一个国王，年轻的时候，他只是扫罗王军队里的一名牧童。下面就是他碰巧当上国王的经过。

你们还记得，在一开始的时候，犹太人是没有国王的。但是他们想有个国王，因此到最后，他们就让一个叫扫罗的人当了国王。

《圣经》里记载，大卫杀死了巨人哥利亚。我们都喜欢这个圣经故事，这是因为，当听到小个子终于巧妙地打败了高大的恶棍时，我们都会感到高兴。

扫罗王有一个女儿，在大卫杀死了巨人哥利亚后，她爱上了这个勇敢健壮的年经人，最后，他们结婚了。

这样，在扫罗去世之后，大卫就当上了国王，他是犹太人所有国王中最伟大的。尽管扫罗地位显赫，但他还是住在一个帐篷里，并没有住进宫殿，甚至他都没有首都。

因此，大卫就征服了迦南的一个名叫耶路撒冷的城市，把这个城市作为犹太人的首都。

大卫不只是一名勇敢的战士，也不只是一位伟大的国王，他还写过动听的歌。

盲乞丐荷马歌颂的是神话中的神明，而大卫王歌颂的则是他唯一的上帝。

这些歌就是圣歌，也叫赞美诗，你们会在教堂里读到并吟唱它们。

在今天，即使一首很流行的歌曲也只能流行几个月，但是大卫在3000年前写下的这些赞美诗却流传至今！第23首赞美诗的开头是这样的："主啊，您就是我的牧羊人"，这是最优美动听的赞美诗之一，是一首非常好的值得用心去体会的赞美诗。在这首诗里，大卫把自己比做一头羊，而把他的主比做一位仁慈的牧羊人；主温柔地照看着他的羊，让它们更舒服，更安全。

大卫的儿子叫所罗门，大卫死后，所罗门成了国王。

如果一位善良的仙女问你们，在这个世界上，你们最想要的东西是什么？我很想知道你们选的是什么。据说，当所罗门成了国王之后，有一次上帝出现在他的梦里，上帝问他，在这个世界上你最想要的是什么？所罗门并没有想让自己变得富有或是更有权力，而是想要变得更有智慧。于是上帝说，他会使所罗门成为有史以来最智慧的人。下面是一则故事，它可以表明所罗门的智慧。

有一次，两个妇女带着一个婴儿来见所罗门，每个女人都说这个婴儿是自己的孩子。所罗门让人拿来一把剑，说："把这个婴儿一分为二，每人一半。"其中一个女人大哭起来，不愿意这样分配，同意婴儿让给另一个女人。于是所罗门就知道了谁才是婴儿的真正母亲，然后把婴儿给了她。

所罗门用雪松木、大理石和黄金建造了一座富丽堂皇的庙宇，这些雪松木来自著名的黎巴嫩森林，他还用珠宝装饰了这座庙宇。之后，他又为自己建造了一座宏伟的宫殿，这座宫殿十分华丽、辉煌，落成后，世界各地的人都跑来参观。《圣经》在说起这座庙宇和宫殿的大小时，都不是用英尺而是用肘尺计量的。一肘尺就是一个人的肘尖到中指尖的距离，大约是一英尺半的长度。

在前来参观的人中，有一位是示巴的女王。她长途跋涉，穿过阿拉伯半岛，来到了耶路撒冷。示巴女王想亲耳聆听智慧的所罗门的教导，然后再参观一下他建造的宫殿和庙宇。

尽管在那个时候，所罗门的宫殿、庙宇被认为是惊人的宏伟壮观，但是你们要记住，那毕竟是在公元前1000年。

时至今日，所罗门的宫殿、庙宇早已消失不见，剩下的只是一些石头。但是所罗门智慧的格言却在每一种语言中流传，所有人都在阅读这些格言。如果所罗门的宫殿与庙宇能够保存到今天的话，那么它在今天成千上万的宏伟建筑面前，就会显得像孩子们的玩具房子一样。但是，至今都没有人能说，他说的话要比所罗门说的话更有智慧。你们觉得你们可以吗？试试吧。下面是其中的一些格言，它们被称为箴言。

回答柔和，使怒消退；言语暴戾，触动怒气。

这句话的意思是什么呢？

美名胜过大财，恩宠强如金银。

这句话的意思是什么呢？

要别人夸奖你们，不可用口自夸；等外人称赞你们，不可用嘴自称。

它的意思又是什么呢？

所罗门是犹太人所有国王中最后一位伟大的国王。在所罗门死后，犹太人的国家渐渐破裂，分裂成一个个小邦。大约在分裂后的2000多年里，伟大的犹太民族再也没有一个国王，没有一个首都，也没有一个属于他们自己的国家，尽管他们人很多，分布在世界各地。最后，犹在人终于成立了一个新的国家，一个完全属于他们自己的国家——以色列。以色列的位置就在过去被称为迦南的那块土地上。

13

创造出字母ABC的人

在很久很久以前，那时，人类还不知道怎么写字，有一个木匠，他的名字叫卡德摩斯。有一天，他正在工作。这时，他发现少了一件工具，这件工具被忘在了家里。于是他捡起一个木块，在上面写了一些东西，然后把它交给奴隶，让奴隶回家把木块交给他的妻子，说木块会告诉她他所需要的工具。奴隶感到非常惊奇，就按照主人说的，把木块交给了主人的妻子。主人的妻子一看到木块，不说一句话，立刻把工具交给了目瞪口呆的奴隶。奴隶觉得，这块木块一定是以某种神秘的方式传达了某种信息。当他带着这个工具回到卡德摩斯的工作间时，他请求主人把这块非凡的木头送给他。得到了它之后，他把它当成护身符戴在了脖子上。

卡德摩斯的奴隶与木块

这个故事讲的就是希腊人所说的字母的发明者。不过，我们相信卡德摩斯是一个虚构的人物，因为希腊人喜欢虚构这类故事，我们认为，并没有这样一个

创造了字母的人。不过，卡德摩斯是腓尼基人，我们也知道确实是腓尼基人创造了字母表。你们很可能是按照英语发音来读ABC的，但希腊人读这些字母时却有点困难。他们把A读成“阿尔法”，把B读成“贝塔”，如此等等。因此，希腊孩子们学习字母是从“阿尔法贝塔”开始学起的，这也是为什么我们把字母表称为“阿尔法贝塔”的原因。

你们很可能从来都没有听说过腓尼基或腓尼基人。不过，如果没有像腓尼基这样的国家，你们现在很可能在学校里读着并写着象形文字和楔形文字呢。

现在，你们知道了人类曾经使用过非常笨拙的书写方式。埃及人写字的时候是要画图的，而巴比伦人写的字就像鸡爪印儿。腓尼基人创造的字母表一共有22个字母。正是由这个字母表慢慢发展，才有了我们今天使用的字母表。

当然，我们今天使用的字母和腓尼基人使用的字母并不完全一致，但其中有些字母则在过了3000年之后仍然很接近。比如，腓尼基人的A被侧着写成——ᐊ，他们的E被反着写成——ᴲ，他们的Z跟我们的Z一样，他们的O也跟我们的O一样。

腓尼基人住在犹太人的隔壁。实际上，这两家人都属于同一个家族——闪米特人。腓尼基人的国家紧挨着犹太人的国家，确切地说，是在犹太人国家的北边，也就是，从地图上来看，腓尼基人在犹太人的上方，在地中海沿岸。

腓尼基人有一位伟大的国王，叫海勒姆，他与所罗门生活在同一个时代。实际上，海勒姆是所罗门的朋友，所罗门在耶路撒冷建造庙宇的时候，他曾给所罗门派去最好的工匠帮忙。当然，海勒姆本人以及腓尼基人并不信仰犹太人的上帝。

腓尼基人是偶像崇拜者，他们崇拜巴力与摩洛——可怕的凶神，他们把这两位神灵称为太阳之神。他们还信仰一名叫阿施塔特的月亮女神，他们会把活生生的孩子们献祭给她，哎呀呀呀，这可是千真万确的事情，并不是神话传说。你们想想吧，如果自己是生活在那个时代的一个孩子……

正如我们看到的那样，犹太人对待宗教非常虔诚，但他们的邻居腓尼基人，尽管同样是闪米特人，而且还是亲戚呢，却是彻头彻尾的商人。他们的头脑里一天到晚盘算着的，就是钱钱钱钱钱钱钱——每时每刻都在盘算。而且，他们并不特别在乎怎么弄到钱，不管是诚实地去挣，还是通过别的什么方式。在今天，商人们都知道，自己要想变得非常成功，就必须诚实，但腓尼基人却总是在交易时欺骗对方。他们总是希望谈出一个更好的价钱，甚至只要有机会，他们就会进行欺骗。

腓尼基人会做很多东西，然后他们会不管远近，去四处贩卖。

腓尼基人知道怎么做出美丽的布料、玻璃制品、金银器和象牙制品。

腓尼基人知道怎么从一种小贝壳的身体里面提炼出奇妙的紫色染料，这种小贝壳生长在推罗市附近的水里。人们把这种染料叫推罗紫，这个名字来自这座城市。推罗紫的颜色是如此美丽，甚至国王的长袍都是用它染色的。

推罗与西顿是腓尼基的两座主要城市，它们一度是世界上最繁忙的城市。

为了找到买家，腓尼基人乘着船走遍了地中海，他们甚至还驾着船驶出地中海去了大西洋。这个通道现在被称为直布罗陀海峡，而在当时被称为赫拉克勒斯之柱。他们航行得很远，一直到不列颠群岛。在那个年代，其他人都不敢驾船航行得那么远，他们认为，航行得太远会到达海的边缘，会掉下去。而腓尼基人没有这样的顾虑，因此在他们那个时代，他们既是最伟大的商人，也是最伟大的航海家。他们的船是用著名的黎巴嫩雪松做的，这种树长在某个地方的山的斜坡上，这处神奇的地方现在被称为黎巴嫩。

无论在什么地方，腓尼基人一旦找到适宜停泊他们船只的优良港口，就会先把它建成一个小的市镇，然后他们会在这个市镇与当地人做生意。那个时候，当地居民几乎都是野蛮人呢。腓尼基人发现，跟无知的野蛮人做生意，他们往往可以谈出一个好价钱。用廉价的几个玻璃制品或者一块紫色的布料，就可以交换到价值不菲的金银制品或其他的东西。在非洲海岸，他们建起的几个市镇中，有一个被称为迦太基。对于迦太基，我们在下文中会不时地接触到它，因为它渐渐变得富饶、重要，以至于——关于它的故事，我一定会在后面讲到。

14

像钉子一样坚硬牢固

让我们的故事再一次回到希腊——荷马与神话中众神待过的地方，回到斯巴达——海伦曾经生活过的地方。

在耶稣基督诞生之前900年左右，在斯巴达有一个人，名字叫莱克格斯，这是个刚硬的名字，当你们听完了关于这个男人的故事之后，可能更会觉得这个人很刚硬。莱克格斯一直有一个愿望，让斯巴达成为世界上最强大的城市。

但首先，他要找到一个办法，通过这个办法可以使一座城市或者一群人变得强大。

于是，他开始出发旅行。他走了很多年，拜访了世界上所有主要的国家。他想知道，是否可以学到一种使他们变强大的方法。下面就是他学习到的东西。

无论在哪个地方，人们整天想着玩乐与开心，想让自己愉快，每天过得轻轻松松——莱克格斯发现这样并不好，也没有什么价值——不够强大。

无论在哪个地方，人们整天想着努力工作，做自己应该做的事情，不管快乐与否，莱克格斯发现他们通常是有优秀之处的——有些价值——挺强大。

于是，莱克格斯回到了家乡斯巴达，开始着手制定一系列法则。他认为，这些法则可以使斯巴达的人民比世界上其他地方的人更强大，这些法则被称为“法典”。我觉得你们会赞同这些严厉的法则，它们确实使斯巴达变得坚硬牢固——像“钉子一样坚硬牢固”。下面我们来看看，这些法则是否使得斯巴达真正强大起来了。

首先，斯巴达的婴儿一生下来就要接受检查，看他们是否强壮、是否结实。无论何时，只要婴儿看起来不够强壮结实，他们就会被抛进山里，任其自生自灭。莱克格斯希望在斯巴达没有弱者。

当男孩子们长到七岁的时候，他们就会离开妈妈，被送进学校。他们的学校更像士兵的营地而不像一所学校，他们要在这个地方生活下去，直到60岁。

在这种学校里，他们不会学到你们在学校里学到的那些东西，而仅仅是被训练成优秀的战士。

没有像学校课本那样的东西；

没有拼音课本；

没有算术教学；

没有地理教学。没人知道足够多的世界地理知识，也就没办法写出一本地理书来；

没有历史教学。没人知道多少在那时之前发生在世界上的事情，当然，你们现在在学校中学到的那时之后的历史，就更没人知道了。

在某些时候，斯巴达的男孩子会被鞭子抽打，这不是因为他们做错了什么事，而仅仅是要教会他们忍受痛苦，不能哭泣。不管被打得多严重，如果有人哭出来，就会丢脸一辈子。

斯巴达男孩要一直锻炼、操练、工作，直到他快要倒下。不管他多么劳累、多么饥饿、多么困乏、多么疼痛，他都得坚持下去，而且，他不能流露出一点儿这样的感受。

他要吃最难吃的食物，长时间地又饿又渴，穿得很少或是根本不穿什么就暴露在冰天雪地里，只是为了适应严酷的环境，能够忍受各种各样的不适。因此，今天的我们称这样的训练与考验为“斯巴达式训练”。你们觉得自己会喜欢这种训练吗？

斯巴达人的食物、衣服以及住处，都是供应式的，尽管伙食非常差劲、衣服非常简朴、住处非常简陋。他们不允许吃好的食物、不允许睡

软的床、不允许穿好的衣服。莱克格斯认为，像这样的好东西都是奢侈品，它们会使得人民变得松弛而虚弱，而他想要他的人民无比坚强。

斯巴达人甚至被教得说话都简短而直接，不浪费丁点儿字句，尽一切可能使用短的字句。我们把这种说话方式称为“拉哥尼亚式的”，拉哥尼亚是地名，斯巴达位于其境内。

有一次，一位国王给斯巴达人写了一封威胁信。信上说，斯巴达人最好按照他说的去做，因为，一旦他来到他们的国家，他将摧毁他们的城市，使他们都成为奴隶。

斯巴达人回了这封信，当那位国王展开回信时，发现里面只有一个词：

“若是！”

甚至到今天，我们仍然把这样一种简短而直击要害的回答称为拉哥尼亚式回答。

这些严厉的训练和艰苦的工作，是否使斯巴达人成为了世界上最强的人？

莱克格斯的确使斯巴达人成为了世界上最强壮、最优秀的战士——不过——

斯巴达人的确征服了环绕他们周围的所有人，尽管这些被征服的人是他们人数的十倍之多——不过——

他们的确使这些人沦为了奴隶，让他们干农活，做其他的工作——不过——

我们在后面可以看到，莱克格斯的理念是否正确。

斯巴达的北边是另一个伟大的希腊城邦，叫雅典。当然，希腊有许多城邦，但斯巴达与雅典是其中最重要的两个。雅典人无论在生活上还是在思想上都全然不同于斯巴达人。

斯巴达人只对纪律以及与军事相关的东西感兴趣，雅典人则只喜欢美好的事物。

跟斯巴达人一样，雅典人也喜欢各种各样的运动比赛。但除了这些，他们还喜欢音乐、诗歌、美丽的雕塑、绘画、瓶艺、建筑，以及诸如此类的“艺术”。

斯巴达人相信，训练身体是最重要的事情。而雅典人相信，训练心灵与训练身体同等重要。雅典人的想法或斯巴达人的想法，你们更喜欢哪一个？

有一次，有一个非常重要的比赛。一个很老的人在雅典人这边寻找座位，但是座位都满了，没有一个雅典人给他让座。这时，斯巴达人把这位老人喊了过去，给了他一个他们那边最好的座位。雅典人为斯巴达人的举动欢呼了起来，这说明他们认可这种行为。斯巴达人对这件事发表了如下看法：

“雅典人知道什么是正确的，但是他们不会去做。”

叶子做成的花冠

在希腊，男孩儿们和女孩子们儿，都喜欢各种各样的户外运动。

他们不玩足球、棒球或者篮球，但是他们酷爱跑步、跳跃、摔跤、拳击和掷铁饼——一种又大又沉的像铁盘子一样的东西。

在希腊的不同地方，常常会有一些比赛，比谁能够在运动中成为优胜者。

虽然经常有各种比赛，但是最大的体育比赛却每四年才举办一次，举办地点在希腊南部一个叫奥林匹亚的地方。这个所谓的奥林匹克运动比赛，就是希腊最重要的赛事了。因为，从全国各地赶来的选手，都会集中在这里，然后看谁最后能成为全希腊的冠军。

比赛举行的那段时间，是整个希腊的盛大节日。因为，奥林匹克比赛是以众神之王朱庇特的名义举办的。世界各地的人不管远近都会来这里观看比赛。这种场面，就跟我们今天举办世界级赛事或大型足球比赛差不多。

只有希腊人才能进入并参加比赛，而且只有那些以前没犯过罪，没触犯过任何法律的人才能参加——这就仿佛在今天，如果一个年轻人要进学院院队或学校校队，他的档案记录必须是清清白白的一样。

假如在比赛期间恰好发生了战争，那么通常会发生这样的情形，因为比赛实在太重要了，所以必须休战，每个人都要回到比赛场。没有什么事情能够打断比赛，包括战争。“正事要紧！”在比赛结束之后，他

们才重新开始打仗！

希腊的年轻人会先训练上四年，再来迎接这场盛大的比赛。然后在比赛开始前九个月的时候，他们会去奥林匹亚，在靠近比赛场地的露天体育场再次进行训练。

比赛会持续五天，在比赛开始和结束的时候，都会有队伍游行，还要向希腊众神，向摆满比赛场地的他们的雕像祈祷、献祭。之所以这样，是因为，这场比赛不仅仅是体育运动，还是向朱庇特与其他众神致敬的仪式。

比赛持续期间，会举行各种各样的赛事——跑步、跳远、摔跤、拳击、赛战车、掷铁饼等等。

任何作弊的人都会被驱逐，并且永远都不许再参加比赛。希腊人相信我们现在所说的体育精神，运动员获胜了不会夸耀，失败了也不会找什么借口，更不会大声叫喊裁判不公。

赢得一场比赛或多场比赛的运动员，就是全希腊的英雄，更是他所代表的那个城邦的英雄。获胜的人不会得到奖金，而是会被戴上一顶由月桂叶做成的花冠。他们非常看重这顶花冠的价值，它要比今天的运动员得到的银杯、金杯贵重得多。除了得到月桂花冠外，获胜者还会得到一些诗人写给他们的诗歌，以及雕塑家给他们刻的雕塑。

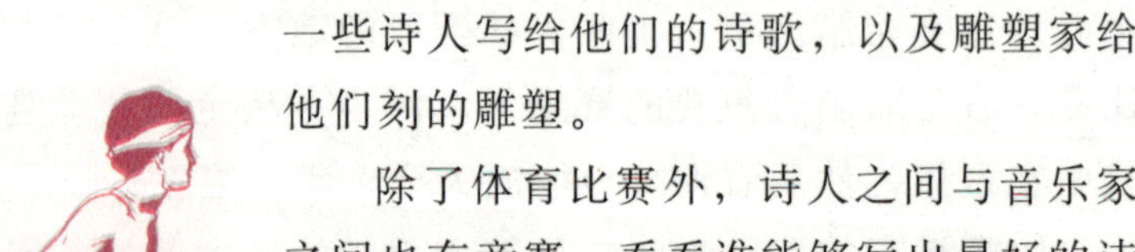

除了体育比赛外，诗人之间与音乐家之间也有竞赛，看看谁能够写出最好的诗歌，或者用一种叫里拉的小竖琴创作、演奏出最美妙的音乐。这些竞赛的优胜者不会得到桂冠，而是会被群众抬在肩膀上庆祝胜利。这种情形就像你们可能见过的那样，获胜之后，获胜队的队长会被他的队员抬起来。

▲ 希腊长跑运动员

时至今日，在希腊历史上，我们可以确定其真实性的第一个事件就是，在公元前776年的那场奥林匹克比赛中一名竞走比赛

优胜者的纪录。在这个事件之后，希腊人开始计算他们的历史年代，就像我们现在是从耶稣基督诞生那年计算起那样，那一年，是希腊人的第一年。

每两次奥林匹克比赛之间的那四年时间，被人们称为奥林匹克周期。那个时候，希腊人还没有历法记录年份或日期，因此公元前776年就是第一个奥林匹克周期的首年。在此之前的希腊历史有部分可能是真实的，但我们知道其中的大部分都是虚构的神话。只有从公元前776年开始，希腊的历史就几乎全是真的了。

过了很长一段时间后，人们停止了这种比赛；但是又过了一些年，人们觉得这是一件有益的事情，就又重新开始举办了，这一年是1896年。不过，这一次的奥林匹克运动会不是在奥林匹亚举办的，而是在雅典。过去，奥林匹克运动会只在希腊举办，今天，奥林匹克运动会每次都是在不同的国家；过去，只有希腊人才能参加奥林匹克运动会，今天，世界上几乎所有国家的运动员都可以参加奥林匹克运动会；过去，奥林匹克运动会举办的时候战争会经常被中断，今天，当战争发生的时候，奥林匹克运动会会被中止。

另一个值得一提的是，我们知道斯巴达人的训练方式，我们可以猜测，他们一定能够经常赢得大部分比赛项目，事实上也确实是这样的。

在现代奥林匹克运动会上，斯巴达人是否还能一直在大部分的比赛项目中夺冠呢？

不能了。今天，甚至全希腊加在一起都不可能夺得最多的金牌了。

16

一个恶劣的开端

你们听说过七里靴的故事吗？穿上这双靴子，只要轻轻跨出一小步，就能走出很多英里。

嗯，这里有一只更大的靴子，这只靴子有超过500英里长，它就在地中海上。

不，它并不是一只真正的靴子；但是如果你们乘坐飞机，从几英里高的天空往下看，那么它就像一只靴子。

它的名字叫意大利。

在希腊举办第一次奥林匹克运动会后不久，意大利发生了一件重大的事情。这件事情相当重要，人们因此把这一年称为第一年。甚至在之后的1000年里，人们都从这一年开始计算年份，就像希腊人从第一个奥林匹亚周期开始计算，也跟我们现在从耶稣基督诞生那年开始计算年份一样。不过，这一次，并不是一个人诞生了，而是一座城市诞生了，这座城市就是罗马。

跟希腊的历史是从神话传说开始的一样，我们今天所知道的罗马历史也开始于神话传说。希腊盲诗人荷马曾讲过一位希腊英雄奥德修斯的历险故事；很多年以后，诗人维吉尔也讲了一位名叫埃涅阿斯的特洛伊人的历险故事。

当特洛伊城被毁的时候，埃涅阿斯从城中逃了出来，开始寻找一个新的家。一些年后，他来到了意大利，来到了一条名叫台伯的河流的入

口处。在那里，他遇到了这个国家的统治者的女儿，拉维妮娅。埃涅阿斯和她结了婚，从此过上了幸福的生活。之后，埃涅阿斯与拉维妮娅的孩子们统治着这个国家。再后来，他们的孩子们有了自己的孩子，孩子们又有了自己的孩子，孩子们又有了自己的孩子……直到有一天，一对双胞胎诞生了，这对双胞胎的名字分别是罗慕路斯与勒莫斯。故事的第一部分到此结束，可是麻烦也从这里出现了，因为他们从此就再也没过上幸福的生活。

在这对双胞胎出生的时候，有一个人窃取了王位。他担心这两个男孩长大后会把自己窃取来的王位夺回去，因此他把两个孩子放进一只篮子，让他们顺着台伯河的河水流走，希望他们就这样流到海里，或者干脆翻掉后沉到河里。他认为这样做就差不多行了，只要他没有亲手把他们杀死。然而，这只篮子并没有流进大海，也没有翻，而是流到了台伯河岸边。一匹母狼发现了双胞胎，它喂给他们奶吃，当他们是自己的孩子。还有一只啄木鸟也帮助他们，为他们叼来浆果。之后，一位牧羊人发现了他们，把两个孩子当成自己的儿子抚养。最后，他们都长大成人了。这个故事听起来跟帕里斯的故事非常接近，帕里斯也是被遗弃在山里，然后被一个牧羊人发现，被抚养成人。

▲ 罗慕路斯与勒莫斯跟母狼在一起

后来，这对双胞胎都想建立城池成为统治者，便开始互不相让，直到吵了起来。罗慕路斯杀死了自己的亲兄弟勒莫斯，然后在台伯河边建起了一座城市。这座城市所在的地方，就是当年兄弟俩被母狼救起并喂养的地方。这件事情发生在公元前753年。罗慕路斯用自己的名字命名了这座城市，这就是罗马城的由来。从此，人们把居住在这座城里的人称为罗马人。这也是为什么后来的罗马国王们总是说自己是特洛伊英雄埃涅阿斯后裔的原因，因为，埃涅阿斯是罗慕路斯的曾曾曾祖父。

你们不相信这个故事是真的吧？我也不信。不过，它确实是一个很古老很古老的故事，几乎每个人都听过，尽管，它只不过是一个传说。

为了让人住进自己建造的这座城，据说罗慕路斯把所有从监狱里逃出来的窃贼与坏人都招进了城里，让他们居住，并对他们许诺说，住在这里是安全的。

由于这些男人都没有老婆——新建的城市里还没有女人住进来——于是罗慕路斯就想了一个计谋。他邀请了一些住在附近的萨宾人来罗马参加一个盛大的派对，这些人里既有男人也有女人。

萨宾人接受了邀请，于是，一个盛大的宴会开始了。宴会进行到中途，当每个人都在大吃大喝的时候，突然出现了一个暗号，立刻，每个罗马人都抓了一个萨宾女人，然后带着她们逃走了。

因此，萨宾丈夫们立即准备跟抢走他们妻子的罗马人开战。当两支军队对垒、战争一触即发的时候，萨宾人的妻子们跑了出来。她们跑到了两支军队的中间，一边是前任丈夫，一边是现任丈夫，她们请求这两边停止战争。她们说，她们渐渐爱上了她们的现任丈夫，不愿意再回到原来的家了。

对于这件事情，你们是怎么看的呢？

对于一座新建立起来的城市，这简直是一个相当恶劣的开端，难道不是吗？一座这样的城市，开端就是罗慕路斯把自己的兄弟杀死，然后安置一些越狱的人来这里定居，然后又让他们偷走邻居的老婆——你们一定很想知道罗马城后来变成了怎样的一座城市吧。不过，我们一定要记住，在他们那个时代，离原始人的时代还很近，而原始人的生存法则就是：要么去杀人，要么被人杀；要么去偷窃，要么被别人偷窃。而且，通常，他们娶老婆的方式是这样的：把女人的脑袋敲晕，趁她们没有知觉的时候把她们拖到自己的洞里。除此之外，罗马人还信仰着跟希腊人相同的神灵，而我们也听过，这些神灵们自己都在做尽坏事。当然，这些事情都发生在耶稣基督诞生之前很早的时候。那个时代，他们还不知道基督教教义为何物，也不知道我们今天称之为正确与错误的东西。

你们看看吧，我还在试着为这些早期罗马人的行为找一些好的借口来辩解呢。

留着螺旋发型的国王们

在罗马城的恶劣开端之后，这座城市开始有了国王，一位接着一位。其中一些国王是非常好的，而有一些国王则相当糟糕。

不过，在那个时代，世界上最重要的城市却离罗马很远，它在底格里斯河附近，叫尼尼微，亚述国的国王们就住在这里。关于这一点，我在前文中已经跟你们讲过了呢。

和别的国家一样，我们所听到的亚述国或亚述人的故事，都是他们在跟他们的邻居们打仗。不过，这并不是他们的邻居的错。

住在尼尼微城里的亚述国王们都希望自己的领土变得更大，希望自己的权力更大。因此为了从邻居那里夺得土地，他们总是跟邻居打仗。这些国王都留着长长的螺旋形卷发。你们可能会认为，只有女孩子才会留长长的螺旋形卷发，如果一个男人也留着这样的发型，那他就会显得很“娘娘腔”。不过，这些国王们可完全不是什么娘娘腔，他们是非常可怕的战士，威名远扬。他们会非常可怕地折磨他们的犯人：活剥他们的皮，割掉他们的耳朵，拔掉他们的舌头，用钉子钉进他们的双眼，他们还为此自吹自擂。他们会让被他们征服的人交纳大量的金钱，还要他们保证，无论什么时候，只要亚述人参加战争，这些人就得跟着一起去。

就这样，亚述变得越来越强大、越来越有势力。到最后，占有了世界上每一块最重要的土地，比如两河中间叫美索不达米亚的那块土

地，还有东边的、北边的、南边的那些土地，还有腓尼基、埃及……除了希腊和意大利，亚述几乎占有了所有的土地。

亚述这个强大的王国一直由住在尼尼微的国王们统治着，这些国王的生活极其奢靡。他们为自己建造了宏伟壮观的宫殿，并在通往宫殿道路的每一侧都放上了一排排巨大的雕塑，这些雕塑有长着翅膀和人的脑袋的牛、狮子，这就像今天的富人会在通往他家的道路两旁种树一样。在《圣经》里，这些长着翅膀的动物被称为“小天使”。

你们可能听到过人们把一个非常甜美可爱的孩子称为小天使，那么，这些丑恶的亚述怪物也被称为小天使，这是不是很奇怪？

当亚述国王们不跟人战斗的时候，就会跟野兽战斗，这是因为，他们非常喜欢带着弓箭去打猎。他们还会把自己骑着马或者乘着战车跟狮子搏斗的情形画成图画或刻成雕塑。他们还经常把抓到的活着的动物关进笼子，以便人们能走近观看，这跟我们今天的“动物园”比较相似。

亚述的统治者们都有非常奇怪的名字，辛那赫里布是其中最出名的一位。辛那赫里布生活在公元前700年左右。有一次，他跟耶路撒冷开战。一天夜里，他的军队都在扎营休息。他们睡着的时候一定发生了什

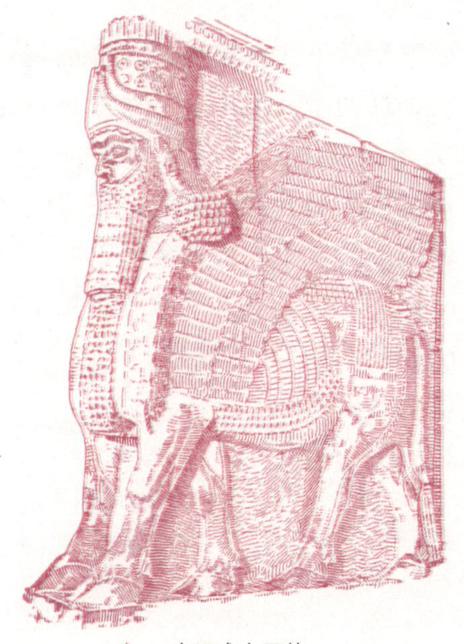

一头亚述小天使

么事情，因为黎明的时候，没有人醒过来，所有人都死了，连马都没能逃过厄运。一位名叫拜伦的英国诗人写了一首诗，叫《辛那赫里布的覆亡》，就是描述这次事件的。他们可能被下了毒吧，你们认为呢？

在公元前668年左右，亚述巴尼拔成为亚述的统治者，他是一位国王，也是一位伟大的战士，他也非常喜欢书籍与阅读，还为此建起了第一座图书馆。可是，这座图书馆中的书非常奇异，它们不是印刷图书，甚至不是用纸做的，而是用泥做成的，上面的文字是在湿泥变干之前压上去的。我在前文中跟你们说过，这种文字叫做“楔形文字”。这些书籍也不是分门别类地放在书架上的，而是一堆一堆地堆在地上。不过，它们也是精心地按顺序编上号来摆放的。这样，如果一个人要进入图书馆看一本书，他就可以通过编号来找到它。

在辛那赫里布与亚述巴尼拔统治的时候，亚述达到了它的鼎盛时期。在亚述巴尼拔当政的时候，尼尼微人对尼尼微的一切都感到欣慰、满足，因此人们把亚述巴尼拔统治的那个时代称为黄金时代。

不过，尽管尼尼微人对尼尼微的一切都感到满意，但其他地方的人却对亚述人又恨又怕。因为，无论亚述的军队到达哪里，给那个地方带来的只有死亡与毁灭。

因此，在亚述巴尼拔死后不久就出现了这样的情形：尼尼微的两个邻居再也不能忍受他们。这两个邻居中，一个是巴比伦的国王，住在尼尼微的南边；另一个是米堤亚人，住在尼尼微的东侧，属于雅利安家族。巴比伦的国王与米堤亚人联合起来进攻尼尼微，最后，他们把尼尼微从大地上抹去了。这件事情发生在公元前612年——请记住612——尼尼微与亚述的强权被终止了。这一事件也被称为尼尼微的覆灭、尼尼微的终结。在这儿，我们可以给它立一块墓碑。

一座非凡而邪恶的城市

巴比伦的国王打败了尼尼微，不过他并没有就此停手。他希望他的巴比伦能像以前的尼尼微那样伟大。因此，他左右出击，去征服其他的国家。就这样，最后，巴比伦变成了那些国家的领导者与统治者。那么，巴比伦是否也会像尼尼微那样，遭遇覆亡的命运呢？

到了最后，这位巴比伦国王死的时候，他把他庞大的帝国交给了他的儿子。不过，这个儿子并不叫约翰或是詹姆斯，也不叫查利或其他简单的名字。他叫尼布甲尼撒二世。因此我很好奇，他的父亲在呼唤他的时候是喊他的全名呢还是喊他的小名，比如说“尼布”或是“甲”，也可能是“尼撒”。下面的图是尼布甲尼撒二世写的他自己的名字，他经常使用楔形文字来书写。你们喜欢用这样一种奇怪的方式写自己的名字吗？

以楔形文字书写的“尼布甲尼撒二世”

尼布甲尼撒二世继位后，把巴比伦建成了当时乃至有史以来最大、最宏伟、最不凡的城市。这座城市呈四方形，其覆盖的国土比今天世界上最大的两座城市——纽约与伦敦——加起来还要大。他在环城的四周竖起了高高的城墙，城墙的高度是一个人身高的50倍——50倍啊——哎呀！——并且城墙非常厚，上面甚至可以行驶战车。在城墙上，他修建了一百扇巨大的黄铜大门。幼发拉底河从城墙下流过，穿过这座城市，然后从另一面的城墙下流出。

尼布甲尼撒二世在巴比伦找不到一位足够美丽的女人做他的王后，听到这里，我想巴比伦的女孩们一定非常不愉快——或者疯狂。尼布甲尼撒二世去了米堤亚，那个帮助他父亲征服尼尼微的国家。在那里，他找到了一位非常可爱的公主，然后他们结了婚，一起回到了巴比伦。

不过，米堤亚是一个多山的国家，而巴比伦却是一片大平原，甚至一眼望过去都看不到一座山。尼布甲尼撒二世的王后发现巴比伦是这样平坦而乏味，就患上了思乡病，她开始思念自己家乡多山的风貌。于是，为了让王后高兴，尼布甲尼撒二世开始为她动工打造一座山，这座奇怪的山是建在宫殿的屋顶上的！尼布甲尼撒二世把山修成了美丽的花园，在这座花园里，他不仅种上花花草草，还种上了树，这样他的王后就可以坐在树荫下欣赏风景了，这座花园被称为“空中花园”。巴比伦的空中花园和巨大的城墙闻名遐迩，都是世界七大奇迹之一。

你们想知道其他几个奇迹是什么吗？

哦，埃及的金字塔是其中之一，在奥林匹亚的朱庇特巨大雕像也算一个，奥林匹亚是奥林匹克运动会举办的地方——这样加上空中花园，一共是三大奇迹。

像腓尼基人崇拜可怕凶神那样，尼布甲尼撒二世也信仰这种偶像；而远在耶路撒冷的犹太人则信仰唯一的上帝。尼布甲尼撒二世想让犹太人信仰他的神灵，但是犹太人不愿意。尼布甲尼撒二世还想让犹太人给他纳税，犹太人也不愿意。于是，尼布甲尼撒二世就把他的军队开到耶路撒冷，摧毁了这座城市，把所罗门修建的那座美丽的庙宇也烧掉了，然后把犹太人和他们的财物都掳掠到了巴比伦。在巴比伦，尼布甲尼撒二世把犹太人关进了监狱里，他们被囚禁了长达50年之久。

巴比伦不仅是当时世界上最富丽堂皇的城市，也是世界上最邪恶的城市。巴比伦人放任自己去疯狂享乐，他们一天到晚就想的就是：“让我们吃吧、喝吧、快乐吧”；他们从来不考虑明天的事情；快乐越是邪恶，他们就越喜欢。

不过，尽管尼布甲尼撒二世看起来仿佛能做任何他想做的事情，也能够得到任何他想得到的东西，但是最后他还是发疯了。他幻想自己是一头公牛，经常双手双膝趴在地上啃草吃，把自己当成了原野上的一头野兽。

而巴比伦，尽管有着宏伟的城墙与黄铜的大门，却仍然逃不掉覆亡的命运。巴比伦会被征服，这看起来似乎不可能。巴比伦是怎么被征服的？是谁征服了巴比伦？你们可能永远也猜不到。

一次意外的宴会

当我还是个孩子的时候，家人经常跟我说下面的话，你们也很有可能听过同样的话：

“吃完正餐后才能吃甜点。”

不管我是否饿着，“不吃正餐，就不能吃甜点”就是一条规矩，就像我爸爸说的，“像米堤亚人与波斯人的法律”那样不能逾越。

那时，我并不知道米堤亚人与波斯人是什么人。但我现在知道了，他们是两个雅利安家族，生活在巴比伦附近——你们还记得尼布甲尼撒二世跟一个米堤亚女孩子结婚吧——米堤亚人与波斯人是以法律治理家族的，他们的法律是如此严厉、牢固而不可变更，以致我们在今天还把一些改变不了的事情称为“米堤亚人与波斯人的法律”。

米堤亚人与波斯人的宗教既不像犹太人那样信仰一个上帝，也不像巴比伦人那样崇拜偶像。它是由一个叫查拉图斯特拉的波斯人创立的，他是一个像所罗门那样的智者。他可能就生活在所罗门的时代，但是可能要晚很多年。

查拉图斯特拉经常走进群众中，教给他们智慧的谚语和赞美诗。这些谚语后来被收集进了一本书，它就是现在的《火教经》。

查拉图斯特拉说，这世界上有两种伟大的神灵，善的神灵与恶的神灵。

查拉图斯特拉说，善的神灵就是光明，而恶的神灵就是黑暗。他把善的神灵或光明的神灵称为“马自达”。我很好奇，你们是在什么地方听过这个词的。波斯人会在他们的祭坛上一直烧着一堆火，他们认为善的神灵就在里面。他们还让人看守着这堆火，让它永远都不熄灭。他们把这些看守火堆的人称为“麦琪”（magi）。人们认为，麦琪们能做各种各样奇妙的事情。因此，我们把这样一种奇妙的事情称为“有魔法的”（magic）；而能够做这样一些事情的人，我们把他们称为“魔法师”（magicians）。

在我给你们讲的这个故事所发生的年代，米堤亚人与波斯人的统治者是一名叫居鲁士的伟大的国王。

不过，在我讲这个故事之前，我要先跟你们讲一个离特洛伊不远的小国家，这个小国家叫吕底亚。或许你们可能认识一个女孩，她的名字正好叫吕底亚，我就认识这样一个女孩。吕底亚的统治者是一个叫克罗伊斯的国王，他是世界上最富有的人。直到今天，当我们要描述一个非常富有的人时，我们仍然会说“像克罗伊斯那样富有”。

当时，克罗伊斯拥有几乎所有的金矿——吕底亚有大量的金矿。除此之外，他还通过向附近的城市收取税金来聚敛钱财。

在克罗伊斯时代之前，人们并不像今天的我们有这么多钱财。当他们想买什么东西的时候，他们就会用他们有的东西来交换他们想要的东西——用许多的蛋来交换一磅肉，或者用很多的葡萄酒来交换一双便鞋。而购买任何昂贵的东西，比如说一匹马，他们就必须要用一块金子或者银子来交换，这些金子、银子都要用秤来称称到底有多重。对今天的我们来说，很难理解当时的人们在没有分、角、元的情况下怎么过——根本没有钱——但他们确实就是这么过的。

克罗伊斯为了让交易变得更简单，就把金子分成了一小块一小块。不过，如果人们在每次交易的时候都要称一称金子或银子的重量，那可不是一件容易的事，因为不可能每个人都随身带着一杆秤。所以克罗伊斯就把每块金子或银子都称重，标明重量，再盖上他的名字或首字母的印记，表明他保证这些金银的重量准确无误。这些打着克罗伊斯印章的金块或银块，尽管不是圆形的，也并不像我们今天的硬币那样刻着美丽的图形，它们却是第一种真正的钱币。

现在，那位伟大的波斯国王居鲁士，觉得自己应当拥有吕底亚这个富裕的国家，连带它所有的金矿。因此，他开始准备去征服它。

当居鲁士带着军队还在路上行进的时候，克罗伊斯就赶紧到希腊的德尔斐神庙去询问接下来会发生什么事情以及哪方会获胜。你们可能还记得我说过德尔斐神庙以及人们是怎样询问问题的——想知道他们以后的命运如何——就像今天还有人拿着占卜板问卦一样。

德尔斐神谕是这样回答克罗伊斯的：

“一个伟大的王国即将陨落。”

克罗伊斯非常高兴，因为他觉得神谕的意思是居鲁士的王国即将陨落。德尔斐神谕是对的，但不是克罗伊斯想象的那个样子。

确实有一个伟大的王国陨落了，但这个王国是他自己的吕底亚王国，而不是居鲁士的王国。

不过，居鲁士并没有满足于把吕底亚收入囊中，他后来又开始进攻巴比伦。

这时，成天只想着享受的巴比伦人正忙于宴饮，享受着快乐的时光。他们为什么要为居鲁士操心呢？他们的巴比伦城这么高，城墙这么厚，还有这么结实的黄铜大门保护着，怎么可能有人攻占它呢？

不过，你们还记得幼发拉底河是从巴比伦城墙下流过并穿越整座城市的吧？一天夜里，巴比伦的年轻王子贝尔莎撒正在举办一个同性恋派对，他玩得很开心，根本不会想到有人能进入巴比伦城。居鲁士在幼发拉底河里筑了个堤坝，使得河里的水只从一边流过。然后居鲁士的军队就从干涸的河床上走进了巴比伦，他们甚至没有战斗就俘虏了惊慌失措的巴比伦人。据说，有一些巴比伦祭司帮助他们进了城，甚至帮他们打开了城门。因为，这时的巴比伦已经变得非常邪恶，祭司们觉得它到了该被摧毁的时候了。

老莱克格斯曾经说过：“我已经跟你们说过，脑袋里一天到晚只想着玩乐的人一定不会有什么好的结果。”

这次意外的宴会发生在公元前538年——5加上3等于8。

两年后，居鲁士释放了50年前被从耶路撒冷掳掠到巴比伦的犹太人，让他们回到了自己的家乡。这样，犹太人“巴比伦被掳”宣告终结。

↑ 德尔斐神庙

今天，巴比伦这座伟大的城市——淫靡邪恶的巴比伦、富丽堂皇的巴比伦、有着巨大的城墙与黄铜大门和空中花园的巴比伦——它一度比纽约伦敦加起来还要大——唯一给我们留下的就是一大堆泥土。在这堆泥土的几英里外，是一座被毁坏的塔。我们推断，这座塔可能就是巴别塔。

世界的另一边

在我以前的主日学校里，经常会摆着一只“传教士盒子”。我们经常会把一些分币投进这只盒子，这样就能把一个个传教士送到未开化人的地方去了。

我们被告知说，这些未开化的人生活在世界的另一端，他们是崇拜偶像的。

有一个未开化的地方，叫“中国”；另一个未开化的地方叫“日本”；还有一个未开化的地方，叫“印度”。

这些未开化的印度人跟我们美国的印第安人不太一样，他们生活在一个叫印度的国家，在世界的另一边。在地图上，印度的形状看上去就像医生对你们说“请把舌头伸出来，说‘啊’”的时候，你们喉咙深处的那个小东西。我们美洲这边的印第安人是红色的，而住在印度的印度人是白色的。白色的印度人属于雅利安家族，跟居鲁士属于同样的家族。

在居鲁士时代之前2000年左右，雅利安家族的一支离开居住在波斯的另一支家族，来到了现在我们称之为印度的这个地方。

那时，印度社会逐渐形成了四个主要阶级，它们是社会的四个等级——最高等级与最低等级，还有中间的两个等级。这些等级被称为“种姓”。任何一个种姓的人都不能和其他种姓的人有什么关系：一个种姓的男孩或女孩绝对不能跟其他种姓的男孩或女孩在一起玩；一个种姓的男人绝对不能跟另一个种姓的女人结婚；来自两个种姓的人不能在一起吃饭，即使非常饿也不行。甚至，不同种姓的人都不能在街上擦碰到，就像害怕传染上某种可怕的疾病似的。

最高种姓的人都是战士和统治者。统治者就是战士，战士就是统治者。因为，为了维护他们的统治，他们必须去战斗。

接下来的种姓是僧侣。就如埃及祭司和今天的牧师完全不同那样，印度的僧侣也跟我们理解的牧师全然不同。他们是一些我们应当称之为专业人员的人群——医生、律师、工程师等等。

再接下来的种姓是农民和商人——屠夫、面包师以及烛台制造者。

第四个也是最后的那个种姓是普通的体力劳动者。这是一些没什么知识也不会做什么事情的人，他们只会挖树，砍树，挑水。

在这四个种姓之下，还有一些人，他们的地位极其低贱，被叫做“被剥夺种姓者”或者“贱民”。在今天，仍然有这样一些人，他们做过不光彩的事情，没有任何人愿意跟他们交往，甚至最底层的人也不愿意跟他们交往，我们把这些人称为“贱民”。

印度人信仰一个神明，他们称他为梵天（Brahma），因此我们把他们的宗教称为婆罗门教（Brahmanism）。婆罗门教教徒相信，当一个人死去的时候，他的灵魂会重生在另一个人或者另一个动物的身体里。他们认为，如果他曾在活着的时候做过善事，那么，他的灵魂在死后就会脱离他的身体进入一个更高种姓的人的身体——仿佛从低的年级升到高的年级那样。不过，倘若他活着的时候做过恶事，那么，他的灵魂就会在死后进入一个更低等的种姓的人的身体或者一只动物的身体中。

一个人死后，他的身体不是被埋掉，而是被烧掉。如果他是一个结婚了的男人，那么他的妻子就会被扔进燃烧着的火堆一同烧掉。丈夫死后，妻子是不允许活着的。不过如果是妻子死了的话，那就是另外一回事了，很简单，她的丈夫会再娶一个。梵天的神庙里是一些可怕的偶像，人们把它们当成神灵一样崇拜。这些偶像有几个独立的头，或是许多条胳膊，或是许多条腿，或是长着很多伸出嘴巴之外的獠牙，或是一些从头上长出来的角。

在公元前500年左右，印度出现了一位名叫乔答摩的王子。乔答摩看到这个世界上存在着如此多的苦难与烦恼，便觉得，仅凭着自己出生在富贵之家就快乐无忧，而另一些人因为没有出生在这样的家庭就过着悲惨而不快乐的生活，这是不对的。因此，他放弃了自出生到长大成人一直过着的舒适奢侈的生活，把全部时间都用来改善人们的现状。

乔答摩教导人们应该为善、诚实，还教导人们去帮助穷人和更加不幸的人们。过了一段时间后，人们开始称他为佛陀。他是那样神圣、纯粹，最后人们甚至认为，乔答摩一定是神，因此就把他当成神来崇拜。

信仰佛陀的人被称做佛教徒，许多婆罗门教的教徒离开了他们丑恶的偶像，变成了佛教徒。你们知道，那时候还没有像基督教那样的教派，因为那时还是耶稣基督诞生前500年呢。由于佛教看起来比婆罗门教好得多，因此我们并不奇怪，许许多多人后来都成了佛教徒。

佛教徒们认为他们的宗教是非常好的，因此他们希望每个人都能成为佛教徒。为此，他们派出了一些传教者穿过众多的国家和海洋，最后来到日本国——这就像在今天，我们基督教派出传教士那样——然后这种新的宗教就传播得非常广泛了。

你们可能从来都没有遇到过看到过甚至听说过佛教徒，不过，在今天，世界的另一边有许多的佛教徒，他们的数量比基督徒多得多！

在印度乔答摩开创佛教的同时，在中国出现了一个人，名字叫孔子，是一位教师。孔子教导中国人，什么是他们应该做的，什么是他们不应该做的。他的教诲集成了几本书，后来形成了中国人的一个教派。

孔子教导人们说，他们应该孝敬他们的父母、遵从他们的师长、尊敬他们的长辈。这听起来就像十诫之一：尊敬你们的父亲与母亲。

孔子还说过一条黄金法则，它跟你们今天在《圣经》中学到的金箴是一样的。金箴说："你们想要别人怎样对你们，你们就应该怎样对待别人"；而孔子说："己所不欲，勿施于人。"

在中国，有许多人追随孔子的教诲，其人数与世界上信仰基督教的人数相仿。这样，我们就知道了两个规模与基督教不相上下甚至更大一些的宗教和教派。

那个时候，也就是公元前500年左右，中国就已经是一个高度文明的国家了。在世界上其他地方听都没听过的很久之前，中国人就已经知道并在使用着许多发明了。直到很晚很晚的时候，我们西方世界还对中国的历史知之甚少呢。

21
富人与穷人

无论什么时候，只要经过一群在街上玩球的男孩身旁，我几乎总能听到某个男孩在喊：“这不公平！”

仿佛总有一些选手认为比赛不公平，因此比赛的双方经常发生争吵。

他们需要一个裁判。

当雅典还是一个刚兴起的城邦时，城里就有两派人——富人与穷人，贵族与平民——这两派总是在争吵。每一派都企图获得更多的权力，每一派都说对方对自己不公平。

他们需要一个裁判。

雅典以前有过国王，但是国王站在富人的一边。因此最后，雅典人把最后一任国王罢免了。从此，他们就再也没有过国王。

在公元前600年左右，情势已经变得非常糟糕。因此，一个名叫德拉古的人被选出来为雅典人制定一套新的法律，这套法律被称为《德拉古法典》。

《德拉古法典》对那些违反法律的人给予非常严苛的惩罚。如果一个人偷了东西，即使这个东西非常小，比如一块面包，他不会被罚款或者投进监狱了事，而是直接处死！而且，不管一个人犯了多么微小的过错，他都要被处死。对于这样一部严苛的法律，德拉古是这样解释的：一个人偷了东西，那么他罪该处死，而且应该被处死；不过，倘若一个人杀死了别人，那他得到的惩罚应该比处死更严重，但不幸的是，没有比处死他更严重的惩罚了。

你们可以想见德拉古制定的法律遇到了多少麻烦。这些法律是如此严厉，因此过了没多久，人们就呼吁由另外一个人重新制定一部法律。这个人叫梭伦（Solon），他制定的法律非常公正恰当。因此直到今天，我们还会把参议员以及其他一些制定我们法律的人称为“议员”或者“立法者”（Solons）。这个称呼就来自梭伦这个很久以前的立法者的名字，即使这些议员制定的法律并不总是公正恰当。

不过，人们仍然对梭伦制定的法律不太满意。上层阶级的人们认为，这部法律给了下层阶级的人太多的权利；而下层阶级的人们则认为，这部法律给予上层阶级的权利也太多了。然而，尽管两个阶级的人都批评这部法律，他们却都在一个时期内遵守着它。

在公元前560年左右，雅典发生了一件事情，一个名叫庇西特拉图的人进入了雅典政治中心，渐渐把持了所有事务。他并不是人们选举出来的，而是自封的统治者。可是他如此有权势，所以没人能够阻止他，这就像一个小男孩没有经过队员们的推选就自命为队长或裁判一样。

在希腊政体中，不时会出现这样一些做着同样事情的人，人们把他们称为“僭主”或“暴君”。因此，庇西特拉图就是一个暴君。今天，只有非常残暴且不公正的统治者才会被称为暴君，然而，庇西特拉图却解决了贵族与平民双方的难题，而且，作为一名希腊的僭主，他既不残暴也没有失之公允。事实上，庇西特拉图是根据梭伦制定的法律来统治雅典的，他做了大量的事情来改进雅典，改善人民的生活。他还做了一些其他的事情，比如他下令把荷马史诗写下来，这样人们就可以阅读它们，在此之前，人们只能通过别人的背诵知晓其内容。因此，雅典人容忍了庇西特拉图和他的儿子接班人很长一段时间。不过最后，雅典人厌倦了他儿子的统治，就在公元前510年把庇西特拉图家族赶出了雅典。

下一个企图解决雅典社会两派争端的人是克利斯梯尼。有时，要记住一个刚被引见的陌生人的名字是很困难的，除非我们之前已经几次三番地说过这个名字。因此，我在这儿把他的名字重复几遍，这样你们就能对它更熟悉一些：

克利斯梯尼；

克利斯梯尼；

克利斯梯尼。

你们的爸爸可能比较穷，也可能比较富裕。

如果他比较穷的话，那么在选举的时候他就有一张选票。

如果他比较富裕的话，那么在选举的时候他也有一张选票。但是也只有一张，没有更多了。

如果他违反了法律，不管他是富人还是穷人，都必须被抓进监狱。

但是，事情并不总是这样的，即使在今天，事情也并不总是这样的。不过在很久以前，情况会更糟一些。

克利斯梯尼给了每个人一张选票——富人与穷人都一样——他管理得英明而得当。

克利斯梯尼发明了一个办法，叫陶片放逐制度。倘若出于某种原因人们想要驱逐某人，那么他们需要做的就是，找到一块瓦片或陶片，然后把那个人的名字写在上面，再在指定的那天把它投到投票箱里。如果票数足够，那么这个人就必须离开这座城市，十年之内不许回来。这种做法叫陶片放逐制度（ostracism）。我们把一个遭到驱逐的人叫做被放逐（ostracized），这个词就来自希腊人的做法，他们把这样一块写有名字的陶片叫做放逐。即使在今天，我们还在使用放逐这个词，用它来指称这样一种人：没人愿意跟他相处，没人愿意跟他待在一起。我们把这种

陶片放逐制度

人称为被放逐的。

是否你们曾经因为太过不听话而被从桌旁赶走，赶到厨房里或者自己的房间？

如果是的话，那么，你们也被放逐过。

罗马把自己的国王踢出了局

公元前509年，罗马发生了一些事情。

罗马社会就像雅典社会一样，有两个阶级：一个是富人阶级，被称为贵族；另一个是穷人阶级，被称为庶民。直到现在，我们仍然用着相同的名称，即把富人、贵族称为“贵族阶级”，把穷人和没受过教育的人称为“平民阶级”。贵族阶级有选举权，平民阶级则没有。

不过到了后来，平民阶级也有了选举权。然而在公元前509年，罗马有位国王，叫塔尔昆，他认为平民阶级不应该拥有选举权，因此他下令，剥夺这个阶级的选举权。于是，罗马的平民再也不愿意忍受他的统治了，他们联合起来把塔尔昆赶出了罗马，就像雅典人曾经把他们的国王驱逐出境一样。于是，塔尔昆成了罗马的最后一个国王。

塔尔昆国王被赶出罗马后，罗马人建起了一个共和国。这个共和国的制度与美国的制度有点儿相似。不过，罗马人害怕这样的事会发生在自己的身上——倘若他们只选一个人当总统的话，那他可能又会独揽大权，既而把自己变成一个国王，他们已受够了以往那许多的国王了。

因此，罗马人每年会选出两个人来管理他们，他们把这两个人称为执政官。每一位执政官都有由12名卫士组成的卫队跟随，这些卫士被称为“扈从”。每一位“扈从”都拿着一把斧头，这把斧头被紧紧地扎在一捆木棒上。人们把中部或上面捆着斧头的木棒称为“束棒”，它的意思是，执政官拥有这样的惩罚权力：他可以用木棒抽打犯人，也可以用斧头砍犯人的脑袋。在现代社会，仍然有一些硬币和邮票上画着“束棒”的图案。

我们在今天依然能看见“束棒”的图案，它们会被用来装饰纪念碑或者其他公共建筑物。

↑ 拿着束棒的扈从

罗马第一任的两名执政官中，有一个叫布鲁图斯元老，他有两个儿子。已被赶出罗马的塔尔昆国王，密谋回到罗马重掌大权，他说服了一些罗马人帮助他。在这些被说服的人中，很奇怪就有布鲁图斯——彼时罗马现任执政官——的两个儿子。

布鲁图斯发现了这一阴谋，并得知他的两个儿子可能都在帮塔尔昆。于是，他审问了两个儿子，结果他们都认罪了。他不顾他们是自己的亲生儿子，让扈从们把他们都处死了，同时处死的还有其他叛乱者。

塔尔昆重返罗马执政的计划失败了，但是他并未放弃，而是在第二年又开始了行动。这一次，他和罗马邻居——伊特鲁里亚的军队一起进攻罗马。

当时，在台伯河上有一座木桥，桥的一边是伊特鲁里亚城，另一边是罗马城。为了防止伊特鲁里亚人穿过木桥进入罗马，一个叫贺雷修斯的罗马英雄下令把桥弄断。在此之前，贺雷修斯在一场保卫罗马的战役中失去了一只眼睛。

当罗马人砍桥的时候，贺雷修斯和他的两个朋友正在桥的另一头跟伊特鲁里亚的整支军队战斗。眼看木桥就要被砍断了，贺雷修斯命令他

的两个朋友在桥断落之前跑到罗马那侧去。

于是，桥的这边就只剩下贺雷修斯一个人在抵抗伊特鲁里亚军队了。他一直顽强抵抗着，直到最后桥被砍断，坠落到台伯河里。然后，贺雷修斯全副盔甲地跳进河水中，向罗马那边飞速游去。尽管伊特鲁里亚军队的箭都射向了贺雷修斯，尽管他的盔甲拖着他直往下沉，他还是安全地游到了罗马。甚至伊特鲁里亚军队都被他的英勇征服了，他们是贺雷修斯的敌方军队，却都为他大声喝彩。

有一首非常著名的诗，叫《在桥上的贺雷修斯》。这首诗描述的就是贺雷修斯的英勇行为，很多男孩都喜欢这首诗。

在贺雷修斯之后不久，又有一个名叫辛辛那托斯的罗马英雄出现了。他只是一个农民，在台伯河岸边有一小块田地。不过，他非常聪明善良，罗马人都尊敬、信任他。

有一天，当敌人准备攻打罗马城的时候——在那些岁月里，似乎任何地方都会有一些敌人，然后找各种理由攻打罗马——因此，罗马人不得不推举一位领导人和一位将军，他们想到了辛辛那托斯，想让他来担任临时任命的“独裁者”。

在当时的罗马，“独裁者”指的是：在危急情况下，一个人被推举出来号令军队，同时也可以在特别危急的情况下号令所有的罗马人，这个人就是“独裁者”。辛辛那托斯放下他的犁，与人们一起到了城里，集合了一支军队，率领他们开出罗马城并打败了敌军，然后凯旋，回到了罗马。所有这一切，居然只用了不到24小时！

对于辛辛那托斯以非常快速果断的方式拯救罗马的这一举动，罗马人非常满意，他们希望他在和平时期也能继续担任他们的领导人。尽管罗马人非常痛恨国王，不过只要辛辛那托斯愿意，他们还是希望他成为他们的国王。

然而，辛辛那托斯不需要任何官职。他认为自己的使命已经完成了，他只想回到妻子的身边，回到他简朴的房子，回到他那一小块田地中去。因此，尽管许多人认为这是一个绝佳的机会，辛辛那托斯还是选择了做一名质朴的农民，而不是一位国王。

美国俄亥俄州有一座以社团的名字命名的城市，叫辛辛那提。这个

社团的成立就是为了纪念辛辛那托斯这位古罗马人。记住哦，辛辛那托斯，生活在耶稣基督诞生之前500年左右！

23

希腊与波斯的对决

这个故事的标题中有个词“对决”（vs.），知道它的含义吗？

当两支球队比赛的时候，我们可能在足球门票上见过它，比如“哈佛与耶鲁的对决”之类的。

“vs.”（“对决”）代表的是“versus”（与……相对、对抗等等）这个词，意思是反对、对抗。

好了，现在我们讲讲希腊与波斯之间的一场伟大的比赛。不过，它其实不是一场比赛，而是一场生死存亡的战争，是弱小的希腊与伟大的波斯帝国之间的一场战争。

居鲁士是当时波斯伟大的国王，曾经征服过巴比伦和不少其他国家。他一直四处征讨，直到最后统治了除希腊、意大利之外的世界上大部分国家。

在公元前520年左右，伟大的波斯帝国出现了一位新的统治者，名字叫大流士。大流士看着地图，看着自己拥有并统治着的绝大部分地区。上面，仍然有一个小小的希腊还不是他的国土，他想，这是一件多么遗憾的事情呀！

因此，大流士对自己说：“我必须把这块叫希腊的土地纳入我的版图。”事实上，希腊还给他造成了一些麻烦——他们帮助他的一些附属国家反抗他的统治。大流士说：“我必须要让希腊人为他们做过的事情受到惩罚，然后把他们的国家并入我的帝国。”

然后，他把他的女婿叫来，让他带领军队出征希腊。

他的女婿按照大流士的话去做了，带着一支舰队和一支军队“惩罚”希腊去了。不过，他的舰队还未航行到希腊时，就被一场暴风雨摧毁了，他不得不返回波斯。

大流士对这件事情非常生气，他不仅气自己的女婿，更对弄坏他船只的“神灵”感到气愤。于是他决定亲自去希腊，去完成他的惩罚与征服。

在征程开始的时候，他给希腊所有的城邦都派去了信使，命令每一个城邦都将一些泥土与水交给他，这象征着这些城邦主动将自己的土地交给他，这样就不用发动战争了。

希腊的许多城邦都对大流士的威慑感到惊恐，他们立刻就把泥土和水交给了大流士。

然而，小小的雅典与小小的斯巴达却一致拒绝这样做，全然不顾这样的一个事实：他们只是两个小城邦，想要对抗大流士的大帝国，谈何容易？

雅典人把大流士的信使抓了起来，扔到了井里，并对他说：“这就是给你们准备的泥土和水，你们自己享用吧！”斯巴达差不多也是这么干的。于是这两个城邦联合了起来，并呼吁它们所有的邻居也加入进来，为各自的国土而战。

大流士决定先征服雅典，再去征服斯巴达。

要到达雅典，大流士必须先让他的军队穿过海洋。当然，在他们那个年代还没有2000年后才发明的蒸汽船。当时，要使一艘船开动的唯一办法就是帆与桨；而要使一艘大船开动起来，就必须使用大量的桨——自上而下、一层挨着一层，一共三层桨，分别位于船的两侧。

这样的一艘船叫“三层桨战船”。大流士一共用了600艘这样的船来装载军队穿过大海去希腊。除了划桨的水手外，600艘船中的每一艘都装了大约200名士兵。你们自己算算就能知道，大流士这次派去远征希腊的士兵有多少人了。是的，这是一道乘法运算题——一共是120000名士兵——这就对了。

就这样，波斯人驾船渡海。这次，他们没有遇到暴风雨，而是安全地抵达了希腊海岸。他们在一个叫马拉松平原的地方登陆，这里离雅典大约只有26英里。下面你们就会知道，为什么我在这里说了一个表示距离的数字——26英里。

当雅典人得知波斯大军来到附近的消息后，他们想马上跟斯巴达取得联系，好让他们施以援手，因为斯巴达曾经向雅典这样承诺过。

一艘三层桨战船

可是在当时，既没有电报，也没有电话或铁路之类的通信、交通工具。除了让人跑到斯巴达去送信外，没有其他办法可以传递信息。

因此，他们把一名叫菲迪皮茨的人叫来，菲迪皮茨是一位著名的长跑运动员，让他把信送到斯巴达。菲迪皮茨拿到信后立即动身，跑了从雅典到斯巴达的整段路程，这段路程大约有150英里。他夜以继日地跑，几乎没有停下来休息或吃东西，第二天，他就跑到了斯巴达。

然而，斯巴达却回信说，他们不能在那个时候开战，因为月亮还没到满月。如果月亮还没有满月就开战，会遭到厄运。这就像在今天，一些迷信的人认为在星期五起程出发是一件不吉利的事情一样。斯巴达人说，他们会等待一段时间，等到满月的时候再出兵。

但是雅典人却不能等到满月。因为，波斯人会在月圆之前赶到雅典，而他们决不能让波斯人攻进雅典。

因此，所有的雅典战士都离开了雅典城，前往26英里外的马拉松平原迎战波斯人。

雅典军队由一位名叫米提阿底斯的人率领，他们只有10000名士兵。除此之外，还有1000名从附近一个小城市赶来的士兵，这个小城市跟雅典非常友好，希望能够帮助雅典——因此总共是11000名士兵。如果你们算一算的话，就会明白，波斯军队的人数大约是雅典军队人数的十倍，也就是说，将有十名波斯士兵围攻一名雅典士兵。

不过，正如我们知道的那样，雅典士兵都是一些受过训练的运动员，并且他们全部的生活方式就是使自己成为体格强健的运动员。波斯

第一次马拉松长跑

士兵在这一点上是不能跟他们相比的。因此，尽管雅典士兵的人数少，但是波斯大军还是战败了，而且败得非常之惨。的确，雅典拥有比波斯优秀得多的士兵，他们所有的训练都集中在怎样使他们成为优秀的士兵上，但最主要的原因是，他们是为拯救自己的家园、家庭而战。

或许你们曾听过一只猎犬追逐兔子的寓言故事。兔子成功逃走了，猎犬由于没有抓住兔子而遭到了嘲笑。对此，猎犬回应道："我只是为我的晚餐而奔跑，但兔子却是为了它的生命而奔跑。"

波斯士兵并不是为了他们的家园、家庭而战，他们的家远在海的对面，也就是在身后很远的地方。何况，对他们而言，即使赢了也没什么大的改变，因为不管怎么样，他们只是雇佣军和奴隶，他们是为一个国王而战，只是因为他命令他们去战。

于是很自然，雅典人为这次胜仗大喜过望。

那位著名的长跑运动员菲迪皮茨，他当时正在马拉松，于是马上出发，准备把捷报传回26英里之外的雅典。他跑完了整段路程都没有停下来休息。由于他几天前刚刚从雅典到斯巴达跑了个来回，没有休息，加上这次又飞快地跑完了这么长的一段路，因此他一到雅典并气喘吁吁地跑到市场上把捷报传给雅典人后，就立刻倒下死去了！

为了纪念这次著名的长跑，今天，在现代奥林匹克运动会上就有一个叫马拉松长跑的运动项目。在这项运动中，运动员们需要跑的路程也是26英里。

马拉松战役发生在公元前490年，它是世界史上最著名的战役之一。因为，庞大的波斯军队被一个小小的邻城部队打败了，波斯人只能带着耻辱回到自己的家园。

一小群自己治理的人，击败了一个伟大的国王率领的由雇佣军和奴隶组成的庞大军队。

不过，这可不是希腊人最后一次见到波斯军队。

战争狂人

大流士现在比以往更加恼怒，他决心惩罚一下这群顽固不化的希腊人，他们居然敢对他和他庞大的权力进行反抗！于是，大流士开始准备下一次进攻了。不过，这一次，他决定训练出一支陆军、海军相结合的军队，那将是一支没人能够与之抗衡的军队。大流士庄严宣誓，一定要灭掉希腊。于是他花了几年时间来集结部队，准备物资。但就在这个时候，突然发生了一件事情，使其没能实现自己的计划。发生了什么呢？你们猜猜吧。原来，他死了。

不过，大流士有一个儿子，叫泽尔士一世（Xerxes）——这个词的发音仿佛Z开头的单词一样。

当我还是个孩子的时候，有一首字母歌是这样开头的："A是Apple（苹果）的A"，接下去到了X，"X是Xerxes的X，他是位伟大的波斯国王"。我学过这首歌，尽管在那个时候我并不知道关于泽尔士一世或波斯的任何事情。

泽尔士一世跟他的父亲一样坚决地认为，一定要击败希腊。因此，他继承了父亲的事业，继续着父亲的作战准备工作。

然而，希腊人也同样坚定地认为，他们一定不会被打败。因此他们也继续着他们的准备。他们知道，波斯人迟早会再来希腊，他们迟早会重新开战。

这时，雅典出现了两位重要人物，他们中的每一个人都希望自己能成为领导人。其中一个人的名字叫塞密斯托克利斯——它的发音是塞-密斯-托克-利斯；另一个人的名字叫亚里斯蒂德斯——它的发音是亚-里斯-蒂-德斯。请注意，是不是很多希腊人的名字结尾都是“斯”呢？塞密斯托克利斯催促雅典人快点儿准备，因为他知道，希腊与波斯的下一场战争很快就会到来。他特别指出雅典人要建立一支舰队，因为，他们自己没有船，而波斯人却有一支庞大的海军。

不过，亚里斯蒂德斯却不同意塞密斯托克利斯造船的想法，他认为这是一项愚蠢的开支，因而极力反对。

亚里斯蒂德斯一直都是非常明理而公正的，因此人们把他称为“公正的亚里斯蒂德斯”。有一些人想赶走他，因为他们认为塞密斯托克利斯是对的。因此他们等着陶片放逐投票那一天的到来，这样就可以投票表决把他赶走了。你们还记得是谁发明了这个制度吗？是克利斯梯尼，在公元前500年左右发明的。

当投票那天到来的时候，一个不会写字的盲人想要投票，他碰巧向路过的亚里斯蒂德斯求助。亚里斯蒂德斯问了他想要写的名字，那个盲人说：“亚里斯蒂德斯。”

亚里斯蒂德斯没有告诉他自己是谁，只是问道：

“为什么你们想要放逐这个人呢？他做过什么不对的事情吗？”

“哦，没有，”这个投票人回答道，“他没有做过任何不对的事情。”他长叹了一口气说，“我整天听他们说‘公正的亚里斯蒂德斯’，听都听烦了！”

亚里斯蒂德斯肯定被这个非理性的回答惊呆了，但他还是为这名投票者写下了自己的名字。投票结果出来了，许多人都投他的票，于是他被放逐了。

尽管放逐亚里斯蒂德斯对他来说似乎并不公平，但后来事情的发展证明，这是一个幸运的决定。因为塞密斯托克利斯可以继续贯彻自己的主张，雅典人可以继续造他们的船了。

他们建起了一支三层桨舰队，然后他们呼吁希腊所有城邦在战争爆发的时候联合起来。斯巴达被推举为战时的领导者。

过了不久，仅仅在公元前490年发生的马拉松战役之后十年，庞大的波斯军队再一次准备进攻希腊了。这一次，波斯大军是从庞大的波斯帝国各地征集而来的，其规模比前一次——12万人——大得多，尽管那一次的规模在当时也是非常庞大的。

这次，波斯大军的人数据说超过了200万——想想看，200万名士兵啊！于是问题就来了，怎么把数量如此之多的士兵运送到希腊去？这样规模的队伍是不可能用船运输的，因为即使是最大的三层桨战船也只能装几百个人，如果要装200万名士兵，那要用上——来，你们能算算需要多少条船吗？很可能当时世界上所有的三层桨战船加在一起，都远远不够。因此，泽尔士一世决定让他的部队步行到希腊去，绕过大海，这是路途最远的一种方式，但也是唯一的办法。就这样，波斯大军出发了。

可是，在波斯大军的行军路线上必定会遇到一条水带横在面前，它就是海峡，很像一条宽阔的河流。它在当时叫赫勒斯滂海峡；当然它现在还在那里，但是如果你们去查地图的话，就会发现它现在叫达达尼尔海峡。由于赫勒斯滂海峡上没有桥，因为它差不多有一英里宽，在那个年代人们还不会造这么长的桥，所以泽尔士一世就把船放到了一起，排成一条直线，从这边的岸边延伸到对岸。然后，他在船上铺上木板，这样就形成了一座“桥”，如此，他的大军就能穿过赫勒斯滂海峡了。

然而，泽尔士一世刚把这座“桥”搭好，海上就起了一阵暴风，把他的“桥”弄毁了。泽尔士一世对这阵风浪大为恼怒，他命令手下用鞭子抽打赫勒斯滂海峡中的水，仿佛抽打一名需要惩罚的奴隶一样。然后他建起了另一座“桥”，这次风浪平息了，于是他的大军安全地穿过了海峡。

不过，由于泽尔士一世的军队规模极其庞大，因而据说分成了两排，在七天七夜里连续不断地行军，才最终到达了对岸。与此同时，泽尔士一世的舰队也沿着海岸紧跟着大军。这样到最后，200万大军一起抵达了希腊的北部高原。然后，他们穿过希腊北部，踏平了路上遇到的所有抵抗力量，看起来仿佛大地上再也没有什么能够阻挡这支庞大的军队了。

以一敌千

波斯大军要想到达雅典，就必须先穿过一条狭窄的通道。这条通道的一边是群山，另一边是河水。这条通道叫塞莫皮莱山口。如果你们注意过热水瓶（Thermos bottle）的瓶口形状的话，那么就可能猜到塞莫皮莱（Thermopylae）这个词指的就是“热”水瓶。事实上，塞莫皮莱山口的意思是温泉关，为什么叫这个名字呢？这是因为，在这条通往希腊的道路的附近，有几处温泉。

希腊人认为，在这个山口阻击波斯大军最好不过了——在波斯大军到达雅典之前先在这里与他们相遇。在这样一个地方，少数的希腊士兵就可以很好地对抗波斯军队了。

希腊人还作了一个明智的决定。他们选出了一支精兵队伍，派他们前往温泉关阻击波斯大军。这支队伍全部由最优秀的希腊士兵组成，并且由最勇猛的将军率领。

于是，斯巴达的国王列奥尼达（Leonidas）——在希腊语中，它的意思是“像一头狮子”——被选为前往温泉关的将军，他带领着7000名战士——以7000个希腊战士阻挡200万波斯大军啊！这7000名战士中的300名是斯巴达战士，而每一个斯巴达战士都受过这样的教导：永不能投降，永不能放弃。一位斯巴达母亲曾对她儿子这样说道：

“带着你的战盾回来，要不然你就躺在上面回来。”

当泽尔士一世发现大军的路被人数少得可笑的这一小队战士堵住

后，他派出信使，命令他们投降，放弃。

你们猜猜看，列奥尼达是怎么回复他的呢?

这是一个我们能预料到的斯巴达式回答。这个回答简短而切中要害，是典型的“拉哥尼亚式的回答”，列奥尼达只说了句：

“来抓我们。”

泽尔士一世只有应战，他命令他的军队往前冲。

波斯大军在温泉关与希腊战士激战了两天，列奥尼达一直把持着关口，波斯大军始终过不去。

这时，有一个希腊的叛徒、懦夫，他想活命，然后得到泽尔士一世的一大笔奖金，于是告诉泽尔士一世说，在山上有一条秘密通道，他们可以从这条通道过去，然后包围把守关口的列奥尼达军队。

第二天早上，列奥尼达发现，波斯军队已经找到了这条秘密通道，并且已经从他的军队背后包超了过来。这个时候，如果逃离还是有可能的，于是列奥尼达跟战士们说，想要离开的可以马上离开。这是一场必败的战斗，留下来的人会全部死在这里。尽管如此，还是有1000名战士留了下来，其中就包括斯巴达的300名勇士，他们全部支持列奥尼达，他们说：

“我们已经接到命令守住这个关口，斯巴达人会遵守命令，不管发生什么事情，决不投降。”

于是，列奥尼达和他的1000名战士奋战到了最后一刻，除了一名战士存活，其余的人全部壮烈牺牲。

现在，通往雅典城的大门被打开了，情势急转直下，已经没有什么能够阻挡得波斯大军的脚步了。他们踏过列奥尼达将士的尸体，直奔雅典而来。

雅典人急得不知道怎么办才好，于是匆忙赶往德尔斐神庙，寻求神的指示。

神谕是这样的：雅典城本身注定要被毁掉，这件事已经没有指望了；不过雅典人自己可以被木墙拯救。

这个回答跟以往神谕的各种回答都差不多，也是一个谜语，意思很难解读。不过塞密斯托克利斯说他知道神谕的意思。你们还记得吧，正是他为了建立一支舰队出了大力。塞密斯托克利斯说，神谕中的木墙指的是船。

因此，雅典人遵从了猜测到的神谕建议，按照塞密斯托克利斯说的离开了雅典城，去了不远处的一个叫萨拉米的港湾，登上了船。

波斯大军到达雅典后，发现已经人去城空了。于是他们就放火烧掉了这座城，就跟神谕说的一样。然后，他们追赶至萨拉米港湾，雅典人的船停泊在那里。在港湾的附近有一座小山可以俯瞰港湾，泽尔士一世让人给自己搭起了一个王座，这样他就可以坐在上面观战了，就像坐在剧院的包厢里看一场演出那样。他想看到他自己庞大的舰队摧毁希腊这支小小的舰队——那上面满载着所有的雅典人。

从某种意义上说，萨拉米港湾里的情形和列奥尼达的战士们在温泉关山谷里的情形差不多。

塞密斯托克利斯注意到，萨拉米港湾的形状跟温泉关山口通道的形状有些类似，于是就想出了一个主意。他伪装成一个叛徒，就像温泉关叛徒那样，跟泽尔士一世说，如果波斯舰队分成两半，一队放在萨拉米港湾的出口处，另一队放在港湾的另一个出口处，那么希腊人就会被围在里面，很容易抓到。

泽尔士一世觉得这是个好主意，就立刻下令让他的舰队按照塞密斯托克利斯建议的那样去做。坐在王座上微笑着的泽尔士一世无论如何也想不到，他即将遭遇他生命中最意外的事情，其结果跟他预料的完全相反。由于波斯人把舰队分成了两半，于是在中间的希腊人就可以与分开的两部分波斯舰队同时开战。由于港湾非常窄，波斯舰队的船只彼此妨碍了行驶，相互碰撞，结果自己把自己的船撞沉了不少。

就这样，波斯舰队被打败了，傲慢、自负的泽尔士一世带着他余下的大部分陆军和所有海军，匆匆忙忙地顺着原路撤退到了波斯。

这也是波斯企图征服小小希腊的最后一次尝试。

如果塞密斯托克利斯没有坚持他的立场建立一支强大的舰队，你们认为希腊的命运又会是怎样的呢?

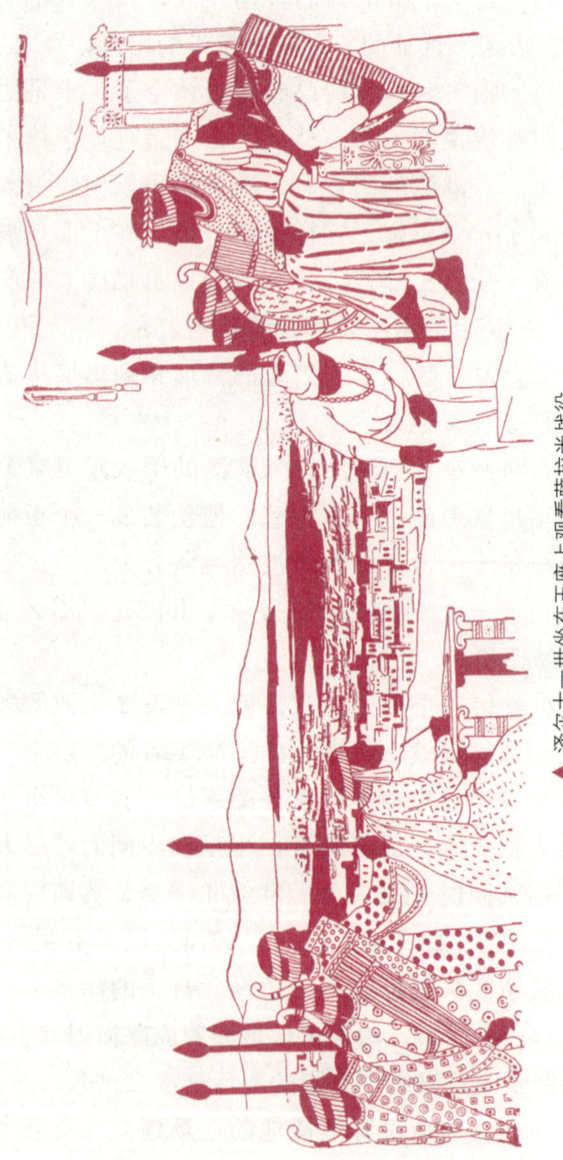

▲泽尔士一世坐在王座上观看萨拉米战役

26

黄金时代

在谈到石器时代与青铜时代时，我曾跟你们说过，在后面我们将会讲到一个黄金时代。

好了，现在我们来到了黄金时代。黄金时代并不是指这个时代里的人们使用的东西都是用黄金做的，也不是指他们拥有很多金钱。而是指——好了，让我们看一看它到底是什么样的一个时代，然后你们就知道它到底指的是什么了。

在与波斯的战争结束后，雅典人似乎为他们的胜利备感振奋，他们被激励着去做各种各样美好的事情，于是在波斯人被赶出希腊之后接下来的50年，也就是，从公元前480年到公元前430年——成为了希腊历史上，也可能是世界历史上最伟大的年代。

雅典被泽尔士一世烧毁了，在那个时代，这近乎一个可怕的灾祸。但事实并非如此，雅典人着手重建了一个比烧毁的那座城市更完善、更美丽的城市。

这时，雅典的领导人是伯里克利。他既不是国王，也不是统治者，而只是一个非常有智慧的人，一个非常出色的演讲家，一个非常受欢迎的领导人，他可以使雅典人以他认为最好的方式去做事情。他就像一位受欢迎的足球队队长，不仅自己是一名出色的运动员，而且能够让队里其他出色的运动员发挥出应有的水平。雅典就是他的足球队，他把这支球队训练得如此之好，球队中的任何人都足以胜任球队的任何位置，不

管那个位置有多重要。一些人成了伟大的艺术家，一些人成了伟大的作家，一些人成了伟大的哲学家。你们知道什么是哲学家吗？他们是非常有智慧的人，拥有大量的学识，并热爱知识。

艺术家们建造了许多美丽的建筑、剧院和神庙。他们还制造了非常出色的希腊男神、女神的雕像，然后把它们放置在建筑物里以及雅典城的周围。

哲学家们教导人们怎样变得更加智慧，更加善良。

作家们创作出了非常优美的诗歌与剧本。剧本的内容全是关于男神和女神的。

雅典的剧场和我们今天的剧场不大一样。雅典人经常在户外演出，通常是在一座山的旁边，这样看台就可以正对着舞台搭建。剧场里很少有布景，或者根本没有。另外，和我们今天的有管弦乐队伴奏的演出不一样的是，雅典人演出是用一个合唱团来伴奏的。演员们有显示喜怒哀乐各种心情的假面具，当他们想让观众开心的时候，就戴上一个表示“喜悦”的开口大笑的面具；当他们想让自己看起来悲伤的时候，就戴上一个苦着脸表示悲伤的面具。

或许你们已经见过这种图案的面具，因为在我们的剧院里，有时也会用这种类似的表示高兴或悲伤的面具。

雅典的名字来自女神雅典娜，据说她一直在留意、看护着雅典城。因此雅典人认为，雅典娜应该有一个特别的神庙。于是，他们在一座名

表示悲伤与喜悦的面具

帕提侬神庙

叫阿克罗波利斯的山的山顶上为她修建了一座神庙。他们以雅典娜的名义把这座神庙称为帕提侬神庙，帕提侬的意思是“少女”，这是人们对雅典娜的称呼之一。

帕提侬神庙被认为是世界上最美丽的建筑，当然，你们今天在图画上看到的是已遭损毁的帕提侬神庙。在这座神庙的中心，是一座巨大的雅典娜雕像，它是一位名叫菲狄亚斯的雕塑家用黄金和象牙雕成的。我们只是听说这个雅典娜雕像是世界上最美丽的雕像，就像听说帕提侬神庙是世界上最美丽的建筑一样。这个雕像如今已经完全消失不见了，没人知道它去了哪里。不过，我们可以猜测，黄金和象牙是非常吸引窃贼的，他们很可能一块一块地把这个雕像偷走了。

菲狄亚斯还在帕提侬神庙外面雕刻了许多其他的雕塑。现在，这些雕塑中的大部分都已经被运走，放置在了博物馆里，其他的则或者丢失、或者被损毁了。

雅典娜雕像以及帕提侬神庙中的其他雕像让菲狄亚斯声名远扬，他因此被请去奥林匹亚，为朱庇特雕刻塑像。奥林匹亚是奥林匹克运动会举办的地方。朱庇特的雕像甚至比他雕刻的雅典娜雕像都要精致完美，光彩耀目，人们甚至把它称为世界七大奇迹之一。你们还记得埃及的金字塔和巴比伦的空中花园吧？它们是世界七大奇迹中的另外两个奇迹。

菲狄亚斯很可能是历史上最伟大的雕塑家，但是他做了一件事，被希腊人认为是不可饶恕的。在今天，我们可能认为他做的事情并不算多大的错，但希腊人的是非观跟今天的我们的是不一样的。菲狄亚斯做了这样一件事：他在雅典娜雕像的盾牌上，刻下了他自己和朋友伯里克利的图案。它们只是盾牌上极小的一部分装饰，几乎没人能够注意到。但是在希腊人看来，在一位女神的雕像上刻上一个人类的画像，这是亵渎圣物的行为。因此，当雅典人发现菲狄亚斯做了这件事之后，他们就把他投进了监狱，至死都没把他放出来。

希腊人在他们的建筑中使用了各种不同的圆柱，今天，我们仍将这些圆柱用在公共建筑或私人建筑中。下面，我向你们说明每一种圆柱的样子，看看你们自己能找到多少种圆柱。

1.多利安式
2.爱奥尼亚式
3.科林斯式

帕提侬神庙中的圆柱的风格叫多利安式。

圆柱的顶部称为柱头，多利安式圆柱的顶部形状就像一只碟子上面盖了一块正方形石板。在这种圆柱的底部，没有基石或者支撑物，它直接竖立在地上。由于多利安式圆柱看起来朴素而结实，因此被称为男性风格。

圆柱的第二种风格是爱奥尼亚式。

爱奥尼亚式圆柱由一块基石支撑，柱头的方形顶部下有一些卷曲的花纹装饰物，这种圆柱的底部有基石。

由于爱奥尼亚式圆柱比多利安式圆柱更为细长、有着更多的装饰，因此它被称为女性风格。

圆柱的第三种风格是科林斯式。

科林斯式圆柱的柱头比上述两种圆柱的都要高，也有更多的装饰物。据说，第一次制造这种圆柱的建筑师是看到一个孩子的墓前摆了一篮子玩具后才有了创作柱头的灵感的。在孩子墓前摆放玩具而不是花，这是一种风俗。这只篮子被一块石板覆盖，一种叫爵床的蓟类植物的叶子绕着这只篮子生长，使其看起来非常别致。于是这位建筑师想，如果把它雕刻成柱头肯定非常漂亮，于是他就模仿着去做了。

我曾经让几个孩子去找圆柱，看看谁找到的圆柱种类最多。第二天，第一个孩子说他在自家房门的两侧看到了两根爱奥尼亚式圆柱；第二个孩子说他在一家储蓄银行看到了十根多利安式圆柱；而第三个孩子说，他看到了138根科林斯式圆柱。

“你究竟在哪里看到了这么多的科林斯式圆柱？”我问道。

“我在从家到学校的路上，数了一下灯柱，”他说道，“它们就是科林斯式圆柱。”

伯里克利有位朋友，叫希罗多德。他用希腊文写下了世界上第一部历史书。因为这个，希罗多德被称为“历史之父”。如果有一天你们学希腊语的话，就可以读到他用希腊语写的东西了。当然，在希罗多德的时代，只有很少的历史能供记载。因为，后来发生的事情还没有发生；而在此之前，只有很少的已知事情。因此，希罗多德的历史主要是描述波斯战争，而这我已经在上文中给你们讲过。于是，他不得不停止写作，因为实在没有更多的东西可以写了。

在那个时期，每隔一段时间，就会发生一种叫瘟疫的传染性疾病。它会突然爆发，成千上万的人会患病死去。之所以会这样，是因为那时的医生对瘟疫知道得很少，不知道该怎么治疗。在雅典，突然发生了一场这样的瘟疫，雅典人就像被下毒了一样陆续死去。伯里克利亲自护理病人，为他们做所有能做的事情。最后，他也染上了瘟疫，然后去世了。黄金时代就这样结束了，为了纪念这位伟大的人物，黄金时代也被称为伯里克利时代。

当希腊人遇到希腊人

雅典辉煌而兴盛的黄金时代仅仅持续了50年。

你们猜猜看，它为什么会终结呢?

黄金时代终结的主要原因是一场战争。

不过，这次有点儿不一样。这场战争不像波斯战争，是在希腊和其他国家之间发生的。这场战争发生在希腊的两个城邦之间，并且在此之前，他们之间或多或少还是存在着友谊的——可能只是很少的友谊吧——这两个城邦是斯巴达与雅典。这是一场希腊人的家庭纠纷；而且，战争产生的原因，是因为一个城邦——斯巴达——忌妒另一个城邦——雅典。

正如你们知道的那样，斯巴达人是优秀的战士；而雅典人，也是优秀的战士。不过，自从塞密斯托克利斯用战舰在萨拉米海湾打败波斯海军后，雅典也有了一支优秀的舰队；相反，斯巴达没有舰队。何况，除了武力，雅典已经成为了世界上最美丽、最有教养的城邦。

斯巴达人并不特别在乎雅典的美丽建筑、雅典的教育与修养，他们对这些东西不感兴趣。让他们忌妒的，是雅典的舰队。斯巴达地处内陆，不像雅典那样邻近海边，因此他们不可能有舰队。但是，斯巴达不愿意让雅典赶在他们前头。因此，或许基于这个原因，斯巴达联合了它所有的邻居，跟雅典人干了一仗。

斯巴达位于希腊一个叫伯罗奔尼撒的地方。这个名字比较难记，不

过在那个年代，孩子们并不认为这是一个难记的名字。因为他们对它非常熟悉，就跟你们对马萨诸塞这样的名字非常熟悉一样。当然，马萨诸塞对希腊人来说也是很难记的，就像你们记伯罗奔尼撒一样。因此，这场爆发于两个城邦间的战争就被称为伯罗奔尼撒战争。正是基于上述原因，不仅是斯巴达，所有的伯罗奔尼撒人都跟雅典开战了。

倘若一场战争持续了四五年，我们通常会认为这场战争的时间太长了。可是，伯罗奔尼撒战争却整整持续了27年！有一句谚语说："当希腊人遇到希腊人，就会有一场持久战。"它的意思是："当战争双方势均力敌，就像同属希腊的雅典与斯巴达那样——在这种情况下，谁会知道结局呢？"

我不打算告诉你们这场27年的战争的全部经过，你们需要知道的是，战争到了最后，这两个城邦都厌倦了，都耗尽了精力，雅典的荣光再也回不去了。尽管斯巴达占了上风，但这两个城邦都没能再恢复过来。伯罗奔尼撒战争把两个城邦都毁了。这就是战争！

在伯罗奔尼撒战争期间，雅典有一个人，名字叫苏格拉底。许多人认为他是历史上最有智慧最有德性的人之一。他被人们称为哲学家，因为他总是在雅典城里走来走去，教导人们什么是正确的，他们应该做什么。不过，他不会直接告诉人们他认为正确的事情，而是询问人们问题，让人们自己明白什么是正确的。他主要是以这种问问题的方式来教导人们，让人们自己去找寻问题的答案。这种只问问题的教育方式，被后人称为苏格拉底式教育方式。

苏格拉底短鼻子、秃头，相貌非常丑陋。不过他在雅典非常出名，这看起来可能有点儿怪异，因为雅典人喜欢美丽的面孔与健美的身材，还喜欢其他美丽的事物，而苏格拉底跟美丽完全不相干。因此，必定是苏格拉底的性格特征中有某种美丽之处，于是雅典人忘掉了他的丑陋。这就像我知道的一些孩子，他们认为他们的老师非常美丽。这仅仅是因为他们的老师善良和蔼，因此孩子们都很爱老师，尽管他们的老师实际上并不漂亮。

苏格拉底的妻子叫粘西比。她的脾气非常暴躁，属于所有乖戾脾气中最糟糕的那种。她认为苏格拉底整天浪费时间，游手好闲，没有工作也挣不来什么钱。有一天，苏格拉底被粘西比大声斥责了一顿后，正准备离开家出去走走，这时，粘西比把一桶水泼在了他的身上。从来不会回骂的苏格拉底，只是这样自嘲了一番：

“打雷之后，应该预料到会有雨啊！”

苏格拉底不信仰任何希腊神灵，比如朱庇特、维纳斯以及其他神灵。不过他非常小心，自己不会这样说出来。因为希腊人很挑剔，不容许任何人说反对他们神灵的话，更不容许做任何反对神灵的事情。你们还记得吧，菲狄亚斯仅仅是把他的肖像刻在了女神雅典娜的盾上，就被投进了监狱。如果有人教导年轻人不信神，那么他肯定会被处死。

可是到最后，正如苏格拉底担心的那样，他还是被控诉为不信希腊神灵并且教唆他人不信神灵。由于这个罪名，他要被判刑处死。不过，苏格拉底并没有像今天的犯人那样被绞死或是以别的方式处死，他被命令喝下一杯毒芹汁，这是一种致命的毒药。苏格拉底的学生们，或按那个时候的称呼，门徒们，劝他不要喝那杯毒药，但是他不想违抗命令。于是，在将近60岁的时候，苏格拉底喝下了致命的毒芹汁，在门徒的环绕中死去。

尽管这件事发生在耶稣基督诞生前400多年，然而，其中有些东西却跟基督教徒们的做法或跟基督教教义有着某些相似之处。苏格拉底相信并教导着的两样东西，恰恰也是基督徒们相信的。

苏格拉底深信着的一个信念就是：我们每个人的内心都有一个良知，良知会告诉我们什么是正确的、什么是错误的；我们不需要从书中学习它，也不需要被别人教会什么是正确的或什么是错误的。

苏格拉底相信并教导人们的另一个信念就是：人在死后会继续过另一种生活；我们死了之后，我们的灵魂依然存活。

因此，他不怕死去，这并不奇怪！

28

智者与笨人

你们小时候是否经历过这样的事情？当你们跟一些小朋友在自己家的院子里玩时，一个陌生的男孩在栅栏的另一边望着你们，他要求跟你们一起做游戏，他说他会教你们怎么玩。你们不喜欢他在旁边看着，也不喜欢他加入进来，但是不知道为什么，他最后还是加入进来跟你们一起玩了，并且迅速成为了你们这群孩子的头头。

嗯，这里就有这样一个人，他的名字叫腓力二世，住在希腊北部。他一直看着斯巴达与雅典——不是玩游戏而是打仗——他也很想“加入这个游戏”。腓力二世是一个叫马其顿的小国的国王，但他认为自己也可以做希腊的国王。当斯巴达与雅典在伯罗奔尼撒战争之后“元气大伤被踢出局”的时候，他想趁机加入这个游戏，成为希腊的国王。腓力二世是一个优秀的战将，不过不到万不得已他不想跟希腊人发生战争。他想和平地当上国王，他也想让希腊和平而自愿地接受他成为国王。因此他想出了一个计谋，下面就是他的计谋：

正如你们知道的那样，腓力二世也知道，希腊人非常憎恨波斯人。在100多年前，希腊人把波斯人赶出了自己的国家。尽管希波战争已经过去了这么多年，但希腊人从未忘记他们的祖先是多么勇敢，也从未忘记他们打败波斯人的英勇故事。他们的父亲与祖父把这些故事讲了一遍又一遍，他们也非常喜欢一遍遍地读希罗多德的世界历史。

于是，腓力二世对希腊人说道：

“固然，你们的祖先把波斯人然后赶出了希腊，但波斯人还是回到了他们自己的国家。你们并没有追击然后狠狠地惩罚他们，而这是你们应该做的。你们甚至根本没有想过要这样做。你们为什么不现在就越过大海、到达波斯、征服他们呢？让波斯人为他们做过的事情付出点儿代价吧！”然后，他还狡猾地加上了一句：

“让我来帮助你们吧，我会领导你们教训他们的。”

似乎没人能够识破腓力二世的计谋——除了一个人。他是雅典人，叫德摩斯梯尼。

当德摩斯梯尼还是个小男孩的时候，他就下定决心，总有一天要成为一名伟大的演讲家和雄辩家。这就跟你们可能会对自己说的那样，长大后，要成为一名医生，或者成为一名飞行员，或者成为一名律师。

可是，德摩斯梯尼选择了一个跟他的天性最不相称的职业。首先，他的嗓音又柔又弱，别人几乎听不清他在说什么。此外，他还口——口——口吃得非常严——严——严重，几乎不能不带犹——犹——犹豫和结——结——结巴地背诵出一篇简——简——简短的小——小——小诗，因此人们常常嘲笑他。因此，他要做一名伟大的演讲家的想法，似乎非常荒谬。

但是，德摩斯梯尼自己一直在练习、练习、再练习。他跑到海边，把小鹅卵石放在自己的嘴里——这样就使得把话讲清楚变得更加困难。然后他对着怒吼的海涛演讲，想象自己正面对着一群愤怒的群众，这些群众企图用声音压倒他。他必须要非常大声地说话，才可以让自己的声音不被淹没。

就这样，通过持续不断的练习，德摩斯梯尼最后真的成了历史上最伟大的演讲家。他演讲得相当精彩，无论在什么时候，他都能够做到想让听众笑听众就笑，想让听众哭听众就哭，他还可以劝听众去做他想让他们做的任何事情。

现在，德摩斯梯尼看透了腓力二世征讨波斯的计谋。他知道，腓力二世的真正意图就是当上希腊国王。所以，他作了12场演讲来反对腓力二世。我们把这12场演讲称为“抨击腓力二世的”（Philippic），因为演讲的内容都是反对腓力二世的。这些演讲非常出名，即使在今天，我们还会把这样一种猛烈攻击某人的演讲称为“抨击腓力二世的”或

“抨击性演说”。

听了德摩斯梯尼演讲的希腊人当时都非常激动地反对腓力二世，但是过后就立刻冷淡下来，不再去做什么反对腓力二世的事情。

因此最后，德摩斯梯尼的演讲变得全然无用，腓力二世还是顺利地当上了希腊的国王。

然而，就在腓力二世准备动手实现他的征服波斯的大业之时，他却被自己人杀掉了，这样，他的计划就搁浅了。

不过，腓力二世有一个儿子，叫亚历山大。亚历山大当时只有20岁，如果他生活在今天的美国，他甚至还没有选举权呢。不过在那个时代，当他父亲去世之后，他就成了马其顿的国王，同时也是希腊的国王。

当亚历山大还是小孩儿的时候，有一次，他看到一个人正在试着驯服一匹烈性的幼马，屡屡失败。这匹马会嘶鸣着直立起来，没人能够驯服它。亚历山大请求让自己试试。亚历山大的父亲取笑他，说他总想做一些比他年纪大的人都做不到的事情，但最后，父亲还是答应了他。

实际上，亚历山大注意到了一个别人都没注意的细节——尽管他们的年纪都比他大。这匹马似乎非常害怕它自己的影子，这是因为年轻的小马很容易被黑色并且移动的东西吓到，这就像某些小孩儿非常害怕黑暗一样。

因此，亚历山大把马调过头来面向太阳，这样它的影子就被投在了身后。然后他骑上这匹马，在所有人惊讶的目光中，没有任何困难地驰骋而去。

他的父亲为儿子的聪明高兴不已，就把这匹马奖给了亚历山大。亚历山大给这匹马命名为布赛佛勒斯。他非常喜欢这匹马，在它死去之后，还为它建了一座纪念碑，而且，有几座城市的名字也是用这匹马的名字来命名的。

亚历山大确实是一个优秀的孩子，但是你们不知道的是，他还有一个异常优秀的老师——亚里士多德。一些人认为，亚历山大的部分伟大是要归功于他的这位老师的。

亚里士多德很可能是人类有史以来最优秀的老师了。如果有比亚里士多德更优秀的老师，那么就会有比亚历山大更优秀的学生。

亚里士多德的著作涉及了科学的所有领域——关于星体的书被称为天文学，关于动物的书被称为动物学，还有一些关于其他学科对象的书，你们可能还没有听说过，比如心理学、政治学等等。

千百年来，亚里士多德的这些书一直是学生们的课本，并且在此后的1000年中一直是唯一的课本。在今天，一部新的课本在编完之后，用不了几年就会因为过时而不再被使用。因此，亚里士多德的这些课本能使用这么长时间，你们就能够明白，他是多么杰出啊！

亚里士多德的老师叫柏拉图，也是一位伟大的教师与哲学家。柏拉图是苏格拉底的门徒，因此亚里士多德也就是苏格拉底的“徒孙”。你们可能听说过东方的圣人，那么他们就是希腊的三位圣人。

苏格拉底

柏拉图

亚里士多德

总有一天，你们会读到这三位圣人写的书。记住了吗？他们生活的时代是在2000多年前哦！

一位年轻的国王

你们觉得，你们在20岁的时候，会做什么呢？

那时，你们是不是正在校队里面踢足球呢？

那时，你们是不是正在一家银行里工作呢？或是在做着别的什么工作？

当亚历山大20岁的时候，他已经是马其顿的国王，同时也是希腊的国王了。不过，对这位出色的年轻人而言，马其顿和希腊全部加起来都太小了，他想要拥有一个大得多的帝国，事实上，他认为自己应该拥有全世界，那样就够了——不需要更多了。

因此亚历山大想继续他父亲未完成的征服波斯的计划。在最后一次入侵希腊的150年之后，波斯为自己的行为付出代价的时刻到了。

亚历山大集结起一支部队，穿过达达尼尔海峡，进入亚洲，与波斯派出来阻击他们的军队打了起来，然后一场接着一场地获胜。

亚历山大的部队继续前进，因为波斯是一个庞大的帝国。很快，他们来到了一个城市。那里有一座庙，庙里有一根绳子系着一个著名的难解的绳结，这个绳结叫戈耳迪之结。它非常有名，因为神谕说过，解开绳结的人将会征服波斯。然而，一直没人能解开它。

亚历山大听到这个故事之后，就去了神庙，看了一眼那个绳结，他立即就看出这个绳结是不可能解开的。因此，他没有像其他人那样，他甚至试都没试就抽出剑劈了下去，把绳结劈成了两半。

因此在今天，假如有人解决了某些难题，但他并不是深陷于细枝末节、按图索骥地去求解的，而是简单地一刀劈下就解决了所有难题，我们就称他为“斩断戈耳迪之结”。

从那时候起，亚历山大征服了一座又一座城市，没在任何一场重要的战争中失利过，最后，他征服了整个波斯帝国。

接下来，亚历山大进入了埃及，埃及在当时也属于波斯帝国。于是，亚历山大把埃及也征服了。为了庆祝这次胜利，他在尼罗河入口处找到了一座城市，用自己的名字将其命名为亚历山大。然后，他在这座城里建了一座巨大的图书馆——它后来变得越来越大——据说里面藏有50万册书，是古代最大的图书馆。这座图书馆里的书既不像亚述巴尼拔图书馆里的书，也不像我们今天图书馆里的书，这当然是因为印刷技术在当时还没有出现。这些书，每一本书都是手写的，它们不是一页一页的，而是一长页卷在棍子上，呈卷轴的样子。

在亚历山大港里，有一个名叫法罗斯的小岛屿。一些年之后，人们在岛上建了一座非常有名的灯塔，这座灯塔以这个小岛的名字命名，叫法罗斯灯塔。实际上，它更像一栋顶上立着一座塔的现代摩天大楼。它有30多层楼高，非常引人注目，因为在那个时代，大部分建筑物都只有一两层楼高，而这座灯塔的光在几十英里外都能看到。因此，亚历山大的法罗斯灯塔被称为世界七大奇迹之一。你们已经听说过七大奇迹中的三个奇迹，而这座灯塔，就是第四个。

卷轴、笔与墨水

当时，亚历山大渐渐成了世界上最大、最重要的港口城市。不过，今天的亚历山大，法罗斯灯塔、图书馆以及所有古老的建筑都已经消失不见了。

亚历山大不会在任何地方待上很久，他是个不会停下来休息的人。他想要继续前行，想要看到更多新的地方，征服更多新的民族。他几乎忘了自己的马其顿和希腊小国了。许多人离开家乡久了都会思念家乡，但是亚历山大不会，他一直往前，走得离家乡越来越远。我们在今天会把这样一种人称为冒险家或探险家，当然，亚历山大同时也是一位伟大的将军。就这样，他不断地征服着，一直没停下过脚步，直到抵达遥远的印度。

在印度，一路上一直跟着他前行的部队开始思念家乡，想要返回故乡。他们已经离开家十多年了，他们走得那么远，害怕自己永远也回不到故土了。

亚历山大当时只有30岁，但是却已经被称为亚历山大大帝了，是整个世界的统治者——至少那时候已经知道的所有居住着文明人的地方几乎都被他征服了，除了意大利——它那时只是一些非常小的、不重要的城镇村落而已。当亚历山大发现，世界上已经没有更多的国家能让他去征服时，他非常失落，他哭了！

因此，他同意了下属们的请求，开始慢慢地向希腊返回了。

他们在回去的路上经过巴比伦，这是一座曾经非常强大的城市。在巴比伦，他们举行了盛大的宴会来庆祝，但是在宴饮的时候，亚历山大突然死去了。他再也回不去希腊了。

这一切发生在公元前323年，那年，他只有33岁。你们可以很容易记住这些数字，因为它们除了年份中间的那个2外，其余全是3，而2只比3小一点点。

亚历山大大帝征服了一个世界上最庞大的帝国，这个帝国以前只归一个人管辖，但是这不是我们称呼他“大帝”的唯一原因。

亚历山大不仅是一位伟大的统治者、一位伟大的将军，他还是——这或许会让你们惊讶——一位伟大的教师。而他之所能成为一位伟大的教师，那是亚里士多德教导的结果。

亚历山大在征服了一个地方之后，就教会他们希腊语，这样他们就可以阅读希腊语书籍了。他教给他们希腊雕塑、绘画，还教给他们希腊哲学家们说过的智慧格言，其中有苏格拉底、柏拉图以及他自己的老师亚里士多德的格言。亚历山大还对他们进行体育训练，就像希腊人要参加奥林匹克比赛之前进行的那种训练。因为这些，我们可以说，亚历山大比历史上任何老师教出的学生都多得多。

亚历山大娶了一位美丽的波斯女孩，她的名字叫罗克珊娜。但是他们唯一的孩子直到亚历山大去世之后才出生，因此亚历山大死后就没有人继承他的事业了。不过他在生前曾跟他的将领们说过，他死后，应当是他们中最强的那个人成为下一任统治者，而最强的人应该是他们当中比武胜出的那个。就像我们有时会说的那样："希望那个最优秀的人会赢。"

于是，他的将军们就开始比武，看谁会胜出。最后，有四个人成为了胜利者，他们决定把这个庞大的帝国分成四份，每人统治其中一份。

这四名统治者中的托勒密一世，分到的是埃及，他把埃及治理得很好。不过其他三个人就治理得没那么好了。一段时间之后，这三个人的地盘都开始慢慢地变小，然后渐渐走向分裂。这就像你们吹一个红气球，你们吹啊吹，吹得越来越大、越来越大，亚历山大的帝国也是这样变得越来越大、越来越大，到最后——突然——"砰"的一声，什么都没剩下，除了一些碎片。

一场捡来的战争

“是人皆有得意时。”

一位网球冠军或高尔夫球冠军在赢了上届冠军之后，在以后的几年中，他可能都会保持着冠军的纪录。不过，或迟或早，一些更年轻更出色的运动员就会冒出来打败他，然后他冠军的位置就被别人夺去了。

运动员们的这种情形似乎也会出现在国家之间。一个国家从另一个国家手里夺过冠军的宝座后，把持了几年，然后当它变老的时候，就会被新人夺去荣耀。

我们已经看到：

尼尼微做了一段时间的冠军；然后

巴比伦接下来做了一段时间的冠军；然后

波斯接下来做了一段时间的冠军；然后

希腊接下来做了一段时间的冠军；最后

马其顿接下来做了冠军。

你们可能很想知道，在亚历山大的帝国分崩离析后，哪个国家会做冠军呢——接下来会轮到谁呢？

在亚历山大征服了世界之后，他朝着太阳升起的方向往东走去，然后是向南。他对日落方向的西方国家很少关注。我们有一阵子没提到过的罗马，在那个时候只是一个小城市，街道狭窄，房屋也很小。对亚历山大而言，彼时的罗马太小了，他根本不会对它考虑太多。而在那时，罗马本身也不会想到扩张的事情，还整天提防着邻居们入侵呢。

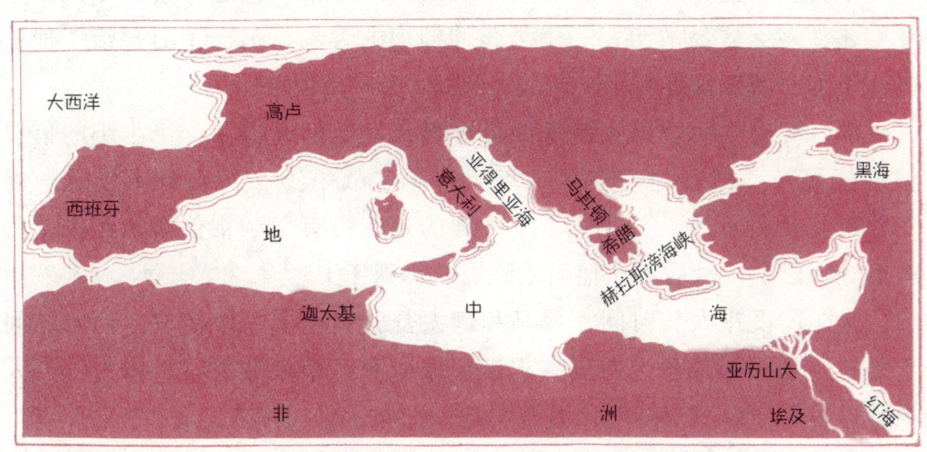

地中海地图，上面有迦太基、西班牙等国家

对于一个城市，在英语中我们经常使用第三人称阴性代词“她”来指代，仿佛一座城市就是一个女孩似的。不过罗马，更像一个小男孩，经常被其他的男孩子“捉弄”。在那个时期，罗马开始慢慢成长起来，她不仅能保护自己了，还能够跟别人打一场非常艰难的战争。于是，罗马不再满足于防护自己，她经常跟同处意大利的其他城市打仗，并且总能打赢。到最后，她发现自己成了整只“靴子”的冠军了。于是，她环顾四周，看看在意大利之外是否还有其他国家可以征服。

你们可能已经注意过意大利的地图，那只“靴子”，它看起来就像在踢一个小岛，好像这个小岛是一个足球一样。这个小岛就是西西里岛，在西西里岛对面，是一座叫迦太基的城市。

迦太基是许多年以前腓尼基人建立的，这时候已经是一个非常富有而强大的城市。由于迦太基临海，因此她建造了许多船，并且与地中海沿岸的很多海港都有贸易往来，就像古代腓尼基人的城市推罗与西顿那样。

迦太基不喜欢罗马如此强盛，成长得如此有力迅猛。换句话说，迦太基忌妒罗马。

而在同时，罗马也在忌妒迦太基的富饶和贸易。于是，罗马非常急切地寻找着，看看有什么借口能够跟迦太基打一仗。

你们也知道，当你们存心要“找碴”的时候，挑起一场争吵或打一场架是件多么容易的事。一个男孩伸伸他的舌头，另一个男孩给了他一脚，于是一场架就打起来了。

对，有时候两个国家就像两个小男孩，他们只需要一个小小的借口就能打起来。尽管他们会把这场架叫做“战争”，其实只不过是一场“斗殴”。只不过，与小孩子不一样的是，没有父亲把他们领回去，每人给一个巴掌，然后不让他们吃晚饭就扔到床上。

这样，没花太长时间，罗马和迦太基就找到了一个借口，他们之间于是开始了一场战争。罗马人把这场战争叫“布匿战争”，因为罗马人把腓尼基人称为“布匿”，而迦太基人正属于腓尼基人。

由于迦太基位于海的另一边，因此罗马人只有乘船才能到那里。不过罗马没有船，它并不临海，它也不懂得造船；而由于不懂得造船，也就不懂得怎么航海。

而另一方，迦太基人则拥有许多条船；他们还跟古代的腓尼基人一样，有许多经验丰富的老水手。

不过，罗马人碰巧发现了一条船的残骸，它是被迦太基人扔在海边的。于是罗马人就模仿它的样子开始造船。在很短的时间里，罗马人就造出了一条船，然后一条接着一条，源源不断。最后，罗马人造出了大量的船。于是，尽管罗马在海战方面还是新手，她还是向迦太基的舰队发起了攻击。

看起来，似乎迦太基人很容易打赢罗马人，因为罗马人对船知之甚少。在以前的海战中，战斗方式都是这样的：向敌船冲去，猛撞，直到把它撞沉。

如果以这种方式开战的话，罗马人知道自己不是迦太基人的对手。因此他们想了一个办法，以这种办法进行海战，就像在陆地上战斗一样。

他们发明了一种巨大的钩子，他们把它叫做“乌鸦”。他们的想法是：一旦他们的船与迦太基的船靠近，他们不会试图去撞沉它，而是抛出这种巨大的钩子，把迦太基人的船钩住，把两只船绑在一起。然后，罗马士兵就可以攀爬到敌人的船上，像在陆地上一样跟他们战斗了。

这种办法见效了。

这种全新的战斗方式让迦太基人大吃一惊，他们在开始的时候并不是罗马人的对手。

可以想象，罗马人肯定不会一直占据上风的。迦太基人很快也学会了这种时髦的战斗方式，于是罗马人还是输了。这样，双方在陆地上以及在海上各有胜负。不过，最后，还是罗马人取得了胜利，迦太基人被打败了，这样，第一次布匿战争就结束了。

31

“靴子”又踢又踩

不过，迦太基人并没有被打得一蹶不振，他们只是一直在等待一个适当的时机扳回来。但由于他们此前从正面进攻意大利没有成功，于是他们决定从它的后面进攻。他们的计策是，穿过西班牙，绕一个大圈，从意大利的北部进攻。

而为了做到这一点，他们首先要做的就是征服西班牙，这样才可以进攻意大利。而且，迦太基人很容易就做到了这一点，这是因为他们有一位非常伟大的将军，汉尼拔。但接下来，迦太基人在开赴意大利的路上却遇到了极大的困难。

在这只“靴子”的顶部，也就是意大利北部，有一些极高的山，叫阿尔卑斯山。它们有几英里高，即使在夏天也覆盖着厚厚的冰雪。在阿尔卑斯山上，到处都是峭壁与悬崖，如果有人想从上面经过，只要一失足，就会掉进几千英尺的山谷粉身碎骨。

因此，阿尔卑斯山就成了一个屏障，它比任何城市、任何国家修建的城墙都更为巨大坚实。所以，罗马人认为，任何军队想翻越这样一座极高极危险的山峰，都是不可能的事情。

时间一次又一次地证明，很多人们称之为不可能的事情，后来都被别人做到了。

人们曾说过，人要飞起来是不可能的。

后来，就有人做到了。

人们曾说过，一支军队要翻越阿尔卑斯山，这是不可能的。

后来，汉尼拔做到了。而且，在罗马人还没意识到发生了什么事情的时候，他就做到了。他带着他的军队翻越了阿尔卑斯山，攻进了意大利的北方门户！

罗马人不能阻止汉尼拔的军队向他们的城市开进，当汉尼拔的军队出现后，就是接连不断的胜利。罗马人也不能阻止汉尼拔的军队在意大利由北向南行进。汉尼拔的军队征服了意大利的其他城市，在那些城市中为所欲为。看起来罗马仿佛被打败了，它还将失去整个意大利。

在现今的一些游戏或比赛中，如果你们守不住己方球门的话，那么试试去进攻对方的球门，这或许是一个好办法。

罗马人认为他们可以试试这个办法。在汉尼拔进攻罗马的时候，罗马也想要进攻迦太基。因为迦太基的将军汉尼拔正在意大利境内呢，迦太基城内现在没有什么优秀的将领可以守卫这座城市。

因此，罗马人派出了一名叫西庇阿的年轻将领，让他带领一支军队攻打迦太基。

但西庇阿却先去了西班牙，他切断了汉尼拔的归路，然后重新夺回了西班牙。

接着，他行军至非洲，攻打迦太基。

迦太基人在自己的大将军带领军队远征意大利的时候，非常害怕被人攻打，于是他们尽可能快地通知汉尼拔回来。而当汉尼拔回来的时候，一切都已经太迟了。西庇阿在迦太基附近一个叫扎马的地方跟汉尼拔打了一场著名的战役，迦太基人又一次被打败了，这是他们第二次被罗马人打败。就这样，公元前202年，第二次布匿战争结束了。下面是事件名称与发生的时间——就像一个电话号码一样：

扎马——2–0–2

罗马人在两次战争中都打赢了迦太基人，你们可能会觉得，他们现在对结果应该比较满意了吧，但是罗马人并没有自满。他们认为，他们还没有把迦太基打得足够惨。罗马人害怕迦太基人没有被彻底打败，担心他们可能还会恢复过来。他们认为，如果没有把迦太基完全踩在脚下的话，那么只要有一丁点儿火星，就可能酿成一场大火……

在今天的运动比赛中，如果你们在对手被打倒后还狠狠地打他，那么就是不符合体育运动精神的；而迦太基人已经被打啊打——打得鼻青脸肿了——都没有希望“恢复过来”了。不过，几年之后，罗马人还是再一次进攻了迦太基，这是它们之间的第三次战争，也是最后一次。

迦太基没能保护住自己，罗马人恶毒地把这座城市烧成了灰烬。据说，他们还把烧毁的城市犁了一遍，这样就不会留下任何遗迹；然后再在地上撒上盐巴，让土地长不出东西来。从此，迦太基就没有重建过，直到今天，人们要想知道这座古代城市曾经在哪里，都是一件很困难的事情了。

32

世界的新霸主

你们尽可以想象，所有的罗马人现在都为他们是罗马人而感到自豪，因为罗马现在是世界上的新霸主了。如果一个人扬起头说“我是一位罗马公民”，那么人们总会想办法为他做点儿什么，害怕他会对自己做出什么不利的事情，害怕会有什么不幸的事情发生在自己身上。在那时，罗马不仅统治着意大利，还统治着西班牙与非洲。就像在她之前的许多其他帝国那样，一旦开始了征伐，就会一直征伐下去。直到公元前100年左右，罗马成了当时地中海周围几乎所有国家的统治者——除了埃及。

这个新的世界霸主，将在以后的许多年中继续做霸主，她做事非常实际而有条理。

希腊人喜欢美丽的事物，比如美丽的建筑、美丽的雕塑、美丽的诗歌等。而罗马人则模仿希腊人，从他们那里学到了很多创造美丽事物的方法。但罗马人最感兴趣的，还是实际而有用的东西。

举个例子吧，现在罗马统治世界了，她必须能够把信使与部队很容易且迅速地派到其帝国的任何一个角落，而且还能回来。所以她就必须拥有发达的交通系统，但是当时显然还没有铁路。可是，假如在地上简单地清扫一下就做成一条普通的路，那么就会留下很多深深的车辙；一旦遇到下雨天气，还会泥泞不堪，几乎完全不能用。

于是罗马人开始着手修路，这些道路很像铺好的大街。他们把很大的石头搬过来放在底部作为路基，然后在上面撒上小的石块，最后再把大而平整的石板铺在上面。罗马修建了几千英里这样的路，通往其帝国的四面八方。人们几乎可以从任何地方踩着这种平整的石板路来到罗马。直到今天，我们还有一个谚语叫做：条条大路通罗马。这些道路修建得如此之好，其中的许多道路甚至一直保存到今天，也就是说，从修建那时起，保存到了2000年后。

罗马人还修建了两项非常重要的市政设施，这显示出他们头脑的务实。在今天，如果你们住在一座城市里，无论什么时候，只要打开水龙头，就能得到大量干净的水。然而，在那个时代，住在城市里的人们，需要饮用水或洗涤用水时，却不得不去附近的井里或泉边打水。因而这些泉水或井水常常变得非常脏，这就很容易使人患病。因此，每隔一段时间，由于脏水的污染，就会爆发一次可怕的瘟疫。我在前文中曾说过，雅典爆发过一场瘟疫，像这样可怕的传染病爆发的时候，人们会迅速、大量地死去，连埋葬都来不及。

罗马的引水渠

罗马人需要干净的水，于是他们开始寻找，后来终于找到了一些湖，从这些湖中，他们可以得到干净的水。不过，这些湖往往都在离城市很远的地方，于是他们修建了很多巨型的管道，让它们承载着水送往城里。那些管子不是用钢铁或陶瓦做的，它们是用石头和混凝土做成的，人们把它们叫做“引水渠”，在拉丁语中的意思是“载水物”。如果这样一种引水渠要穿过一条河流或者一个峡谷，他们就要在上面修建一座桥来托住它。在罗马，许多这样的引水渠至今还在，并且还在使用。

不过，直到那个时候，被使用后的废水，以及其他垃圾、废弃物，都是被直接倾倒在街上的，这自然把城市或村镇弄得污秽、肮脏不堪，这也是瘟疫发作的另一个原因。于是，罗马人又修建了很多巨大的地下下水道，用来排出这些脏废水。他们把它们排到河里或是其他什么地方，在那儿，它们不会对人造成伤害，也不会引发疾病。今天，每一座大城市都理所当然地拥有进水管与下水道，而罗马人却是第一次大规模制造它们的人。

罗马人做的另一件最重要的事情就是，制定了每个人都必须遵守的规则，我们今天把它们称之为法律。这些法律中的许多条文都非常公平、公正，直到今天，我们美国的一些法律条文都还是从他们那里抄来的呢。

罗马帝国的所有城市和乡镇都必须付给罗马金钱（一说税金）。因此，罗马渐渐变成了世界上最富有的城市。成千上万的金钱流进罗马，它们被用来建造美丽的建筑物、众神的庙宇、统治者们富丽堂皇的宫殿、公共浴室，还有叫做圆形竞技场的露天场所，供市民们消遣。圆形竞技场就跟我们今天的足球场、棒球场或者说体育场差不多。不过，罗马并没有足球或棒球，他们有的是战车比赛，还有人与人之间或人与动物之间的死亡角斗。这些比赛用战车是一些小型的马车，它们有着大大的轮子，由两匹或四匹马拉着，而驾驶者只有一名，他站在车上牵着马缰绳。或许你们曾在马戏团里见过这种战车。

不过，在所有运动中，罗马人最喜欢最享受的是角斗士的角斗。角斗士是一些非常强壮有力的男人，他们是在战场上被罗马人俘虏的。这些角斗士要互相搏斗或者跟野兽搏斗，以取悦观众。角斗的过程非常残酷，但罗马人却非常喜欢看这种血腥场面。他们喜欢看到一个人把另一个人杀死或者把一头野兽杀死。他们觉得这非常吸引人，假如当时有电影的话，可能还没有角斗的一半有吸引力呢。通常这种角斗会一直持续到一方或另一方被杀死才结束，因为只有以这种方式结束，观众才会满意地离开。

不过，有的时候，如果一名角斗士尽管被打倒了，却还是在搏斗中表现出了非凡的勇敢，显示出一名优秀战士与优秀运动员的风范，那么坐在圆形竞技场四周的人们就会跷起大拇指来，示意另外一位角斗士饶了他的性命。因此，赢了的角斗士，在杀死倒地的对手之前，通常都要等着看看观众席上观众们的意思。如果他们把大拇指朝下指，就意味着他必须得杀死对手才能结束这场角斗。

不过，尽管罗马是这样一个适合居住的完善、美丽、卫生的城市，但是罗马城中的富人们还是从帝国各地聚敛了越来越多的钱财。富人们变得越来越富，而穷人们变得越来越穷。罗马征服了一个地方，就会把战场上的战俘带回罗马来服劳役。这些战俘于是成了奴隶，干着所有的活。据说，罗马城里的奴隶数量要比罗马人的两倍还多——每一个罗马人由两名奴隶侍候着。

上文中曾提到的在布匿战争中打败了汉尼拔的西庇阿，他有一个女儿，叫科妮莉亚·格拉克夏。科妮莉亚有两个儿子，这是两个非常优秀的男孩子，科妮莉亚一直为他们感到自豪。

有一天，一位富有的罗马女人来拜访科妮莉亚。她向科妮莉亚炫耀着她身上的戒指、项链，还有其他首饰，她有很多这样的宝贝，很以此为傲。

在向科妮莉亚炫耀完所有这些珠宝后，她要求看看科妮莉亚的宝贝。

科妮莉亚把她在外面玩耍的两个孩子叫了进来。当他们跑进来依偎在妈妈身边时，她搀住他们俩，对那个罗马女人说：

“这就是我的宝贝。”

不过，在年幼的时候被视为宝贝的男孩，长大后就不会总被看成宝贝了。你们可能很想知道科妮莉亚的这对宝贝后来变成了什么样子。

这两个孩子长大后，被人们称为格拉克夏兄弟。他们看到富人们挥霍无度，而穷人们却悲苦困顿，所以他们很想做点儿什么。他们看到，穷人们几乎没有什么东西吃，也没有地方住，这看起来不公平。因此他们试图降低食物的价格，这样穷人们就能买得起食物了。之后，他们还试着想办法给穷人们一小块地，这样他们就可以在上面种些蔬菜吃。

他们成功地做了一些这样的事情。不过，富人们不愿意把任何东西给予穷人，于是他们杀死了格拉克夏兄弟中的一个，后来又杀死了另外一个，这就是科妮莉亚这对宝贝的最终结局。

33

最高贵的一位罗马人

这里有个谜语，你们可以猜一下：

有一次，一个人发现了一枚非常古老的硬币，上面写着“公元前100年”。

这是完全不可能的。为什么不可能呢？看看你们是否能够说出答案，先不要看这页底下的答案①啊。

在公元前100年的时候，有一个小男孩在罗马诞生了，他的名字叫尤利乌斯·恺撒。

如果你们问他，你是什么时候出生的。那么他会回答说，我是在653年出生的。

你们觉得这是为什么呢？

这是因为，罗马人计算时间的方法是从罗马成立那年算起的，也就是公元前753年。恺撒是在罗马成立653年后出生的，也就是在耶稣基督诞生之前的100年，不是吗？

在那个时代，地中海里似乎到处都有海盗出没——那可是海盗啊。罗马成了世界的统治者，这样就经常有很多船满载着金子从帝国的各个地方来到罗马。因此，海盗们就在地中海内四处航行，设下埋伏抢劫这些满载着金子的船。

① [谜语答案]生活在耶稣基督诞生前100年的人，他们不可能知道耶稣基督会在什么时候诞生，因此不可能在所制造的硬币上写下这样的一个时间。

当恺撒成长为一个勇武多谋的年轻人后，他被派往地中海跟那些海盗作战，不料，他被海盗们俘虏了。海盗们把恺撒关起来，并把消息传到罗马，说如果他们没有收到罗马的一大笔钱的话，就不会放他出来。恺撒知道，如果钱没有送到，他就会被杀掉；他还知道，无论钱有没有送来，他都有可能会被杀。不过，恺撒并不害怕，不仅不害怕，他还告诉海盗，如果他活着回到罗马，就一定会带一个舰队过来，把他们这些海盗全部抓起来。然而最后，钱还是送到了，海盗们就放走了恺撒。他们觉得凯撒不敢那么做，觉得他只是过过嘴瘾罢了。无论如何，他们都不相信恺撒能抓到他们。可是恺撒却非常守信，他说到就一定会做到，他回来追寻这些海盗了，他抓住了他们并把他们都关进了监狱，最后把他们都吊死在了十字架上——这是罗马人惩罚强盗窃贼的方式。

罗马帝国中那些离罗马遥远的附属国家，经常会起来反抗罗马，想摆脱它的统治。因此罗马就需要一位将军来率领一支军队，把这些地方叛乱镇压下去。由于恺撒在对海盗的战斗中表现得非常英勇，因此就被任命为一支军队的统领，被派往其中的两个附属国执行镇压任务——一个是西班牙，另一个是西班牙北边被称为高卢的国家，也就是现在法国所处的位置。

恺撒把这两个国家的叛乱镇压了下去，然后他用拉丁文把这次战斗事迹写了下来，当然，拉丁文是他的母语。今天，恺撒写的这本书被叫做《高卢战记》，经常被初学拉丁文的人当成入门书籍。

在公元前55年的时候，恺撒乘船渡海，来到了大不列颠群岛——今天英国的位置——并征服了它，然后在下一年，即公元前54年，返回了罗马。

在那个时候，恺撒由于征服并统治着罗马帝国的西部地区而变得非常有名，此外，他在将士中也非常受欢迎。

不过，与恺撒同时的罗马还有一位将军，庞培。当恺撒和罗马帝国西部叛国作战的时候，庞培也在和罗马帝国的东部叛国作战并也取得了胜利。庞培是恺撒的一个非常要好的朋友，不过，当他看到恺撒征服了那么多土地、在将士中那么受欢迎时，就变得非常忌妒恺撒了。请注意，历史上有多少吵闹与战争仅仅是由于忌妒引起的，你们至少已经听说过两起这样的事例了。

因此，当恺撒带着他的军队在外面征战时，庞培来到了罗马元老院，说服了元老们，让他们下令让恺撒放弃军队领导权并回到罗马。

当恺撒接到罗马元老院送来的让他放弃军队领导权的命令后，他将整件事情仔细地考虑了一段时间。最后，他决定回到罗马，不过不是放弃他的军队领导权，而是，带领自己的军队回去接管罗马。

在罗马管辖的地区与恺撒统治的国家之间有一条小河，叫卢比肯河。罗马的法律禁止任何将领带领作战部队越过这条河——这是一条将领们不能逾越的边界。因为罗马人担心，如果一名将领带着他的军队离罗马城太近的话，他可能会攻入罗马，自称国王。

现在，恺撒不再遵从元老院的命令，他带着自己的军队越过了这条河——卢比肯河，向着罗马开进。

今天，人们将某个危险的分界线称为“卢比肯”；当一个人开始做某种自己必须完成的、困难而危险的事情的时候，他所迈出的那永不能回头的一步，人们也将它称为“穿越卢比肯”。

当庞培听说恺撒要打回罗马后，吓得拔腿就跑，逃到了希腊。没过几天，恺撒就成了罗马的统领，而且还成了全意大利的统领。然后，他追击庞培至希腊，在一场战役中把庞培打得一败涂地。

庞培被踢出局了，恺撒成了整个罗马帝国的最高统治者。

当时，埃及还不属于罗马。因此接下来，恺撒出兵埃及，征服了这个国家。不过，埃及那时候是被一位非常美丽的王后统治着，这位王后的名字叫做克娄巴特拉。克娄巴特拉非常迷人，看起来仿佛能够使世界上的每一个男人都拜倒在她的石榴裙下。克娄巴特拉向恺撒卖弄风情，把他迷得七荤八素，让他除了跟她做爱之外，几乎忘了所有的事情。因此，尽管恺撒征服了埃及，他还是让克娄巴特拉王后统治着这个国家。

就在这时，罗马帝国遥远的东部地区的一些人开始发动战争，想摆脱罗马的统治。于是恺撒离开了埃及，迅速到了叛乱发生地，把叛乱镇压了下去。然后，恺撒把他胜利的消息写信送回了罗马，这封信以最最拉哥尼亚式（你们还记得这个词吗？）的方式描述了这场战役，通篇只有三个单词。尽管一封信可以有3000个单词，但它与三个单词的意思是一样的。恺撒的这封信甚至用作电文也是非常简短的。它用拉丁文这样写道："Veni，vidi，vici"，意思就是："我来了，我看到了，我征服了。"

最后，恺撒回到罗马之后，罗马人想拥戴他为国王，或者至少是这么说的。恺撒在当时的权势已经比国王都大了，因为他是整个罗马帝国的最高统治者，只不过没有被尊为国王而已，因为自从公元前500年塔尔昆国王被驱逐后，罗马已经有很多年都没有国王了。罗马人曾经对国王又恨又怕；倘若有人成为国王，他就会被罗马人憎恨。

有一些人认为，恺撒已经拥有了太多的权力。他们相信，如果拥戴他为国王，后果将会非常可怕。因此，他们密谋阻止这件事情发生。这些密谋者中，有一位叫布鲁图，是恺撒非常好的朋友。

一天，恺撒想要去拜访罗马元老院。这些人就埋伏起来等着他出现——这就像我曾见过的情形：一些孩子埋伏在角落里等着他们的同学，他们忌恨这位同学，直到他从学校里面出来。

恺撒来了。正当他要进入元老院时，密谋者们一拥而上，把恺撒围在里面。然后他们一个个都拿着刀剑向恺撒身上刺去。

恺撒大吃一惊，他试着防卫。不过他身上只有一根铁笔，是用来写字的。所以他什么都做不了，只能挨刺。尽管有一句谚语说："笔比剑更有力量。"

最后，恺撒在人群中看到了布鲁图——他最好的朋友——也在刺他，他心碎了，于是放弃了抵抗。他用拉丁语大声喊道："Et tu，Brute！"这句话的意思是"还有你呀，布鲁图！"喊完这句话，恺撒就倒在地上死去了。这件事发生在公元前44年。

安东尼是恺撒的真正的朋友，他在恺撒的尸体旁作一场演讲。他的言辞非常激烈，鼓荡着聚集在他周围的人们。倘若他们可以抓住凶手，一定会将他撕成碎片。

莎士比亚写过一个剧本，叫《尤利乌斯·恺撒》。此外，七月份（July）是以恺撒的名字命名的。

现在，你们猜猜安东尼说的"最高贵的一位罗马人"是谁呢？

尤利乌斯·恺撒？

不是的，你们错了。是布鲁图，那个刺杀恺撒的朋友。他被安东尼称为“最高贵的一位罗马人”。

你们猜，这是为什么呢？

在莎士比亚的剧本《尤利乌斯·恺撒》的最后，你们读一下安东尼的演讲，就会知道答案了。

恺撒这个词在拉丁语中的发音是“kaiser”；后来，德国的统治者就被称为“kaiser”；另外还有一个国家把统治者简称为“Czar”。

34

一个被尊奉为神明的皇帝

一个人很有名气，甚至某个城镇或街道都是用他的名字来命名的。

你们是否想过要做一些伟大的事情，这样就会有一条小巷以你们的名字来命名了？

不过，你们只要想象一下，有一个月份，一年十二个月中的一个月份，是以你们的名字来命名的！

这样，成千上万甚至无穷无尽的人，他们就会永远写着你们的名字，说着你们的名字！

但我在这里要跟你们讲的这个人，不仅有一个月份是以他的名字来命名的，而且他还被奉为神明！

在恺撒被刺之后，有三个人统治了罗马。这三个人中，有一个是安东尼，恺撒的朋友，站在恺撒的尸体旁发表了一场著名的演讲。另一个人是恺撒的养子，奥克塔维厄斯，也就是屋大维。最后一个人的名字你们现在没必要知道，因为安东尼与屋大维很快就除掉了他。在安东尼、屋大维把第三个人挤出去后不久，他们俩就开始互相盘算着对方的地盘了。

安东尼统治着罗马帝国的东部。这一部分的首都是埃及的亚历山大，安东尼就住在那里。

在埃及，安东尼与克娄巴特拉坠入爱河，正如之前的恺撒那样。最后，安东尼跟克娄巴特拉结了婚。

屋大维统治的那份，是罗马帝国的西部。他后来跟安东尼、克娄巴特拉开战，把他们都击败了。安东尼被屋大维打败之后，感到非常没面子，于是就自杀了。

安东尼的遗孀，也就是克娄巴特拉，开始勾引屋大维，就像她以前对恺撒和安东尼做的那样。她希望屋大维也能爱上自己，以“爱”来赢得屋大维。

但是这种办法不管用。屋大维是一个跟恺撒、安东尼都不一样的男人。他冷漠而现实，他没有跟克娄巴特拉做爱的心思。他不会让一个女人把自己迷住，也不会把自己的计划搁置在一旁，他想成为这个世界上最伟大的男人！

克娄巴特拉见自己的勾引没起作用，然后又听说自己将被带去罗马并在街上游行，就像对待战场上的其他战俘那样。她受不了那样的羞辱，她不能被带去罗马。

当时在埃及，有一种叫角蝰的毒蛇，它的毒液是致命的。克娄巴特拉拿起一条角蝰蛇，把自己的胸前的衣服拉开，让角蝰咬了自己，于是，克娄巴特拉死去了。

现在，屋大维成了罗马所有附属国家的统治者。当他回到罗马城的时的候，人们都高呼他“皇帝”。于是，他放弃了自己的名字奥克塔维厄斯，让人们叫他“奥古斯都 · 恺撒”，这件事情发生在公元前27年。在公元前509年的时候，罗马曾废黜了它的国王；但在这时，它又迎来了自己的皇帝。皇帝的权力比国王要大得多，因为皇帝同时还统治着其他许多国家。

屋大维把自己的名字改成奥古斯都 · 恺撒的时候，只有36岁。这时的他，已经是罗马世界至高无上的唯一统治者了。罗马成了这个庞大帝国的大首都。在当时，罗马城很可能拥有像今天的纽约城这么多的居民；而罗马帝国拥有的子民，也很可能跟今天美国人民的数量一样多。

奥古斯都想把罗马建成一个美丽的城市。他拆除了许多砖建的古旧建筑，在原址上建起了大量崭新漂亮的大理石建筑。因此，奥古斯都经常自夸说，他接手的罗马是砖建的，而留下的罗马则是大理石做的。

在罗马，最精致完美的建筑之一就是万神殿。万神殿指的是供奉着所有神灵的庙宇。不过，请你们不要把雅典的帕提侬神庙

(Parthenon) 与这里的罗马万神殿 (Pantheon) 混淆起来，因为这两种建筑是完全不一样的，尽管它们的名字与发音看起来很接近。概括来说：帕提侬神庙是给女神雅典娜盖的神庙；而Pantheon（罗马万神殿）是由两个词“Pan”与“theon”组成，意思是“所有的神灵”。

罗马万神殿有一个圆形的屋顶，用混凝土制成。这个屋顶的形状就像一个倒扣过来的碗，在碗的顶部，有一个圆形开口，被称为“眼睛”，“眼睛”上没有任何东西覆盖。不过，由于万神殿非常宏伟高大，据说，即使雨从这只眼睛中落下来，也不能把地面打湿，因为它还没有落到地上就蒸发了。

由于有相当多的精美绝伦的建筑，罗马城显得辉煌而壮丽，并且由于它坚不可摧，因此被称为“永恒之城”。直到今天，还有人这么称呼它。

在罗马城里，有一处公共场地，人们叫它广场。这里经常会有集市，从各地来到这里的人们，买卖着各种东西。围绕着广场的，是一些神庙、法院，以及其他一些公共建筑。这儿的法院有点儿像希腊人建造的庙宇，只不过它们的圆柱子是在建筑物里面，而希腊人的庙宇，其圆柱是建在庙外的。

罗马还建造了许多道凯旋门，用来庆祝重大的胜利。当一名远征的

↑ 罗马广场

英雄从战场上归来时，他和他的军队就会以胜利游行的方式通过某道凯旋门。

罗马还有一个巨大的圆形竞技场，据说是有史以来最大的体育场馆设施——它可以同时承载20万人。也就是说，它能够接纳的人数，要比一个同等规模城市的人口还要多。这个圆形竞技场被称为马克西姆斯圆形竞技场。最后，由于人们要把地方腾出来修建其他建筑，就把它拆除了。

另一个巨大的圆形竞技场叫罗马斗兽场或罗马大角斗场，它是在奥古斯都去世一段时间后才修建起来的。罗马斗兽场可以同时承载的观众数跟罗马今天最大的体育馆所能承载的人数差不多。我以前跟你们讲过的那些在角斗士之间或角斗士与野兽之间的搏斗，就是在这里举行的。尽管它已经毁损得非常严重，但是依然矗立。你们去了那里之后，可以坐在古罗马皇帝以前坐的那个座位上，看看野兽曾经待过的那些洞穴，看看它们被放进竞技台的那些门，那上面甚至还有一些血迹呢，据说是那些被杀死的角斗士和野兽留下的。

在奥古斯都统治时期，出现过很多著名的作家，因此这段时期被称为奥古斯都时期。有两位最著名的拉丁诗人就生活在这个时代，每一位读完恺撒《高卢战记》的学生，都会接着读这两位诗人的作品。他们是，维吉尔与贺拉斯。维吉尔写过一部《埃涅阿斯纪》，讲的是特洛伊人埃涅阿斯经过重重历险、最终在意大利安定下来的故事。这位埃涅阿斯，就是罗慕路斯与勒莫斯的曾曾曾祖父。贺拉斯写过很多短诗，这些短诗被称为颂。它们是一些牧羊人青年男女之间的爱情歌曲，歌唱了田园生活。人们非常喜欢贺拉斯的这些颂歌，有一些人甚至把他们的孩子取名为贺拉斯。

奥古斯都·恺撒去世后，人们将他尊奉为神明，因为他为罗马作出了极大的贡献。人们建造了一些神庙，在神庙里供奉着他。除此之外，八月份（August）也是以他的名字命名的。

35

“天国、权力、荣耀，全属于你”

奥古斯都·恺撒曾是整个世界的统治者。

他接手了一个砖建的罗马，然后留下了一个大理石建造的罗马。

他让一个月份以自己的名字命名，并且，还被尊奉为神明！

显然，应该没有人比他更伟大了！不过，在他生活的时代，确实有一个人比他更伟大——一个更伟大王国的更伟大的统治者，拥有着更大权力与更大的荣耀。尽管奥古斯都本人对他一无所知，甚至直到他去世的时候都没有听说过他的名字。这个人，诞生在一个非常小的名叫伯利恒的村庄，村庄座落在奥古斯都的罗马王国的东部。他的名字叫耶稣基督。

在耶稣基督诞生之后的很多年里，除了他的家庭成员及朋友外，没有人知道或者关注过有关他诞生的任何细节，甚至没有投以最轻微的注意。

耶稣是犹太人，是一名木匠的儿子。年轻的时候，他在父亲的店里工作，过着非常俭朴、安静的生活。30多岁之后，他开始去传播他的教义。他四处活动，教给人们我们今天学到的基督教教义的那些东西。

他教导说，这世界上只有一个上帝。

他教导人们要像兄弟般相爱，一个人要像爱自己那样爱邻居。

他教导人们以金箴：“你们想要别人怎样对你们，你们就应该怎样对待别人。”

他教导说，人死后，还会过一种生活，对于这种生活来说，尘世间的短促一生仅仅是一种准备工作。为此，你们应当在尘世中做善事，“把你们的财富放在天国”。

穷苦的犹太人听了耶稣的教导后，开始相信他说的那些东西。他们觉得，耶稣应该把他们从罗马人的统治中解救出来，他们憎恨那些罗马统治者。随着越来越多的群众在聆听了耶稣基督的教诲后开始信任他，犹太人的主祭们开始害怕耶稣传教。因此，他们密谋将耶稣害死。

不过，如果没有得到耶稣居住地方的罗马管理者允许，那些想害死耶稣的犹太人也不可能得逞。那位罗马管理者叫彼拉多。他们找到彼拉多，告诉他，耶稣想推翻他的统治，自立为王。当然，耶稣经常说的是：他自己是天国的王，而不是地上的王。这些犹太人知道彼拉多根本不关心耶稣传的是什么教。在当时的罗马帝国，有各种各样的宗教——其中一些信仰偶像，另一些信仰太阳、月亮等等——多一个新宗教，对罗马人而言没有什么不一样，何况耶稣又没传播其他的东西，因此不可能会被处死。不过，这些犹太祭司们知道，倘若他们能够让彼拉多相信耶稣要自立为王的话，那么这就是一件可以把他钉死在十字架上的罪名。彼拉多对他们攻击耶稣的话并不是很相信，不过，处死耶稣或不处死耶稣对他来说，都不过是一件小事。他想让这些人满意，于是他告诉他们，因为他们想要弄死耶稣，所以他会将耶稣处死。这样，耶稣就被钉在了十字架上。

耶稣曾挑选了12个犹太人作为他的门徒一起传教。这12位门徒被称为使徒。在耶稣被钉死在十字架上后，这12位使徒就四处散开，向人们传播耶稣教导他们的东西。那些信仰并追随耶稣的人被称为基督徒或基督教徒。这12位使徒相当于老师，而信徒们则相当于学生。

罗马人认为，基督徒们正在试图建立起一个新的王国；他们还认为，基督徒们是跟罗马帝国对着干的，因此这些人都应该被抓起来，投进监狱。因此，基督徒们不得不在一些秘密地方，有时甚至是在地下举行他们的集会，这样就不会被发现或者被抓了。

但过了一段时间之后，基督教的首领们胆子越来越大。他们从这些秘密的地方走出来，公开传播他们的教义，尽管他们知道这样做迟早会被投进监狱并可能被处死。他们是如此强烈地相信耶稣教导他们的教

义，甚至他们看起来是在非常高兴地为基督教献身，就像耶稣被钉死在十字架上那样。

在耶稣去世之后的头一个100年里，有许多基督徒被当成叛国者处死。为基督教献身的基督徒被称为殉教者。第一位殉教者叫斯蒂芬，在大约公元33年被人用石头砸死。

在想办法弄死斯蒂芬的这些人中，有一个叫扫罗的人。扫罗是罗马公民，跟其他罗马人一样，他也常常为自己是罗马人而感到自豪。扫罗认为基督教是罗马帝国的敌人，因此他做了很多自己力所能及的事情，想方设法让基督徒受到惩罚。可是有一天，突然间，他完全改变了，他开始信仰基督教，信仰起这个他以前极力反对的宗教。无论扫罗做什么、信仰什么，他都是全心全意地去做、去信仰。尽管他从未见过耶稣，却还是成了基督徒的核心成员，成了使徒之一，并被人们称呼为“保罗”，这是他的罗马名字。

保罗热心地四下传播着这一新式宗教，就像他在一开始强烈地去反对它一样。于是，他也被判了死刑。不过，正如我刚才说的，保罗是罗马公民。罗马公民是不能被非罗马公民法官判处死刑的，也不能用钉十字架的通常方式来处死，所以保罗就向罗马皇帝呼吁。不过，他仍然被关进了监狱并在最后被斩首了。因此，保罗被人们称为“圣保罗”。

彼得是12使徒中的另外一位。耶稣曾经对他说：“我要将天国的钥匙交给你。”彼得也被投进监狱，后来被钉死在了十字架上。但他要求，把他钉死在十字架上时要头向下。因为他认为，以跟他的主耶稣一样的方式被钉死在十字架上，是一种太大的荣耀，他不能跟耶稣一样头向上。很久之后，罗马城中彼得被处死的地方建起了一座世界上最大的教堂，叫做圣彼得大教堂。

由于耶稣基督诞生之前的任何时间都被标记为公元前，耶稣基督诞生之后的任何时间都被标记为公元，因此你们自然会认为，0年就是耶稣基督诞生的那一年了。

但是直到大约500年后，人们才用耶稣基督的诞生年来计算年份。而到了那个时候，到了以这个事件的发生时间开始计算年份时，人们发现，他们犯了个错误。人们发现耶稣基督实际的诞生时间要比人们一贯认为的早 4 年，也就是，耶稣基督的诞生年是公元前4年——不过，在这个错误被发现的时候，要更正它已经太晚了。

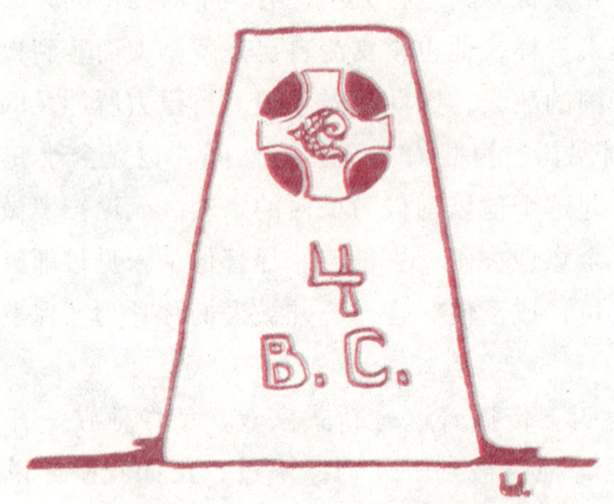

36

鲜血与雷霆

以前我曾养过一条纽芬兰犬，它是一个男孩拥有过的最要好的朋友之一。在我得到它之前，它就有自己的名字了；我不知道是谁给它取的名字；不过，不论这个人是谁，他或者是对历史非常无知，或者就根本不会选名字。这条纽芬兰犬，叫尼禄。如果它知道这个名字的主人是谁的话，那么甚至作为一条狗，它也会憎恶这个名字。

在每一个好听的故事中，通常会有一个坏人使得整个故事变得更加有趣。尼禄就是这个故事里的坏人。他是一位罗马皇帝，生活在耶稣基督时代之后。人们认为，尼禄是历史上最最残暴、最最邪恶的统治者。

尼禄杀死了他的妈妈。

尼禄杀死了他的妻子。

尼禄杀死了他的老师塞涅卡[①]，当然，塞涅卡不是一名坏老师。

我们认为是尼禄下令把圣彼得与圣保罗处死的，因为他们被处死的时候正是尼禄当政。

尼禄似乎能从折磨他人的过程中获得巨大的乐趣。他喜欢看人类被野兽撕成碎片，这会让他非常愉快。我曾见过有些男孩子喜欢把石头扔到狗身上，只是为了听到它们哀鸣；我也见过有些男孩子把蝴蝶的翅膀撕掉。这样的男孩子肯定有一些尼禄那样的坏心眼，你们不觉得吗？

① 马太福音，16:19。

如果一个人是一名基督徒，那就给了尼禄以折磨他的借口。尼禄让人把一些基督徒用柏油包裹起来，然后把他们放在宫殿花园的四周，再用火把他们点燃，就像点燃火炬那样。据说，尼禄甚至还在罗马城里放火，只是为了看到城里烧起来的场景。放火之后，他坐在一个高塔上，一边观看火焰四处蔓延，一边弹奏着竖琴。有谚语说："罗马猛着火，尼禄乱弹琴。"这句谚语里的琴指的是小提琴，不过，在尼禄的那个时代还没有小提琴，因此我们知道尼禄弹的肯定是竖琴。这场大火烧了七天七夜，把罗马城的一大半都烧毁了。后来，尼禄嫁祸基督徒，说是他们放了这场火。你们是否曾把自己做过的坏事嫁祸给别人？

有些人认为尼禄是真的疯了，我们希望他是真疯了。因为人们很难相信，一个没疯的人会做出那样的事情来。

尼禄为自己建造了一座宏大的宫殿，并非常奢侈地用黄金、珍珠来铺设。这座宫殿非常有名，被人称为尼禄的黄金宫殿。在黄金宫殿的正门位置，尼禄放置了一个他自己的庞大的青铜雕像，足有50英尺高。后来，尼禄的黄金宫殿跟他的青铜雕像都被毁了，但是那个在几年后建造的罗马斗兽场，其名字Colosseum仍然来自尼禄"coloss-al"（巨大）雕像中的"巨大"一词。

尼禄非常狂妄自大，他认为自己可以写非常优美的诗歌，可以唱非常好听的歌曲。尽管他这两件事都做得非常糟糕，他还是喜欢向人炫耀，没人敢当面嘲笑他。假如有人敢取笑他或仅仅是微笑一下，他就会立刻把这个人处死。

甚至不是基督徒的罗马人都对尼禄又怕又恨，因此他们投票让尼禄滚蛋。但是他们在做这件事之前，尼禄先听说了。为了免受处死的耻辱，尼禄决定自杀。不过，他是一个非常胆小的懦夫，他甚至都不能准确地将剑插进心脏。在尼禄还在犹豫、还在用剑尖对着胸膛呜咽的时候，他的奴隶等得不耐烦了，把剑推了进去。就这样，罗马摆脱了它最坏的统治者。

以上是"鲜血与雷霆"的第一部分，接下来是第二部分：

耶路撒冷的犹太人不喜欢罗马人统治他们，他们从来就没喜欢过。可是，他们不敢为此做更多的事情。不过，在公元70年的时候，他们起来造反了。就是说，他们不再服从罗马的统治了，也不再向罗马纳税了。于是罗马皇帝派了他的儿子提图斯，带领一支军队前来镇压，仿佛他们是一群不听话的孩子，他要惩罚他们。

犹太人拥进耶路撒冷，对罗马军队作最后的抵抗。但提图斯完全摧毁了这座城市，屠杀了城中的犹太人，据说被杀害的犹太人有100万人之多。接下来，提图斯抢劫了耶路撒冷最伟大的所罗门神庙，把里面值钱的装饰物都带回了罗马。

为了庆祝这次攻占耶路撒冷，罗马人在罗马广场上建起一道凯旋门，提图斯带着他的军队在鲜花与掌声中通过了这道门。在这道凯旋门上，有一组浮雕，描绘的是提图斯的军队带着他们抢来的物品离开耶路撒冷的情形。在这些战利品中，最主要的就是从所罗门神庙中抢到的黄金七臂烛台。今天，我们可以看到这座七臂烛台的许多黄铜仿制品。或许在你们家的壁炉架上，就有这样一座铜的七臂烛台。

耶路撒冷城后来被重建，但离开那里的很多犹太人从此就散布在世界各地，在其他国家居住、生活。

提图斯后来成了皇帝。他除了屠杀过很多犹太人之外，还算是一个好皇帝，正如你们可能猜得到的那样。提图斯认为，他杀死这些人是对的，因为这些人要起来反叛罗马。此外，提图斯还信奉一条日常生活准则，这条准则跟今天童子军的准则差不多，其内容是：“每天至少做一件善事。”

这个故事的第三部分是“雷霆”。

在意大利有一座火山，叫“维苏威火山”。你们还记得“火山”（volcano）这个词来自于“伏尔甘”（Vulcanus）吧，火神伏尔甘是个铁匠神。人们相信，他的火炉就在维苏威火山的中心，那些浓烟、火光、烟尘都是从他的火炉里喷出来的。维苏威火山会不时地发出雷鸣般的声音，产生剧烈的震动，然后不时地喷出火焰、气体来，还会有熔化的岩石沸腾着流出来，这些熔化的石头被称为岩浆。尽管如此，仍然有人在附近建起房子与市镇，甚至就在火山的边上居住。每隔一段时间，当火山喷发的时候，人们的房屋就会被毁。不过，他们还会回来，在原来的地方重建房子！

▲ 正在喷发的维苏威火山，山脚下是庞贝城

在提图斯时代，维苏威火山的脚下有一个小镇，名字叫庞贝。富裕的罗马人经常去那里避暑。突然，有一天——公元79年的一天，也是提图斯刚当上皇帝不久的一天，维苏威火山开始向外喷火了。住在庞贝城里的人们四散逃命，但是他们没有时间了。他们吸进了许多火山喷出来的烟气，几乎立刻就倒下死去了。当火山开始爆发的时候，他们就在原来的地方，被深深地埋进了沸腾的熔岩。

这些人以及他们的房屋躺在火山灰中将近2000年，在这段时间里，所有人都忘了那里曾经是庞贝。人们像往常一样来到这里，在庞贝的废墟上建造起了房子。每个人都忘了这里曾经是一座城市。后来有一天，有个人想打一口井。他挖到了一个人的手——不，不是一只真正的手，而是一只手的雕塑。他告诉了其他人，于是他们就一起挖啊挖，看看还能找到其他什么东西。最后，整座市镇被挖了出来。今天，如果有人去庞贝，就能发现，这座城市跟公元79年还没被毁时是一模一样的。

在庞贝城，有一些罗马人的房子，他们有时会去那儿度假。那里还有一些商店、庙宇、宫殿、公共浴室、剧院以及市场或广场。城里的街道都是用火山灰铺成的，这些火山灰是岩石熔化后凝结成的。在街道的路面上还有着车轮辗过的磨损痕迹，它们是以前罗马人经常行驶的马车留下的。在一些十字路口还放着一些垫脚石，这样在雨下得很大的时候，如果街道上积满了水，人们就可以踩着它们从路的一边走到另一边。这些垫脚石至今还在。房屋里的地板是由一块块彩色的石头组成的，它们拼成了一幅幅图案。这些图案至今还保留着。在一间房子门廊的地板上，拼着一条狗的马赛克图案，图案的下方有一句拉丁语："Cave canem。"它是什么意思，你们能猜到吗？它的意思是："小心有狗！"这是2000年前罗马人的幽默！

被火山吞没、活埋在火山灰中的人们的骨头也被发现了。他们还发现了女人戴的青铜首饰，居家装饰用的花瓶，还有罐子、锅、盘子等等。床跟椅子在被发现的时候就跟被埋的时候一样。值得一提的是，桌子上还有一些蛋糕，一块吃了一半的面包，将要烹调的肉，一个壶架在火上，下面还有一些灰——灰里有蚕豆、豌豆和一个没被打破的蛋——很可能是世界上最古老的蛋了！

37

一个好皇帝与他的坏儿子

你们是否曾说过："我不在乎"，但其实你们心里很在乎呢？

我曾经这样过。估计每个人都这样过。

你们以前可能很淘气，于是家长可能会对你们说，不许吃甜点了，或者必须早点儿上床睡觉，然后你们就摇着头说："我不在乎。"

嗯，从前有一个学派或者说俱乐部，它是由成年人组成的。它的成员们说，他们从来都不在乎有什么事情发生在他们身上，不管这些事情是好的还是不好的，都没什么区别。我看应该把这个俱乐部称为"不在乎俱乐部"，不过这些人把自己称为"斯多亚主义者"。他们认为，达到善的方法，就是"不去在乎"。

倘若一名斯多亚主义者的房子被烧为平地了，他也会对自己这样说，并试着让自己相信："我不在乎，这没关系。"

倘若有人给他100万美元，他也会说："我不在乎，这没关系。"

倘若医生告诉他，他将在下周去世，他也会说："我不在乎，这没关系。"

这个斯多亚学派是由一位叫芝诺的希腊哲学家开创的。

芝诺生活在雅典，他的活动时期比苏格拉底、柏拉图这些哲学家要晚一些，你们已经在上文中听我说过苏格拉底和柏拉图。芝诺说，要想变得善、快乐，唯一的办法就是不要去在乎快乐，也不要去在意痛苦和苦难，而是平静地去接受任何事情，不管这些事情是多么令人不愉快，

多么让人厌恶。斯多亚学派的人都相信他所说的这些。甚至在今天，有一些人在忍受着麻烦、痛苦和艰辛时也不吭一声，人们把这种人称为斯多亚主义者。

斯多亚学派的一位重要成员就是罗马皇帝奥勒留。

罗马最坏的皇帝尼禄，已经去世100年了，后来，宝座上迎来了一位新皇帝。这位皇帝非常之好，尼禄有多坏，他就有多好。他的名字叫做马可·奥勒留。不过，尽管奥勒留非常善良虔诚，他却不是一个基督徒。实际上，他对待基督徒非常差劲，和前面的几届皇帝一样差劲。因为他认为，基督徒是罗马的叛徒。

在这个时代，大部分罗马人都不信什么宗教。他们不是基督徒，也不很相信自己的神明，比如朱庇特、朱诺以及其他的神。他们之所以敬仰这些神，一方面是因为从小到大，被家里要求敬仰供奉；另一方面，他们认为，如果他们不这样做，神明就可能会给他们带来厄运，因此他们没的选择。不过，在许多不相信神明的罗马人中，很多人通常会相信一些智者或哲学家的教导，或者多多少少遵从这些人制定的规范。芝诺就是这样一位哲学家，也是斯多亚主义者即斯多亚学派的成员。

尽管马可·奥勒留是一位皇帝，但他更多的时候是一名斯多亚学派的哲学家，或者更像一位僧侣。尽管他曾做过士兵，做过将军，还是一名作家。他外出领军打仗时，会随身带着写作材料，等晚上回到帐篷后，就把自己的一些思想写下来。他把这些思想称为“沉思”，后来集合成册，叫做《沉思录》。下面是他写的一段话：

在天亮的时候，如果你们懒得起床，要对自己这样说：我要起来，去做一个人的工作。难道我什么都不做，只是蜷卧在被窝里取暖吗？

这些话是在很久很久以前就写下的，不过你们的爸爸也可能在早上跟你们说过同样的话。

马可·奥勒留的《沉思录》原文是用希腊文写的，你们可以读读希腊文原著，也可以读读英文译本。

《沉思录》中的许多言语，看起来似乎是应该出现在《圣经》中的。实际上，很多人都会随身带着这本书，仿佛它就是一部《圣经》。

马可·奥勒留的一条原则是："原谅你们的敌人。"他似乎很高兴遇到敌人，这样他就能有机会原谅他们了。实际上，马可·奥勒留从原谅敌人中得到了非同寻常的快乐，他甚至想尽各种办法去做到这一点。尽管马可·奥勒留不是一名基督徒，但是他的行为，比起后面的据说是基督徒的那些皇帝，倒更像基督徒。

可是正像许多自身非常优秀的人那样，马可·奥勒留没办法把他的儿子培养成像他那样的好人。他的儿子叫康莫得斯，他非常之坏，他爸爸有多好，他就有多坏。他可能在儿童时期就受够了太多奥勒留的教导，因此当他长大成人、可以自己选择想做的事情之后，他没有追随芝诺加入斯多亚学派，而是加入了另外一个哲学组织，它的领头哲学家叫伊壁鸠鲁。

伊壁鸠鲁跟芝诺几乎生活在同一时代。但他传授给人们的，起初一看仿佛就是芝诺学说的反面。伊壁鸠鲁认为，一个人的主要目标与追求、世界上的唯一的善，就是享乐；不过，他同时也说，享乐必须是正确的享乐。今天，人们把那些喜欢吃好吃的东西、生活中全部的念头都是纵情吃喝的人，称为"享乐主义者"（epicures），它跟伊壁鸠鲁（Epicurus）就差一个字母。

康莫得斯的全部追求就是享乐，而且是享乐中最糟糕的那种。我的一位朋友认为：马可·奥勒留是非常好的一个人，他以自己的名字给儿子取名，叫做"马可·奥勒留·琼斯"。可是他的儿子长大后却跟他一点儿也不像。"康莫得斯"这个名字可能更适合他。他不会考虑善良虔敬的事，而是一天到晚就想着享乐，而且还如此坏，最后，他被投进了监狱。

康莫得斯从来没想过要给他的人民一个好的政府，他只想用大把的时间享乐。他是一个运动员，有着健美的肌肉与匀称的身材。他对自己的体格非常自豪，甚至为自己雕了个塑像。这尊雕像显示，他的身材强壮而健美，就像大力神赫拉克勒斯一样。康莫得斯让人们像供奉神明一样去供奉他。仅仅为了炫耀自己的肌肉和力量，他去参加了一场又一场的职业摔跤比赛——对于一位皇帝而言，这是一种恶趣味。如果有

人指出他的错误或者批评他，他就会把这个人毒死或者处死。他过着无节制、酒色浪荡的生活，最后，他得到了应有的结局：被一名摔跤手扼杀。

倘若莱克格斯看到这一切，他会再一次说：

“我跟你们讲过的嘛！”

38

I—H——S———V————

这个故事的名字，我会放到最后再跟你们说。这是因为，只有你们听完这个故事，才能知道它的含义，因此提前知道是没用的。

自从耶稣被钉死在十字架，这些年中，那些自称信仰耶稣基督的人都遭到了可怕的对待——我们称之为“迫害”——因为他们是基督徒。他们被鞭子抽打、被石头砸、被铁钩撕扯、被火烘烤、被放在火上烧，被以各种方法处死。不过，很奇怪的是，尽管这些基督徒受到了非常可怕的迫害，每天还是会有越来越多的人成为基督徒。他们强烈地相信人死后的生活是存在的，他们还相信，如果为了耶稣基督而牺牲，那么他们在死后会过上更幸福的生活。因此，他们似乎在非常快乐地受苦、赴死。不过到了最后，皇帝自己下令，停止所有的宗教迫害。下面是事情发生的经过：

大约在公元300年的时候，罗马出现了一位皇帝，他的名字叫君士坦丁。君士坦丁不是一名基督徒，他所信仰的神明是古代罗马人的那些神明。不过，他很可能并不很虔诚地信仰着他们。

有一次，君士坦丁跟一支敌军交战。夜里，他梦见了这样的情景：天空中出现了一个闪光的十字架；十字架的下方写着一行拉丁句子：“In hoc signo vinces。”意思是：“有此标记，汝可取胜。”君士坦丁认为，这句话指的是，如果他让将士们戴上基督教十字架的话，他将能够取胜。他觉得，这样试一试，至少是值得的。因此他让将士们都戴上了十字架。结果，他真打赢了这场战争。于是，他立刻变成了一名基督徒，并且要求罗马帝国的每一位公民都成为基督徒。从那时起，君士坦丁以后所有的罗马皇帝都是基督徒，除了其中的一个。

为了庆祝君士坦丁的胜利，罗马元老院在罗马广场上建起了一道凯旋门，称之为君士坦丁凯旋门。君士坦丁凯旋门有三个拱门，而提图斯的凯旋门只有一个拱门。

君士坦丁的妈妈叫海伦娜，她很早的时候就成了一名基督徒并接受了洗礼。后来，她把自己的一生都奉献给了基督教事业。她在伯利恒和橄榄山上建立了一些教堂；据说她还去过巴勒斯坦，找到了300年前耶稣被钉死的那个十字架，并把其中一部分带回了罗马。她在去世之后被封为圣徒，被人们称为圣海伦娜。

君士坦丁在圣彼得被钉死的地方建立了一座教堂。许多年后，这座教堂被拆除了；拆除之后，人们在原地又建起了一座更大、更宏伟的教堂来纪念圣彼得。

不过，君士坦丁并不是很在乎罗马。他宁愿住在罗马帝国东部的另一座城市里。这座城市叫拜占庭。后来，他从罗马搬到了拜占庭，并将这座城市定为首都。拜占庭被称为新罗马，之后，又改名为君士坦丁之城。在希腊语中，城市是“polis”，我们可以在Annapolis（安纳波利斯）与Indianapolis（印第安纳波利斯）这两个词中看到它。因此，君士坦丁之城又变成了Constantinepolis，然后又被缩略为Constantinepole，即君士坦丁堡。

罗马帝国成为基督国家之后没多久，就发生了一场争吵。这场争吵的双方都是基督徒，其中一方相信的是这个，而另一方相信那个。他们争吵的主要问题是：耶稣基督是否等同圣父上帝。君士坦丁把争吵的双方召集到一个叫尼西亚的地方来解决问题。在那里，双方的带头人对问题展开了激烈的争论。最后，会议达成共识：在基督教内部，应该相信圣子上帝就等同于圣父上帝。然后他们一致同意把这些大家都相信的东西以文字形式记录下来。这些记录被称为“信条”，意思是“相信”。由于会议是在尼西亚召开的，因此它又被称为《尼西亚信经》。许多基督徒直到今天还会在每个星期天读诵它呢。

在君士坦丁的时代之前，世界上是没有每个周末的假期的。星期天跟一个星期中的任何一天都是一样的。人们在其他天里做什么，在星期天也同样做什么。君士坦丁认为，基督徒应当从每周中抽出一天来敬奉上帝——一个“主的日子”（holy day），或者说假期（holiday），就像我们称呼的那样——因此，他下令，把星期天定为基督徒的休息日或者“主日”，就像犹太人把星期六定为安息日一样。

不过，尽管君士坦丁是罗马帝国的领袖，但是还是有另外一个人，全世界的基督徒都把他看成是他们的精神领袖，这个人就是罗马的大主教。在拉丁语中，他被称为“papa”，它在拉丁语中的意思跟在英语中的是一样的，都是指“爸爸”。因此，罗马大主教就被称为“papa”，后来变成了“pope”（教皇）。据说圣彼得担任过第一任罗马教皇。这么多世纪以来，教皇成了世界各地基督徒们的精神领袖，无论这些基督徒生活在哪个国家。

现在，你们知道这个故事题目的意思了吧，我把它写在下面：

In Hoc Signo Vinces（有此标记，汝可取胜）

39

我们的野蛮人祖先

罗马和罗马帝国走运的日子快结束了。罗马帝国曾经达到过鼎盛时期，现在，它没落了，它最强大的时期已经过去了，现在轮到它被征服了。不过，你们绝对猜不到，是哪个民族征服了罗马，最后成了世界的新霸主。

当我还是个孩子的时候，有一群野孩子，他们住在煤气房跟铁路旁。他们衣衫褴褛、不洗澡、不上学，但却是一群可怕的打手。他们的首领我们称之为坏蛋麦克，只要有人提到他和他的流氓团伙，我们就会担惊受怕。他们会不时地去拜访我们的邻居。有一次，他们威胁说要打我们一顿，之后就有了可怕的后果：只要听到他们要过来的消息，警报就会拉响，然后我们就躲到屋子里去。

在罗马帝国的北部边境上，很长一段时期内，也活跃着这样一个半开化半野蛮的团伙。他们每隔一段时间，就会试图穿越边境进入罗马境内。因此罗马人就不得不持续地跟他们打仗，把他们赶回原来的地方。尤利乌斯·恺撒跟他们打过仗，马可·奥勒留和君士坦丁也跟他们打过仗。这些野蛮好战的人被称为条顿人或日耳曼人——你们听到可能有点儿震惊，但——他们是我们大部分人的祖先！

这些人长着浅色的头发与蓝色的眼睛，也就是说，他们长着我们所说的金发碧眼。生活在地中海沿岸的希腊人、罗马人以及其他种族的人，他们长着黑色的头发与深色的眼睛，我们称之为黑发黑眼。如果你长着浅色或棕色的头发，那么你很可能就是一个条顿人；而如果你长着黑色的头发，那么你很可能不是日耳曼人。

条顿人是白人，他们是雅利安人。不过，条顿人是未受过教育的野蛮人，既不会读书也不会写字。

条顿人不穿用布做的衣服，而是披着兽皮。他们生活在树干做的棚屋里，有时候他们会把树木的枝条编在一起——就像一个大篮子。妇人们种植蔬菜、照料牛马；男人们去打猎、战斗、打铁。打铁是非常重要的工作，因为他们用铁制造战斗用的剑和长矛，他们还会制造铁的劳动工具。这就是为什么史密斯（即铁匠）这个名字在他们中间非常受尊敬的原因。

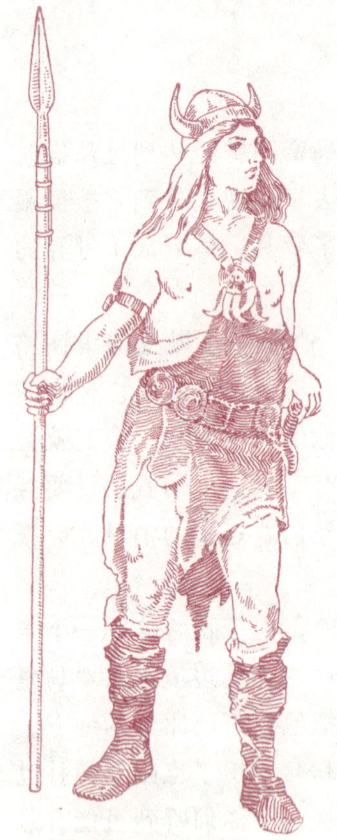
↑ 条顿战士

条顿人去战斗的时候，会戴上以前杀死的兽头，比如说戴一个牛头，上面带着角跟全部的东西，或者是一个狼头、熊头、狐狸头等等。这使得他们看起来非常凶猛、面目狰狞，可以恐吓敌人。

条顿人认为勇敢是最重要的。一个男人，他可以谎话连篇，他可以偷窃成性，他甚至可以犯下罪行，但只要他是一个勇敢的战士，他就是一个“出色的”男人。

条顿人没有国王，他们的首领是自己选出来的。当然，他们总是会选最勇敢最强壮的男人做他们的首领。不过，首领是不能让自己的儿子接班的。因此条顿人的首领更像总统，而不像国王。

条顿人有着与希腊人、罗马人截然不同的一套神明体系。他们的主神，你们可能会猜到，就是战神，他们称之为沃登。沃登还是天空之神。他就像两位希腊神朱庇特、马尔斯合成了一个神一样。据说，沃登生活在天空中一个奇妙的宫殿里，这个宫殿被称为瓦尔哈拉殿堂。关于沃登做过的非凡事迹以及他的历险经历，在许多传说中都有记录。

Wednesday（星期三），曾经被写成Wodensday（沃登的那天），就是以他的名字来命名的。这就是为什么在Wednesday这个单词中有一个字母“d”，尽管不发音，却仍然在里面。

在沃登之后，托尔是另一位最重要的神。托尔是雷鸣、电闪之神，他拿着一把大铁锤和生活在极寒之地被叫做“冰巨人”的那些巨人打仗。Thursday（星期四），曾经被写成Thorsday，就是以他的名字来命名的。

另一位神叫蒂乌（Tiu），星期二（Tuesday）是以他的名字来命名的。还有一位神叫弗雷娜（Freya），星期五（Friday）是以她的名字来命名的。以上就是一星期七天中四天的名字的起源，它们都来自条顿诸神，这里面存在着这样一个事实，即，我们都是——我们中的大多数——基督徒，却并不信仰这些神明。

至于一星期七天中的另外三天，星期天（Sunday）与星期一（Monday）当然是以太阳和月亮的名字来命名的；而星期六（Saturday）则是以希腊农神萨杜恩的名字来命名的。

据说，今天所有金发的人都是这些野蛮人的后裔——英国人、法国人、德国人，还有我们这些远祖是英国人、法国人或德国人的美国人。

大约在公元400年的时候，这些条顿野蛮人成了罗马人的大麻烦。他们开始侵犯罗马边境，进入了罗马帝国的北部地区。又过了一些年，罗马人再也不能把他们赶回去了。条顿人中的两个群落或部落，渡海登上了不列颠群岛。而住在这里的罗马人发现，对抗条顿人最明智的做法就是从这里逃走，回罗马去。于是，这个国家就被留给了条顿人。

定居在不列颠群岛的这两个部落被称为盎格鲁-撒克逊人。因此这个国家渐渐地被称为盎格鲁人的土地，或者缩略为“盎格鲁之地”（“Angle-land”）。在Angle-land这个词被说了许多年之后，它变成了“England”（“英格兰”）也就是我们今天称呼的这个国家的名字。直到今天，英国人的全名还被称为“盎格鲁-撒克逊人”。并且，我们把在公元400年左右定居在不列颠群岛的盎格鲁人与撒克逊人的古条顿部落后裔，都一并称为“盎格鲁-撒克逊人”。

另一个群落被称为汪达尔人，他们侵入了高卢。高卢是法国现在所处的位置。然后这些人继续侵入西班牙，偷盗、打砸、烧掠，就像万圣节前夕的坏蛋麦克团伙那样。接着，他们乘船侵入非洲，并沿途破坏了路上遇到的所有东西。因此在今天，假如有人恶意地破坏或毁坏财物，我们就称他为汪达尔人。如果你削自己的课桌，撕自己的书本，或者把名字涂到墙上、围墙上，那么，你也是一个汪达尔人。

另一个叫弗兰克（Frank）的条顿人部落在汪达尔人之后侵入高卢，他们在那里住了下来，因此这个国家后来就被称为“法国”（France）。

意大利北部的条顿人被称为哥特人，他们有一个名字叫阿拉里克的首领。阿拉里克就是哥特团伙的“坏蛋麦克”。他带领着哥特人翻越大山，侵入了意大利。在那里，他们抢劫、破坏了见到的所有的好东西。然后，他们进入罗马城，把那里洗劫一空，而罗马人没办法阻止他们。不过，最坏的情形还没有出现。

白种野蛮人与黄种野蛮人遇到世界霸主

条顿人是野蛮人，但他们是白人。

在条顿人的极北与极东的位置，住着一群部落，他们比条顿人更野蛮、更凶悍。他们被称为匈奴人。他们住在离条顿人很远的森林里，过着比条顿人更野蛮的日子。那个时候，没人知道关于他们的更多事情了。

匈奴人长得跟我们想象得不太一样，他们不像条顿人那样白，他们是黄色人种。尽管条顿人是非常凶悍的战士，但即使是他们也害怕匈奴人。因为害怕匈奴人，想离他们越远越好，所以条顿人就到了罗马帝国的边境。跟罗马人作战，要比跟匈奴人打仗容易多了。

匈奴人不大像人类，而是更接近于野兽。他们的首领是一个非常可怕的人，叫做阿提拉。他吹嘘说，他马蹄踏过的地方，那是再也长不出什么东西来的。他领导着匈奴人从东方一路杀来，征服、破坏了许多国家，几乎都到了巴黎。最后，条顿人在一个叫沙隆的地方跟他们打了一场恶战，沙隆就在巴黎的不远处。

条顿人孤注一掷，他们战斗得异常激烈。这是一场白种野蛮人跟黄种野蛮人的战斗，最后匈奴人被打败了。幸亏他们被打败了，因为如果他们打赢了，这些可怕的野蛮黄种人，将会征服并统治世界。白种野蛮人已经够坏了，这些黄种野蛮人则更可怕。因此，公元451年发生的这场沙隆之战，就可以记成——沙隆451。

匈奴大军在被打败后，他们甩开了条顿人，去追逐罗马人。他们调转方向，去了意大利，在那里无人能撄其锋。他们一路上烧杀抢掠，所到之处，片瓦无存。意大利人甚至不敢跟他们正面交峰，他们觉得匈奴人是一群怪物，因此望风而逃。就这样，匈奴人到了罗马。

当时，罗马的教皇叫利奥一世，利奥的意思是狮子。当然，教皇利奥既不是一名战士，也不是一名和战斗相关的人员，但他和他的主教以及红衣主教们却从罗马城中出来，会见了阿提拉。他们没有穿盔甲，也没有任何一个人拿着武器。教皇和这些主教都穿着华丽的长袍，衣服的颜色非常鲜艳。看起来，他们一定会被阿提拉和他的军队残忍地杀掉，就像羔羊被摆到狼群面前那样。

不过，在阿提拉跟教皇会晤的时候发生了一些奇怪的事情，没人知道究竟发生了什么。或许阿提拉被这些基督徒的气势与光芒镇住了；或许他有点儿害怕，如果杀死了这些似乎从天国来会见他的神圣存在，那么天国可能会对他不利。不管怎么样，阿提拉没有杀掉他们，也没有进入罗马，而是掉头离开，离开了意大利，而且是永远离开。然后他带领着他的匈奴大军回到了他们无人知晓的北方老巢。

可怕的阿提拉走了，在非洲的汪达尔人看出这是他们进攻罗马的好机会。阿提拉才刚离开意大利，汪达尔人就从非洲乘船渡过了台伯河到了罗马。他们轻而易举地攻下了罗马城，在城里为所欲为，然后带走了所有的金银财宝。

可怜的古罗马！它最后还是被打败了，而且败得如此彻底！它在以往漫长的岁月中一直是世界的霸主，但现在，它失去了所有的威势，又老又弱，不能再保护自己免遭那些野蛮团伙的蹂躏了。罗马的最后一任皇帝有一个响亮的名字——罗慕路斯·奥古斯都罗斯。这串名字中前面的罗慕路斯是名，跟罗马第一任国王的名字相同；后面的是姓，奥古斯都罗斯，意思是小奥古斯都。不过，尽管有着这么响亮的名字，罗慕路斯·奥古斯都罗斯却对这些事情无能为力。他就像一个住在路边大理石房子里的小男孩，长着卷曲的头发穿着天鹅绒的衣服，有一天，被坏蛋麦克发现了——你们可以猜测余下的部分。“恺撒大帝的幽灵！”恺撒大帝如果活着，他会有怎样的感触！

公元476年，罗马陷落。以罗马城为首都的帝国西部被撕成了碎片，

这些碎片被条顿人统治着。就像鸡蛋男孩一样，罗马摔了一大跤后就再也没能爬起来，帝国所有的马匹、军队都不能再重新拼凑到一起了，只有以君士坦丁堡为首都的帝国东部地区仍然还在坚持。罗马帝国的东部地区一直没有被野蛮人征服，它又继续维持了将近1000年，直到——等等吧，到我们讲到那个时代的时候再讲它吧。

人们把公元476年作为古代历史的终结。在古代历史之后，大约有500年的时间，这段时期被称为“黑暗时期”——历史中的黑夜。“黑暗时期”从公元476年开始，到大约公元1000年结束。在此期间的几个世纪，就是“黑暗时期”。之所以这样称呼，是因为，在这段漫长的时期中，条顿人——这些没有受过教育的野蛮人，他们甚至不会读书也不会写字，却统治着欧洲，统治着那些受过教育的文明人。

条顿人，尽管他们是非常粗鲁的野蛮人，不过非常奇怪的是，他们很快就向被他们征服的罗马人学会了很多东西。甚至在征服罗马之前，大部分的条顿人就已经成了基督徒。

当然，为了跟那些被他们征服的人交流，他们也学会了拉丁语。不过，条顿人把拉丁语改变了很多，混杂进了许多他们自己的语言。这种混杂了他们自己语言的伪拉丁语最后变成了意大利语。去了西班牙的条顿人，也以相似的方式把他们自己的语言跟拉丁语混杂在一起，最后这种混合的语言就成了西班牙语。而在法国，这两种语言的混合语最后就变成了法语。

不过在大不列颠群岛上，盎格鲁-撒克逊人和罗马人之间并没有发生什么关系，因此他们没有使用罗马人的语言，而是继续保持着自己的语言特征。过了一段时间后，盎格鲁-撒克逊人说的这种语言就被称为英语了。盎格鲁-撒克逊人还一直保持着他们自己的宗教传统，直到100年之后，即大约公元600年的时候，他们还信仰着自己的神明，比如托尔、沃登以及其他神明。

那个时期，有一些英国奴隶被运到罗马的奴隶市场上买卖。这些奴隶非常英俊，教皇看到之后就问他们是谁。

“他们是盎格鲁人。”卖奴隶的人回答道。

“盎格鲁（Angles）！”教皇惊呼道，“他们这么英俊，可以做

‘天使（angels）’了！他们显然应该是基督徒啊！”

因此，教皇就派了一些传教士去英国把基督教传播给英国人，把盎格鲁人变成天使。就这样，英国人最后也成了基督徒。

黑暗时代

在历史的时钟上，指针已经指向了500点。

夜幕降临了。

黑暗时代开始了。

至少，黑暗时代是今天的人们对它的称呼。而在当时，人们并不这样称呼他们的时代。

疯狂的人并不知道自己是疯狂的。

无知的人并不知道自己是无知的。

无知的条顿人统治着西罗马帝国的各个破碎地区。

他们不会读书，他们也不会写字；
他们什么也不懂，他们就会打仗；
他们不知道此时，黑得就像夜晚。

但是在君士坦丁堡，有一位罗马人仍然统治着整个东罗马帝国。他叫查士丁尼。不过那个时候，罗马人要遵守的法规有一大堆。一堆法律条文在一起，就很容易把人们弄糊涂。这部法律告诉你们可以做这个事情，而那部法律告诉你们不可以做这个事情。就像你们的妈妈告诉你们，今天晚上可以待到九点再睡觉；但是你们的爸爸却对你们说，你们必须八点就睡觉。因此，人们很难弄清楚，到底什么事情是

应该做的，什么事情是不可以做的。

为了把这种混乱的状况理清，查士丁尼制定了一整套法典来管理他的人民。这套法典中的许多条文非常完善、非常公正，直到今天它们仍然被各国使用。如果你们注意到，Justinian（查士丁尼）这个词是以“Just”（公正）开头的，那它可能会帮你们记住，查士丁尼是制定了一些“公正”法律的那个人。

查士丁尼还做了另外一件事情，其影响也持续到今天。那就是，他在君士坦丁堡建造了一座非常美丽的教堂——圣索非亚大教堂。尽管它现在不再是一座教堂了，但是它仍然还在，成了一道优美的景观。此外，查士丁尼还做了另外一件事，这件事你们可能永远都猜不到，它跟战争、法律或建筑都没有什么关系。

那个时候，有一些旅行者从远东地区，即现在的中国一带，带回来一个奇妙的软虫的传说。他们说，这种奇妙的软虫会用一种非常美妙的细丝把自己包裹起来，这种细丝的长度超过一英里。他们还告诉人们，中国人是怎样把这些细丝展开，织成最美妙、最光洁的布的。你们可能已经猜到，这种细丝就是蚕丝；而制造出这种细丝的软虫就是蚕。欧洲人曾见过这种美丽的丝缎，但这种布是怎样织成的，对他们而言是一个谜——一个秘密。他们觉得它非常美丽，似乎是由仙女或精灵们织成的，甚至可能是从天堂来到凡间的。查士丁尼派人寻找这种软虫，然后让人们把蚕带回了欧洲，这样，他的罗马人民就可以制造丝绸布料、拥有美丽的丝绸衣服了。因此，我们把在欧洲推广蚕丝制造的荣誉给予了查士丁尼。

在查士丁尼的东罗马帝国外，蒙昧的条顿人住在西罗马帝国的各个破碎地区。他们花了将近1000年，才学会了我们现在学校里的学生都会的那些东西。另外，他们学会的第一件事情既不是读书，也不是写字，而是基督教教义。

大约与查士丁尼同时代，在法国有一位国王，名字叫克洛维。克洛维当然是一个条顿人，属于一个叫弗兰克（Frank）的部落，法兰西（France）的名字就来自这个部落。克洛维跟他的人民一样，也信仰着托尔、沃登和其他神明。克洛维的妻子叫克洛蒂尔德，克洛维非常爱她。克洛蒂尔德尽管是一个条顿人，但她觉得，他们国家的人民似乎都很喜欢战争以及各种残暴的行为，这是错误的。她听说基督教并不鼓励争夺、战斗，于是就想成为一名基督徒，因此她就去受洗了。然后，她试着去劝说她的丈夫克洛维，让他也成为一名基督徒。

克洛维在那个时候恰恰想去打仗——这正是基督徒们极力反对的事情。不过，为了让自己的妻子高兴，克洛维向她保证，如果赢了这场战争，他就会成为一名基督徒。后来，他确实打赢了仗，于是他遵守诺言受洗了，并且让自己的部下也受洗了。克洛维将巴黎作为他的首都，直到今天，巴黎依然是法国的首都。

大约在同一时期，有一位叫亚瑟的国王统治着英国。关于亚瑟王，有许多故事和诗歌都描绘过他。不过，我们知道这些都是神话而不是真实的历史。可是，尽管我们知道这些故事不是真实的，它们还是非常吸引人——就像一些讲特洛伊战争中英雄们事迹的传说一样，非常有趣。

据说有一柄剑，名字叫艾克思开里伯。它被紧紧地钉在一块石头里，没人能把它拔出来，只有那个将成为英国国王的人才能将它拔出来。所有的贵族都试着拔这柄剑，但都没有成功。一天，来了一位叫亚瑟的年轻人，他轻轻一拔，剑就出来了。就这样，他成了英国国王。

亚瑟王从贵族中挑选了一些人，和他共同治理这个国家。由于他们总会在一张圆桌边和他一起商量事情，这些人就被称为圆桌骑士。丁尼

生，这位最伟大的英国诗人，曾以韵文的形式写过一首长诗，描述了亚瑟王和圆桌骑士们所做的伟大事迹，这首诗叫《国王之歌》，也叫《国王叙事诗》、《亚瑟王传奇》。你们可以自己读读这首诗，因为现在，我们必须要讲下一个故事了。

“善的”

你们认为什么是“善的”呢？

条顿人认为，“善的”指的就是勇敢的。

雅典人认为，美丽的就是“善的”。

斯多亚主义者认为，“不在乎”就是“善的”。

伊壁鸠鲁主义者认为，过得快乐就是“善的”。

殉教者们则认为，“善的”意味着为基督受苦、牺牲。

从殉教者盛行的那个时期开始，那些想做出非常非常善的行为的基督徒，就会跑去野外没人的地方，过着孤独的生活。他们希望远离人群，这样他们就可以把全部时间都用来祷告，聆听上帝的声音。他们相信，这种行为就是“善的”。

在这些离群索居的人中，最奇怪的一位叫圣西缅·斯蒂利德斯。他为自己建造了一根50英尺高的圆柱，他就住在柱顶上。柱顶只能坐，不能躺。他在柱顶上生活了很多年，从白天到黑夜，从冬天到夏天，不管日晒雨打，从没有下来过。要到他的柱顶上，只有用梯子才行，他的朋友们就经常这样给他送饭。他认为，像他这样遗世、高高独立，就是在过一种神圣的生活。这就是他的“善的”观念。我们可能觉得这样的人完全疯了。

不过到了后来，许多想要过神圣生活的人，已经不像最初的那些离群索居的人了。他们聚在一起，形成一个个团体，共同建造他们的大家庭。人们把这些人叫做修士或修女，他们住的房子被称为修道院。在这样一个修道院中，修士们的首领就叫修道院院长。他像一位父亲照管孩子们那样管理着所有的修士与修女。在他认为有必要的时候，他会命令他们做事情，或者因为他们犯了错而惩罚他们。

在公元500年左右，有一位意大利修士，叫本尼迪克特。他虔诚地相信，一个人倘若想过神圣生活，就必须要劳动，劳动是神圣生活必不可少的部分。他还认为，修士们不应该有钱，因为耶稣基督在《圣经》上说过："如果你们想要变得完美，走吧，把你们的所有家产卖掉，然后送给穷人。"因此本尼迪克特创建了一个修道会，加入这个会的修士或修女们必须做到以下三点：

第一个，不能拥有钱物。

第二个，服从管理。

第三个，不得结婚。

加入这个修道会的修士或修女们被称为本笃会修士或本笃会修女，也被称为本尼迪克特教团僧尼。

现在，你们可能觉得任何一个人要承诺一辈子都要做到这三点确实是太困难了：没有钱财、服从修道院院长的管理——不管他要你们做什么事情——还有永远都不结婚。不管怎么样，在欧洲的每个国家，都有很多人成了本笃会修士或本笃会修女。

修士或修女们通常会住在一间小得像牢房一样的房间里，他们会在一间叫修道院食堂的地方挤在一张小桌子上吃着非常简单的饭菜。他们不仅会在日出、日落的时候祷告，还会在一天中的许多时间里祷告，甚至有时在午夜醒来也会念念有词。可是祷告不是他们生活的全部。他们还会快乐地做着各种事情，不管是擦地板还是在花园里挖什么。

修道院经常是建在一些贫瘠的土地上，或者沼泽地带。这些土地是人们送给修道院的，因为这些地方不太好，甚至比不太好更糟，既危险又不卫生。但修士或修女们会马上开始工作，他们引来水源，在地上种庄稼，使废弃之地成为繁盛的花园。他们会为自己种些蔬菜，养马、养牛、养羊。他们吃的、用的，需要的任何东西，都是亲手种的或做的。

修士与修女们除了做一些粗重的活外，也做一些非常精细的工作。

那个时候印刷术还没有发明，所有的书都不得不用手抄写，修士们或修女们就经常做这样的活。他们抄写拉丁语或希腊语的书籍。有时，一位修士或修女慢慢地读着要抄写的书，另外几位修士或修女则一边听一边把它们记下来。通过这种方式，他们会同时抄写出好几份书来。

那个时候，书本不是用纸做的，而是用小牛皮或羊皮做的，叫犊皮纸或羊皮纸。犊皮纸与羊皮纸比我们现在的纸张要结实得多，保存的时间也长很多。

修士们抄写的这些古老的书籍被称为“手抄本”，意思是“用手抄写的书本”。我们今天可以在博物馆或图书馆里看到很多这样的本子。其中有些手抄本做得非常贴心、精致，词首大写字母、边框会用一些花朵、藤蔓以及禽鸟之类作装饰，图案有红色的、有金色的，还有其他颜色的。假如没有修士或修女们抄写这些书，很多古书就会失传，我们再也看不到它们了。

正在抄写一部手抄本的修士

修士或修女们还坚持写日记，他们日复一日、年复一年地把发生的重要事情记录下来。这些古老的日记或者说编年史，向我们讲述着那个时代的历史。由于那时候没有报纸，如果没有他们记下来的这些编年史，我们是不可能知道在那个时候发生了什么事情的。

在那个时代，修士或修女们都是受过最好教育的人群，他们会把自己知道的东西教给其他人——有年轻人，也有老人。修道院同时也是旅行者们的旅馆。因为任何人到了修道院要求投宿，都会得到食物和睡觉的地方，不管他们付不付钱或付多少钱。

修士或修女们还会帮助穷人和那些需要帮助的人。有的人生了病也会来到修道院，来到这里，就可能得到治疗和精心的照顾，这样，修道院就跟一所医院差不多了。很多人得到这样的帮助或关心后，会送给修道院很多贵重的礼物，因此修道院就变得非常富有，尽管修士或修女们自己是不能够拥有哪怕一个勺子的。

由此，你们明白了，修士或修女们不仅是一些神圣的人，他们还是最有用的公民呢。相比人类历史上曾出现过的其他大型团体，修士或修女们在很多方面都更接近于耶稣基督最初的希冀，他们是真正的“对社会有益的人”。

赶骆驼的人

每100年都被称为一个世纪，但事情看起来似乎还是有一点点奇怪——从公元500年到公元600年的这一百年被称为第六世纪而不是第五世纪。从公元600年到公元700年的这一百年被称为第七世纪而不是第六世纪，如此等等。因此，公元615年、公元625年、公元650年，都是属于七世纪的。

好了，我们现在来到了七世纪——公元600年。在这个时候，我们听说有一个人改变了整个世界。他既不是罗马人，也不是希腊人，既不是弗兰克人，也不是哥特人，更不是英国人。他既不是一位国王，也不是一位将军，而只是一个——

你们猜，他是一个什么样的人?

一个赶骆驼的人!

他住在一个小镇上，这个镇的名字叫麦加，位于遥远的阿拉伯。这个人的名字叫穆罕默德。穆罕默德为一位富有的阿拉伯女士跑腿，后来这位女士爱上了他。尽管穆罕默德是一个贫穷的赶骆驼的人，只是一个仆人，而这位女士非常富有，最后他们还是结婚了。他们在一起过着幸福的日子，直到穆罕默德年届四旬的时候，一切安好，没有任何特别的事情发生。

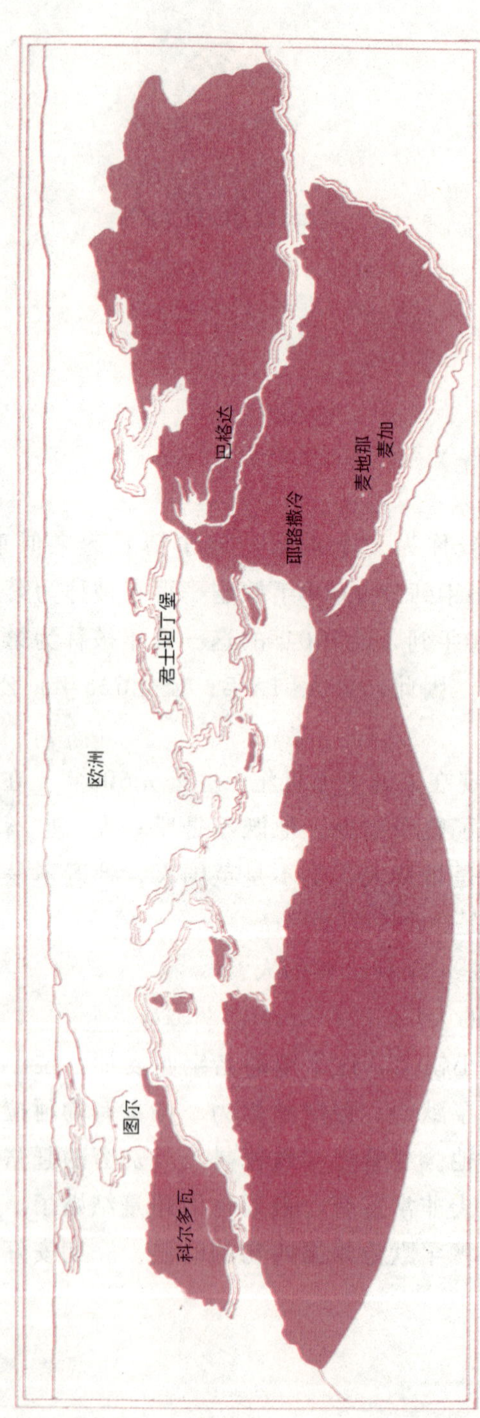

▲ 萨拉森帝国的地图，上面有麦加、麦地那、君士坦丁堡、图尔、科尔多瓦、耶路撒冷，还有欧洲

穆罕默德一直有这样一个习惯：隔一阵子就要到沙漠中的一个洞穴里去，在那里学习、思考。有一天，当他在洞里的时候，他做了一个梦，梦到了一个景象。也就是说，一个人在白天清醒的时候，他的眼前出现了一个东西或发生了一件事情。穆罕默德说：他看到，天使出现在他面前，告诉他阿拉伯人称之为真主安拉的旨意，安拉说，穆罕默德必须到人群中去，向他们传播一个新的宗教。

于是穆罕默德回到了家里，把发生的事情都告诉了妻子。他的妻子相信了他讲的故事，成了他的第一个信徒。然后，穆罕默德按照旨意走到人群中，把真主安拉教给他的东西传授给他的亲戚朋友。于是他的亲戚朋友们也相信了他，成了他的追随者。

但是当穆罕默德向其他人——既不是他的朋友也不是他的亲戚的那些人传授教义时，那些人却认为他疯了，认为他可能会对别人造成危险。因此他们就聚集在一起，计划把穆罕默德驱逐出去——甚至在必要的时候把他杀掉。值得庆幸的是，穆罕默德先听说了他们的计划。他就把自己的财物都打上包，跟妻子以及其他所有相信他的人离开了麦加城，逃到了不远的麦地那。这件事情发生在公元622年——6–2–2——被称为“流亡”或是“大迁移”，它在阿拉伯语里的意思是“逃亡”。

我在前面跟你们讲过622这个标志性年份，在下文中你们会看到，从这个年份开始，穆罕默德创立的这个新的宗教将越来越壮大。直到今天，截至到我写这本书的时候，信仰穆罕默德，信仰他所创立的这个宗教的人数，大约是信仰耶稣基督以及他所创立的那个宗教的人数的三分之一。也就是说，世界上的伊斯兰教徒大约是基督教徒的三分之一。伊斯兰教徒们把大迁移的这个年份，即公元622年，称为第一年，由此开始纪年。这就像基督徒们把耶稣基督诞生的年份称为第一年并由此开始纪年一样，也跟希腊人从第一个奥林匹亚周期开始纪年，跟罗马人从罗马城成立的那年开始计年是一样的。由此可知，希腊人、罗马人、伊斯兰教徒、基督教徒，他们的第一年都是不一样的。

这个新的宗教被称为伊斯兰教。穆罕默德说，他经常会收到来自真主的消息。穆罕默德让人把这些消息写在棕榈叶上。消息非常多，最后人们把它们收集到一起，集成了一部大书。这本书被称为《古兰经》，它是伊斯兰教徒们的圣经。《古兰经》告诉伊斯兰教徒们，什么事情是他们必须去做的，什么事情是他们不能去做的。

由于穆罕默德诞生在麦加，于是麦加就成为伊斯兰教徒们的圣城。对于每一位虔诚的伊斯兰教徒而言，在有生之年至少要去麦加朝拜一次，不管他住的地方离那里有多远；并且，他们祈祷的时候，总是要面对麦加所在的方向。人们经常会看到有朝圣者向着麦加的方向走去。伊斯兰教徒们会去一个叫清真寺的庙宇进行祷告活动，无论他们身处何地，每天必须祈祷五次。到了时间召唤信徒们进行祷告的人，被称为宣礼员。宣礼员会从清真寺的一个小阳台走出来，大声喊道："开始祷告啦！开始祷告啦！世上有且只有一位真神，他就是安拉。"于是，不管伊斯兰教徒们当时是什么身份，在什么地方，在做什么事情，即使他们是在街上或者在市场里，不管他是在工作还是在玩，都必须把脸朝向麦加方向，双膝跪下，俯下头去，把手放在地上，开始祷告。有时，伊斯兰教徒会随身带着一块叫祷告毯或朝拜毯的小地毯，这样，当他开始祷告的时候，就可以把这块神圣的毯子铺在自己的膝下了。

宣礼员在清真寺尖塔上号召大家祷告

许多人都很喜欢这种新式宗教。那些信仰伊斯兰教的信徒被称为穆斯林。

穆罕默德在大迁移后只活了十年，于公元632年去世。那些追随穆罕默德的人继续传播着新的宗教。

伊斯兰教徒们新的领袖与统治者叫哈里发。第二任哈里发叫奥马尔。奥马尔去了耶路撒冷，在所罗门神庙的旧址上建了一座清真寺。直到今天，在耶路撒冷城中，奥马尔建造的那座清真寺依然还在。

阿拉伯人也被称为萨拉森人，他们一路向北，向欧洲奔去，在路上，他们征服了遇到的每一个民族，让他们改信伊斯兰教。最后，他们到了君士坦丁之城，即君士坦丁堡，那里是基督教徒的领地。君士坦丁堡是亚洲通往欧洲的门户，阿拉伯人试图攻破城墙，穿行而过。但基督徒们把烧着的沥青和油脂从城上倒下，于是穆斯林们不得不停止了攻击。他们一次又一次地试图攻克君士坦丁堡，都遭到了失败。最后，只能放弃从这条路去欧洲。

几经辗转，穆斯林们决定从麦加的相反方向，绕远路去欧洲。在经过埃及的时候，他们几乎没遇到什么困难就把所有的埃及人都变成了穆斯林。他们沿着非洲海岸继续前进，征服了一路上遇到的每一个民族。最后，他们看到了大海。然后转而向北，乘船穿越直布罗陀海峡，来到了西班牙。他们走得越来越远，最后进入了法国境内。看起来，似乎他们很快就能把欧洲都征服了，让整个文明世界的人都成为穆斯林。可是最后，在法国图尔城附近，他们遇到了对手。法国国王有一名得力的助手，叫查理。查理有一个外号，叫铁锤查理，因为他可以抡起大铁锤重击敌人。查理被称为宫殿之长，也就是国王的侍卫长。不过，查理要比国王能干得多。事实上，国王根本一点儿也不重要。

就这样，铁锤查理带着他的法国战士们前去阻击穆斯林。他们在图尔附近重重地打击了这些穆斯林，让他们从此再也不能前进一步。于是，欧洲终于在最后关头避免了被伊斯兰教、萨拉森人蹂躏涂炭。图尔的这次战役发生在公元732年，是大迁移的110年之后。在短短的110年中，穆斯林就征服了西至地中海沿岸、东至君士坦丁堡、南至非洲、北至法国图尔的所有国家和地区，使居住在这些地方的人们改信了伊斯兰教。直到今天，地中海南部和东部的人们还在信仰着伊斯兰教。

你们可能读过《一千零一夜》（Arabian Nights，即《阿拉伯的夜晚》）的故事，而现在我们讲的这个故事的名字是《阿拉伯的白天》（Arabian Days），即——

阿拉伯出头之日

穆斯林们曾试图从欧洲的前门进入，但是失败了。

于是他们试图从欧洲的后门进入，也失败了。

在君士坦丁堡，燃烧着的沥青与油脂阻挡了他们前进的路。

在图尔，铁锤查理阻击了他们。

于是欧洲就没有遭到穆斯林与伊斯兰教的入侵。不过，我们仍然想知道，假如那些穆斯林征服了欧洲的话，那么欧洲会变成什么样子。因为阿拉伯人在很多方面都显示出他们是一个伟大的民族，并且，我们从他们那里学到了很多东西。下面要讲的就是阿拉伯人的贡献。

腓尼基人发明了我们的字母，而阿拉伯人发明了我们每天都用来计算的数字。1、2、3、4等数字，现在被称为阿拉伯数字[1]。罗马人使用字母代替数字，比如V指的是5，X指的是10，C指的是100，M指的是1000，如此等等。我们来看下面的一个算式：

① 阿拉伯数字最初由印度人发明，后由阿拉伯人传到欧洲。

$$
\begin{array}{r}
\text{IV} \\
\text{XII} \\
\text{MC} \\
+\ \text{CXII} \\
\text{VII} \\
\hline
\end{array}
$$

一个罗马孩子要计算这样的算式该是多么困难呀！他们不能像我们那样一列一列地计算。如果你们再试着用罗马数字进行乘法、除法运算，那么看起来就更是不可能了，举个例子：

$$
\begin{array}{r}
\times\ \text{MCVII} \\
\text{XIX} \\
\hline
\end{array}
$$

你们可能偶尔也会看到人们仍然在使用罗马数字——比如说在钟表上——但是你们每天在算术课上使用的、你们爸爸在银行或商店、办公室里使用的，可全都是阿拉伯数字呢！

阿拉伯人的贡献还有很多，下面是另一项：

阿拉伯人建造了很多美丽的建筑，这些建筑看起来跟希腊人、罗马人以及基督教徒们的建筑完全不一样。这些建筑物上面的门和窗户，并不是方形或圆形的，而通常是马蹄铁形的。在他们清真寺的顶上，他们喜欢安上一个洋葱一样的圆屋顶。清真寺的角，则经常会做成尖顶或尖塔。这样，宣礼员就可以在那里大声呼喊，让大家开始祷告。他们会用美丽的马赛克与其他图案贴在建筑物的墙上。不过，穆斯林们会很小心，不让这些图案跟自然界中的任何生物相似。这是因为，在《古兰经》里有一条类似于基督教诫令的条文，它是这么说的："一切天上飞的、地上爬的、水里游的，你们都不能进行任何种类的任何仿制。"由于这条诫令，他们不可以画出或描绘出任何活着的东西。就是说，既不能画植物，也不能画花，也不能画动物。穆斯林们认为，如果画了，那就是打破了这一诫令。因此他们就用直线或曲线来画图案，而不仿制任何活着的生物。这种图案被称为阿拉伯式图案或蔓藤花纹，尽管它们跟自然界中的任何东西都不像，但通常都很美丽。

阿拉伯人的贡献还有一项：

在阿拉伯，长着一种小灌木，它会结出小小的浆果，里面有种子。绵羊似乎非常喜欢这种浆果，它们吃了这种浆果后，会变得非常活跃。于是阿拉伯人自己也试着吃了一些浆果里的种子，结果跟绵羊差不多，也变得非常兴奋。于是他们把这种种子烘烤，磨碎，然后放在水里煮沸，就这样，一种新的饮料诞生了。咖啡——是阿拉伯人最先发现的，现在世界各地都在喝这种饮料。

阿拉伯人的贡献还有一项：

阿拉伯人发现，当葡萄或其他水果的果汁，或者谷物，坏掉、发酵后，就会产生一种特殊的变化。当人喝下这种发生了变化的果汁，就会变得非常兴奋。阿拉伯人把这种果汁发生变化后产生的新东西称为“酒”，他们非常害怕这种饮料，对这种饮料让人的行为失常感到害怕。于是他们禁止穆斯林喝任何含酒精的饮料，比如葡萄酒、啤酒，或威士忌等等。因此，穆斯林虽然发现了酒，却认为它是一种毒药，他们在大约1000年前就禁止饮酒了。除了穆斯林，世界上的其他地方一直在饮用含酒精的饮料。美国从1920至1933年也曾试着禁止酒精性饮料。但是最后，《美国禁酒令修正法》还是被废除了。

阿拉伯人的贡献还有一项：

人们用来做衣服的羊毛布料是用绵羊或山羊的毛做的。由于要做一件非常小的衣服就要用很多头这种动物的毛，因此羊毛衣服很贵重。阿拉伯人想了一个办法，用一种叫棉花的植物来做布料。如此，布料就便宜多了。然后，为了装饰这种布料，让它变得更漂亮更吸引人，他们还用木块在粗布上印上不同的花纹并染上不同的颜色。阿拉伯人发明的这种印花布料叫做印染布。

阿拉伯人的贡献还有一项：

阿拉伯人用一种非常好的钢材制作刀剑，这种刀剑即使弯成对折也不会断掉。据说，这种刀剑非常锋利，能够切断漂在水面上的最细的毛。今天，只有最锋利的刮胡刀才能做到这一点。除了锋利，这种刀剑还非常坚固，它甚至可以切断铁棍。这种刀剑在东方，是在阿拉伯的一个叫大马士革的地方制造出来的；在西方，则是在西班牙的托莱多制造出来的。因此这种刀剑就被称为大马士革刀剑或托莱多刀剑。不幸的是，现在已经没人知道阿拉伯人制造的这种刀剑的秘密了。这就是所谓的技艺失传吧。

在原来巴比伦城的附近，阿拉伯人建造了一座城市，叫巴格达。如果你们读过《一千零一夜》里面的故事，就会听说过这个地方，因为，书中的大部分故事都发生在巴格达。巴格达是穆斯林们的东方首都，阿拉伯人在巴格达建了一所巨大的学校，这所学校在以后的很多很多年里都非常出名。西班牙的科尔多瓦是穆斯林们的西方首都，他们那里建造了另一所非常大的学校。

除了上述贡献，我还可以告诉你们一些阿拉伯人做的其他事情——比如，他们是怎样发明下棋游戏的，下棋是所有游戏中最需要思考的；他们是怎样用钟摆制成时钟计时的——人们在此之前根本没有真正的时钟；他们是怎样建成出色的图书馆的，诸如此类——但现在，我只需要向你们说明阿拉伯人是多么富有智慧，就足够了。

阿拉伯人不是雅利安人，他们属于闪米特族人，与腓尼基人、犹太人同属于一个族。阿拉伯人跟他们的堂兄腓尼基人一样聪明，你们还记得腓尼基人吧，他们是非常聪明的。阿拉伯人对待宗教也非常虔诚，就像犹太人那样虔诚，你们还记得犹太人吧，他们对待宗教非常虔诚。

不过，穆斯林对待妇女有着非常特别的观念。他们认为，一个女人把她的脸部展示给男人看，是一件非常伤风败俗的事情。因此，每一个穆斯林女人都必须戴上一块厚厚的面纱，只让眼睛露在外面，这样她们外出的时候就不会被别的男人看到脸了。戴上这样一块面纱，她可以看到别人，但别人却休想看清她。

这样，我们就很想知道，倘若在那个时候，穆斯林们征服了世界上所有余下的地区——假如他们把所有的基督教国家都征服了的话，假如今天的我们都是穆斯林而不是基督徒的话，那么欧洲会变成什么样子呢？

黑暗时代的一道亮光

欧洲曾经“黑暗”了三百年。你们懂的，知道我说的是什么意思。

那时，没有足够“明亮”的人来使它发光。那时，蒙昧无知的条顿人统治着古罗马帝国的各个残片。

阿拉伯人非常明亮而有智慧，但是他们并不住在欧洲。

不过，在公元800年的时候，出现了一位非常“明亮”的人物——一位国王——他凭借自己的能力与权势把四分五裂的欧洲重新统一成一个新的罗马帝国。然而，他不是一个罗马人，而是一个条顿人，正如你们可以从他名字中猜到的那样，他叫查理，是铁锤查理的孙子。还记得吧，铁锤查理曾在图尔这个地方挡住了穆斯林的进攻。这位查理的法文名字叫查理曼，意思是查理大帝。

查理曼在一开始的时候只是法国的国王，但他对于只做一个国家的国王并不满足，因此他很快就征服了周边的所有国家，包括西班牙、德国。然后，他将他帝国的首都从巴黎移到了德国一个叫亚琛的地方。相对于巴黎，亚琛能让他更方便地管理他庞大的帝国。此外，亚琛有温暖的春天，可以很舒服地洗澡。查理曼非常喜欢洗澡，他还是一名优秀的游泳运动员。

当时，意大利还在被教皇统治着。教皇跟意大利北方的一些部落闹了很多不愉快。因此教皇问查理曼，是否愿意来意大利征服这些部落。查理曼非常乐意帮教皇做这件事。因此他率领军队进入了意大利，很轻易地就解决了那些麻烦的部落。教皇非常感激查理曼，想对他有所回报。

那个时候，世界各地的基督教徒经常会旅行去罗马，只为了能在圣彼得大教堂中进行祈祷。圣彼得大教堂是在圣彼得被钉十字架的那个地方建立起来的。嗯，以基督教的计时方式来说，在公元800年的时候，查理曼也为此去了一趟罗马。在圣诞节那天，他来到圣彼得大教堂，在祭坛上做祷告。这时，教皇突然出现了，他疾步上前，把一顶皇冠戴到了查理曼的头上。然后，高呼他为“皇帝”。那个时候，教皇是可以任命国王与皇帝的。就这样，查理曼成了意大利和其他已经被他统治的国家的皇帝。这些国家和地区加起来，跟古罗马帝国的西部一样大。因此，查理曼的帝国在当时就像一个新的罗马帝国，但与以往不同的是，它的统治者不是罗马人，而是条顿人。

查理曼在一开始的时候是一个无知、没有受过教育的条顿人，但他跟大部分条顿人不一样。那些人不知道自己无知，也不在乎自己是否无知；可是查理曼却非常渴望知识。他想做其他人能做到的任何事情。

在条顿人统治的时代，很少有人受过什么教育，也很少有人会读会写。查理曼想受教育，但是在他自己的国家里没有人有足够的知识来教他。不过，在英国，有一位非常有学识的修士，名字叫阿尔昆。他比同时代的人都有学识，因此查理曼就从英国请到了阿尔昆，请他来教他及他的人民。阿尔昆向查理曼传授科学知识，教他拉丁诗歌和希腊诗歌，还把希腊哲学家们的智慧结晶也传授给了查理曼。

查理曼学这些东西非常轻松，但是在读写方面却遇到了麻烦，他发现这太困难了。他确实非常努力地学会了读一点点东西，但是却始终学不会写字。据说，查理曼在枕头下面放着一本写字本，一醒来就开始练习写字。尽管这样，除了自己的名字之外，他还是没学会写任何东西。查理曼是直到成年之后才开始学习的，但是他把生命中所有的业余时间都用在学习上了。除了读写之外，他是当时欧洲除了阿尔昆之外最有学识的人了。

尽管查理曼的女儿们都是公主，但查理曼还是让她们学会了织布、缝纫、裁衣，以及烹饪，仿佛她们以后必须要自食其力一样。

尽管查理曼是这样一位富有而有权势的君主，可以做任何自己想做

的事情，但他还是吃着粗茶淡饭，穿着朴素的衣服。他不喜欢那些华美的服饰，不过他周围的人都喜欢。有一天，只是为了让他的贵族看看，穿着这样一些丝绸与缎子的衣服会多么可笑，于是他在一场暴雨快要降临的时候，带着他们去森林里打猎，这样他就可以嘲笑他们了。他确实想出了一个绝妙的主意。你们可以想像，那些贵族穿着浸透了雨、沾着泥巴、被撕成一片一片的丝绸衣服时，该是一种什么样的情景。查理曼觉得这件事情非常有趣。

不过，尽管查理曼的饮食非常简单，穿着也非常俭朴，但他还是为自己建造了一座非常富丽堂皇的宫殿。他在里面摆上金银做的桌子与椅子，还摆上了很多华丽的家具。在宫殿外的花园里，他围绕着宫殿修建了一个游泳池、一个非常棒的图书馆，还有一个剧院。

在这个时期，甚至在整个黑暗时代，人们会用一种奇怪的办法去验证一个人是否偷了东西，是否杀了人或是犯了什么罪。犯罪嫌疑人不会被带到法庭上站在法官或陪审团面前，在这个时代，犯罪嫌疑人面临的是在烧红的铁板上走上十步，或者把他的胳膊放进沸水中，或者在烧红的炭块上走路。人们认为，如果他没有犯罪的话，那么他就不会被烫伤；即使被烫伤，也会很快痊愈。这种审判的方法叫“神断法”。这种方法很可能起源于《圣经》中的沙得拉、米煞、亚伯尼歌的故事。你们还记得吗？在尼布甲尼撒二世时代，他们由于没有做过错事，所以即使是从炽热的火炉上走过，也没有被烫伤。奇怪的是，尽管查理曼这么有智慧，他却相信神断法。在今天，我们已经不用这么残酷且不公平的方法来判断一个人是否有罪了。不过，如果一个人遇到了极多的麻烦，这些麻烦看起来似乎是对他品行的测试，当我们提起他时，就会说：“他在经受一种神断法式的测试。”

在查理曼还在世的时候，远方的巴格达有一位哈里发，叫哈罗恩，穆斯林们把这个词读成亚伦。如果你们读过《一千零一夜》的话，那么肯定听说过他。因为《一千零一夜》中的故事都是在这个时候写成的，其中一些故事讲到了亚伦。尽管亚伦是个穆斯林，不是基督徒，并且统治着一个憎恶基督教的庞大帝国，他还是非常仰慕查理曼。为了表明他对查理曼的尊敬，他送给了查理曼一些贵重的礼物。在这些礼物中，有一个是摆钟。你们还记得吧，摆钟是阿拉伯人的发明。确实非常奇怪，那时的欧洲还没有计时方式。人们只是通过太阳投射在日晷上的影子或者通过水、沙子等从一个罐流进另一个罐中的数量来计量时间。

亚伦是一个非常聪明的人，他把伊斯兰地区治理得井井有条，因此他被称为“引路者”，意思是“公正的人”。你们还记得那个希腊人吗？他也被称为“公正的人”呢！亚伦经常把自己伪装成一个工人，深入到群众中去。他会跟街上或市场上遇到的人交谈，试着了解他们对自己的治理以及其他的事情的看法和感受。他发现，当自己穿着旧衣服时，这些人会很乐意和他聊天，很随意地和他聊天，因为他们不知道他是谁，只认为他是一个工人。通过这种方式，亚伦对民间的种种疾苦有了大量的了解，知道他的人民对他的政策哪些是喜欢的，哪些是不喜欢的。然后，他就回到宫中，下令修正或更改那些看起来似乎是错误或者不公正的规范与法律。

查理曼去世之后，没有人能够像他那样足够伟大或足够强势来维持这个新的罗马帝国，因此，它再一次地分裂成了碎片，而且，“国王的所有马匹与所有人民都不能被重新拼到一起了。”

46

一个新的开端

我有一次见到一个男孩，他的胳膊上有一个红色的胎记。这个胎记的形状就跟地图上英格兰的形状差不多，因此，他经常把它叫做“我的英格兰”。

英格兰只是一个小小的岛屿。

在公元900年的时候，英格兰只是一个小小的、无足轻重的小岛。

今天，英格兰仍然是个小小的岛屿。

但它已经是世界上最重要的岛屿了！

大约在查理曼大帝之后的100年——公元900年左右——有一位国王，名字叫阿尔弗烈德。当阿尔弗烈德还是个小男孩的时候，他学习很不好，因为他很不喜欢学习。那个时候，许多手抄的书都是修士们抄写的，它们有着非常漂亮的图画与文字，无论是图画还是文字，颜色都非常明亮，有的甚至是金色的。有一天，阿尔弗烈德的妈妈拿出一本书给她的孩子们看，她承诺，如果谁第一个读懂它，谁就能得到这本书。这是一场比赛。阿尔弗烈德想要这本书，因此，他生命中第一次真正付出了努力。他学习非常用功，在很短的时间里，他就赶在他的兄弟姐妹之前读懂了这本书。

阿尔弗烈德长大后，英国经常被海盗侵犯。这些海盗是英国人的表兄弟——一个叫丹麦的条顿部落。英国人在很久以前就成了基督徒，受教化成了文明人；但是他们的表兄弟丹麦人，却还是野蛮人。那些丹麦人出发了，漂洋过海在英国的海岸边登陆，抢劫了英国的城市和乡村，然后满载着能抢走的一切值钱的东西，乘船回到了自己的国家——就像那些坏孩子一样，爬进农夫们的篱笆，从他们的果园里偷走了苹果。到了后来，丹麦人变得越来越大胆，他们甚至在抢劫完这个国家后根本不逃——就像那些坏孩子一样，偷走了苹果后，向追过来的农夫伸舌头、扔石子。国王的军队出动了，想惩罚这些海盗。但是他们没能惩罚海盗，却反而被海盗惩罚了。看起来，似乎这些丹麦人能做他们想做的任何事情，他们可能还会征服英国并统治英国人呢。

有一次，英国又走了背运。国王阿尔弗烈德在打了败仗后，孤身一人逃了出来，身边一个随从也没有。他一个人，穿着破破烂烂的衣服，又累又饿。他走到一个牧羊人的小棚里面，想讨点东西来吃。牧羊人的妻子当时正在火炉旁烤蛋糕，她跟阿尔弗烈德说，她正好要去挤奶，如果阿尔弗烈德能在这个时候帮她烤熟蛋糕的话，她就会给他一个。于是阿尔弗烈德在火边坐了下来，但他过了一会儿就开始考虑怎么打败丹麦人的问题了，完全忘了蛋糕的事情。当牧羊人的妻子回来的时候，蛋糕全都烤糊了。牧羊人的妻子气极了，就对他破口大骂，把他赶了出去，她根本不知道她骂的这个人就是国王，因为阿尔弗烈德没告诉她自己的身份。

阿尔弗烈德最后觉得，跟丹麦人作战取胜的最好办法是更换作战地点，不是在陆地上，而是在水里。因此他开始着手建造一些更大更好的船。这样，过了一段时间，他就有了一支自己的舰队，并且他造的船比丹麦人造的船要大得多。不过，他的船太大了，一开到浅水中就会搁浅。而丹麦人的船，由于尺寸较小，就可以安全地靠岸。只有在深水中，阿尔弗烈德的舰队才会变得非常强大。阿尔弗烈德的舰队是英国历史上的第一支海军。后来，这支舰队逐渐成了世界上最强大的海军，而这正是阿尔弗烈德在一千多年前创下的基业。

在跟丹麦人打了很多年仗之后，阿尔弗烈德最后认为，最好的办法就是同意丹麦人的要求。如果他们承诺停止偷盗并能够和平相处的话，他就把英国的一部分土地割让给他们居住。就这样，他跟丹麦人达成了共识，丹麦人就在阿尔弗烈德给他们的那块地上住了下来——后来，他们成了基督徒。再后来，两国之间就没有更多的争斗了。

对于那些做了错事或是犯下罪行的人，阿尔弗烈德制定了非常严厉的法律来惩治他们。事实上，据说住在英国的人都非常小心地遵守着阿尔弗烈德的法律，在路上，即使有人掉了一块金子，也不会有人捡起来据为己有。

阿尔弗烈德还从欧洲各国请来了一些非常有学问的人，让他们来教他的人民怎样做各种东西，并让他们教男孩儿、女孩儿还有老人学会读书写字。据说，阿尔弗烈德还创办了一所学校，这所学校现在是世界上最伟大的学府之一——牛津大学，一所著名的综合性大学，至今已经有一千多年的历史了。

阿尔弗烈德不仅创办了海军，制定了法律，创办了学校与学院，还做了很多非常有意义的事。

比如，他发明了一种用燃烧的蜡烛计时的方法。你们可能听说过，在一百年前，引路者亚伦曾送给查理曼一只钟，它在当时是那样非凡出奇。尽管钟表在今天已经变得非常普通，但是在那个全英国既没有钟也没有表的时代，它是一件多么不平凡的东西啊。阿尔弗烈德发现，蜡烛燃烧的速度是恒定的，于是他在蜡烛的不同高度刻上了一些刻度——刻度之间相差的距离是一个小时。这些蜡烛后来被称为蜡烛时钟。

蜡烛也可以拿来照明，但是被带到户外后，就很容易被吹灭。因此阿尔弗烈德把蜡烛放进一个小盒子中，而为了让蜡烛的光线能从盒子里透出来，阿尔弗烈德就在这些小盒子的壁上镶嵌了一些非常薄的牛角片——玻璃在那个时候还是非常稀有的。这个镶着牛角薄片的小盒子被称为角灯或“牛角灯”（“lamphorn”），后来过了一段时间，人们在迅速说出这个词的时候就讲成了“lanthorn”，最后变成了“lantern”（“灯笼”或“风灯”）。直到今天，我们还在用这个词，尽管已经不再使用牛角了。这是“lanthorn”这个古词的一种词源学解释，但看起来，“lantern”更像来自于拉丁词“lanterna”。

这样一些发明似乎非常微小而且不太重要，尤其是当你们把它们跟今天那些伟大的发明、精巧的机器相比的时候，就更显得琐屑，微不足道。换言之，这些发明在今天看来只不过是一些家居创意，这种创意在一美元一本的杂志上经常会被登载。但是，我刚才跟你们说那些，意在向你们表明，当时的英国人是多么无知愚昧，几乎就是野蛮人，跟欧洲的其他条顿部落一模一样。相比之下，阿拉伯的思想家制造出来的时钟是多么出色啊，而英国人则刚刚“开始起步”。

世界末日

如果你们知道，在下个星期或在下一年，就是世界末日，那么你们会做些什么呢?

生活在10世纪的人们认为，《圣经》上曾提到过一些事情，意味着世界将在公元1000年结束——公元1000年在拉丁语中被称为千禧年，意思是一千年。

有一些人对于世界将要结束感到非常高兴。他们在现实世界中贫苦、悲惨，非常不快乐，因此他们渴望进入天堂，因为在那里一切都是美好而令人愉快的——如果他们在尘世间做了很多善事的话。因此，为了在世界末日到来的时候，让自己在天堂里有一个位置，他们特别刻意地行善，做着他们能够做的任何事情。

另外一些人则不希望世界末日到来。不过，他们认为，假如世界就快走到了尽头，那么他们应当抓住一切机会，在尘世间享受生活。

公元1000年到来了，没发生什么特别的事情。一开始，人们觉得可能在计年方式上出现了什么错误——从耶稣基督诞生之日起还没有真正到达一千年呢。时间一年一年地过去，人们依然在等着世界末日的到来。他们把《圣经》拿起来读了一遍又一遍，觉得或许《圣经》上指的是耶稣基督的死亡时间，而不是诞生时间。时间又一年一年地过去，情况仍然没有任何改变，于是人们开始认为世界末日由于某些原因推迟了，而这些原因是他们自己解释不了的。不过，在千禧年之后没多少年，人们终于知道，世界根本不会终结。

每过一段时间，就会有些自认为比其他人更聪明的人发表言论说，世界末日已经不远了。然而，我们可以确信的是，世界会继续存在下去，甚至在我们长大成人、死亡之后还会继续存在，在我们的孩子长大成人、死亡之后还会继续存在。

当人们都在关注着世界末日的事情时，在欧洲北部有一个条顿部落，他们不是基督教徒，因此对《圣经》上说的有关世界末日的事情一无所知，当然他们也不关心这件事。他们跟英王阿尔弗烈德时期来到英国的丹麦人同属于一个族，被称为古代斯堪的那维亚人或维京人。他们是勇敢的航海家，甚至比古代腓尼基人更为鲁莽无畏。他们的船都被涂成黑色，在船首雕刻着海怪或龙的图案。他们在北方的海洋上，朝着日落的方向向西航行，走得比历史上所有的航海家都远。他们发现了冰岛和格陵兰岛，最后，在首领雷夫·埃里克森的带领下，他们到达了美洲海岸。可以说，大约在欧洲的基督徒们期待着世界末日到来的公元1000年，这些维京人到达了他们认为的“世界尽头”。

他们把这个新的国家称为文兰或葡萄酒之地，因为，他们在这里发现了可以制作葡萄酒的葡萄。不过，他们没有走得离海岸很远，他们认为这片新的土地只是另一个小小的岛屿。他们根本不知道这是一个新的世界。但是，这里离他们自己的祖国太远了，而且他们在这里发现了一些野蛮人，这些野蛮人让他们很不舒服，于是他们就乘船回去了，永远地离开了这个国家。维京人仅仅是发现了这块土地，没有做任何事情。人们几乎完全忘了这个新的国度，直到将近五百年后才又重新记起来。

真正的城堡

你们可能认为，城堡只会出现在童话故事里，是属于王子和公主的。

然而，在公元1000年左右的时候，几乎在欧洲的所有地方，都有一些城堡。它们不是童话中的城堡，而是真正的城堡，里面住着真正的人。

在公元476年罗马陷落之后，罗马帝国分裂成了很多小国家，就像一幅剪碎的拼图那样。人们在这些小国家里建起了一座座城堡，他们不停地修建着，直到公元14世纪为止。那么，这些人为什么要修建城堡呢？他们是怎样修建的呢？为什么最后停下来了呢？下面我们来具体讲一下。

无论是什么时期的哪位统治者，不管他是一位国王还是一位王子，当他征服了另一位统治者之后，就会把征服的土地分封给为他征战打下胜仗的将军们，以此作为奖赏（不是直接发奖金哦）。而那些将军又把自己分得的土地分出一部分给他们手下有军功的人。分得土地的人被称为领主或贵族，每一位领主都被称为分给他土地的那个人的封臣。每一位封臣都必须作出承诺，即无论什么时候有需要，都要跟随领主出征。不过，他不能以一种随便的方式轻率地作出保证，而是要正式而隆重地作出承诺，这样才显得更有约束力。因此，封臣必须双膝跪在他的领主面前，同时把双手重合起来放在领主的双手之间，然后作出庄严的承诺：无论什么时候听到召唤，都会为领主而战。这一仪式被称为“臣服”。他每年都要至少作出一次相同的承诺。这种分封领地的方式被称为“封建制度”。

于是，每一位领主或贵族都会在分得的土地上为自己建造一座城堡，他们会带着所有的属下一起在这里生活，过得就像一位小小的国王一样。城堡不仅是他们的家，还是一个保护自己免遭其他领主侵犯的堡垒，因为其他领主可能会攻打、占领他们的城堡。因此，领主们通常把城堡建在一座小山或者悬崖上，这样敌人就不会轻松地打进来了。城堡通常有着巨大的石墙，这些石墙有十英尺厚甚至更厚。在城墙四周，通常有一条壕沟围绕着它，里面全是水，被称为城壕。城壕可以增加敌人攻打城堡的难度。

▲ 城堡、吊桥、城壕与骑士

在没有战争的和平时期，住在城堡里的人们会在城堡外的土地上耕种。但一旦两个领主之间发生战争，那么所有人都会躲进城堡里，并且会把食物、家畜以及所有能拿的东西都运进城堡。这样，在发生战争的时候，他们就可以住在城堡里，住上几个月甚至几年都没问题。因此，城堡必须建得非常大，这样才能在这么长的时间里承载这么多的人畜和物品。而实际上，城堡通常都会建得像个包围着城墙的城市一样。

在城墙围着的城堡里面，有很多的小型建筑。有人住的房子，有动物们住的房子，还有食堂以及储存食物的仓库，甚至还可能有一个教堂或者一个小型的礼拜堂。当然，城堡中最主要的建筑就是领主自己住的房子，它被称为“要塞”。

要塞的最主要的房间是大厅，它像一个非常大的起居室与餐厅的结合物。人们在这里的饭桌上吃饭，饭桌很简单，就是底下垫了一些东西的又长又宽的木板。吃完饭后，这些木板（board）会被取下放在一边。这就是我们“供膳”（boarding）或“膳食处”（boarding room）这两个词的由来。这些住在城堡里的人，吃饭既不用餐叉，也不用勺子，不用盘子，不用调味料，也不用餐巾纸。每个人吃饭都用手抓着吃，吃完饭后，他们还会用舌头舔舔手指，或者用衣角擦擦它们。他们的餐桌礼仪跟牲畜们的差不多。他们把骨头跟残渣直接扔在地上，或是扔给狗，因为狗也是允许进餐厅的。这种场景真是让人浑身不舒服！饭吃完的时候，会有人端进来一大盆水，拿来一些毛巾，想洗手的人这个时候可以洗洗他们的手了。

吃完饭后，大家会围在一起，在漫漫长夜里听着吟游诗人唱歌或者讲故事。吟游诗人会演奏，也会唱歌，还会逗大家笑。

藏在城堡的高墙里，领主和他的手下们似乎是很安全的，绝对不会受到敌人的攻击。首先，任何想要攻击他们的人得穿过环绕着城堡的城壕或护城河。在护城河上，有一座吊桥通向城堡的大门。在城堡的入口处，是一扇叫铁闸门的大铁门。平时，它像一扇窗户那样开着允许人们进出。而在战争时期，吊桥就会被吊起来。在敌人靠得太近而没有时间收起吊桥的时候，铁闸门就会被立刻放下。当吊桥被抬起来后，除了蹚过护城河的水，就再也没有办法进入城堡了。如果有敌人想这样做，城堡里的人就会用石头砸他们，用熔化的沥青泼他们。城堡的墙上没有窗户，只有长长的狭缝，战士们可以通过狭缝射击敌人。反过来，任何人想从城堡外面把箭射进这道窄窄的缝里，则是非常困难的。

不过尽管如此，城堡还是会经常受到攻击。有时候，敌人会建造一座很高的带有轮子的木塔。他们会把这座木塔推到离城堡很近的地方，然后从木塔的顶部居高临下地向城堡里的人们射击。

有时候，敌人会从城堡外面的地下挖地道，挖通城壕，挖到城堡城墙的下面，再挖进城堡。

有时候，敌人会建造一个巨大的机器，叫撞城锤，他们会用它撞破城堡的城墙。

有时候，敌人会使用一些像巨大的弹弓那样的机器，用它们把大块的石头掷进城堡的墙内。当然，那时，既没有大炮，也没有炮弹；没有枪，也没有子弹。

领主与他的家庭成员都属于上流社会的人物，其他所有人都只比奴隶好上一点点。在和平时期，大部分平民都会住在城堡外被称为庄园的土地上。领主给他们的东西会尽可能地少，而从他们那里索取的东西则尽可能地多。他必须养活他们，并且稍稍地照顾一下他们，这样他们才可以为他打仗为他服务。这就像他必须得喂养、照顾他的马群和牛群一样，马群可以在他打仗的时候驮着他，牛群则能够提供给他牛奶和肉。平心而论，他对待他们，还没有他对自己的家畜好。平民们不得不把自己的时间、劳力以及大部分的收成都献给领主。他们住在很像牛棚的令人难受的小屋里，这些小屋一般只有一间，地上还非常脏。在小屋的顶上，或许会有一个小阁楼，他们可以搭个梯子爬上床去睡觉。不过睡觉的床往往也只是一捆稻草，他们就穿着白天穿的衣服和衣而睡。

这些干活的平民被称为农奴。有时候，会有农奴因为受不了这种生活而逃跑。如果他在一年零一天之内没被抓到，那么他就是一个自由人了。不过，如果他在一年零一天之内被抓住了的话，领主就会狠狠地抽打他，用烧红的烙铁给他烙上印记，甚至会砍下他的手。事实上，领主几乎可以对他的农奴们做任何事情——除了杀掉他们或卖掉他们。

听了上述这些内容，你们是怎么看待封建制度的呢？

骑士与骑士时代

我刚才给你们讲述的这个时代，在历史上被称为“骑士时代”——它的意思是女士们与绅士们的时代。而其他所有人，也就是绝大部分人，都不过是平民而已。

在那个时代，是没有学校对平民开放的。平民们几乎没有什么权利。他们只被教会了干活，其他的什么也不会。可是，城堡领主的儿子们却能得到精心的教育。不过尽管如此，他们还是只学会了两件事情：怎样做一名绅士，怎样去打仗。读书和写字被认为是根本不重要的。实际上在那个时候，学习这样的东西，经常会被认为是在浪费时间。

领主的儿子们被抚养成人的过程，通常是下面所描述的情形：在七岁之前，领主的儿子得跟自己的妈妈待在一起。当他满七岁的时候，他被称为男侍。男侍的称呼一直保持到下一个七年——也就是直到他十四岁。在做男侍期间，他的主要任务就是服侍城堡里的女士们。比如说，为她们跑腿，为她们送信，服侍她们用餐等等诸如此类的事情。他也会去学骑马，学习如何变得更勇敢，变得更有礼貌。

当他满十四岁之后，就成了一名侍从，并且在接下来的七年中一直是侍从，也就是说，直到他满二十一岁为止。在此期间，他作为侍从的任务就是服侍城堡里的男人们，这就像他作为一名男侍期间的主要任务是服侍女士那样。他要照顾男人们的马匹，跟男人们一起去上战场。他会牵着一匹备用的马，拿着一根备用的长矛或者标枪，在男人们需要的时候递给他们。

当他长到二十一岁大的时候，如果他已经成长为一名优秀的侍从，并且学会了那些应学的课程，那么他就成了一名骑士。成为一名骑士是一项重大的仪式，就像毕业典礼那样。因为这意味着男孩子长大成人了，要承担起一个男人的责任了。

为这项仪式作准备的第一件事情就是沐浴。这件事看起来似乎不值一提，但在那个时候，人们很少洗澡，有时几年都不洗澡。沐浴之后他会穿上新衣服，然后整夜地在教堂祈祷。当白天来临的时候，他就会出现在众人面前，庄严地宣誓，表示永远都会做到以下几点：

勇敢、善良；
为基督教而战斗；
保护弱者；
尊重女性。

以上这些是他的誓言。然后他的腰上就会被围上一条白色的皮带，他的靴子上会被固定一个金色的马刺。这些事做完之后，他会跪下来，而他的领主则一边用剑背拍他的肩膀，一边说："我册封你为骑士。"

骑士去战场上战斗的时候，要穿上一副盔甲，这副盔甲是由像鱼鳞那样的铁环或者钢片做成的，他的头上还要戴一个铁的头盔或头罩。穿上这套盔甲，可以挡住敌人的箭和长矛。但是，如果有什么子弹或炮弹的话，这种盔甲是一点儿用也没有的，不过那个时候还没有这些东西。

骑士们被他们的盔甲包裹得非常严，因此在战斗发生的时候，倘若双方混战在一起，他们就不能看出谁是谁了，不可能知道哪一边是朋友，哪一边是敌人。

因此，骑士们会在盔甲的外套上戴上一个动物的图案标记，比如狮子，或者一棵植物的标记，或者一朵玫瑰花的标记，或是一个十字架图案，或者其他什么装饰，这种图案被称为"盾形纹章"。或许你们的爸爸就可能在他现在写信的纸上用着一个盾形纹章，如果是这样的话，那应当是从某个曾曾祖父那里继承来的。

正如我刚才已经告诉过你们的那样，一名骑士首先要被教育成一名绅士。因此，即使在今天，我们仍然会把那些有着良好行为、礼貌，尤其是对待女士有着良好行为礼貌的男人称为有骑士风度的或有武士风度的人。当一位骑士见到一位女士的时候，他会脱下他的头盔。这表示："你是我的朋友，因此我不需要戴着头盔。"这也就是为什么在今天，绅士们在遇见女士们的时候都会摘下自己的帽子。

不过，骑士必须要学会的最重要的事情就是战斗。甚至他们的游戏都是战争游戏。

每一个国家、每一个时代，都有着它自己特有的游戏或运动，可以让人们从中获得快乐。希腊人有他们的奥林匹克比赛，罗马人有战车赛与角斗士的格斗游戏。今天的我们有足球与篮球比赛。而骑士们的主要运动则是一种被称为"马上比武"的战斗演习。

手上停着猎鹰的男人

马上比武运动是在一块叫做"竞技场"的场地里举行的。每当比武开始的时候，大量的观众就会挥舞着旗子，吹着喇叭，云集在竞技场四周观看。这种场面，就跟今天观看大型足球赛的群众挥舞着三角旗、嘟嘟地吹着喇叭差不多。比赛开始后，骑士们会骑上马，双方各自在竞技场的两端就位。他们手里拿着长矛，不过长矛的头都包着，以免给对方造成重创。当比赛信号出现时，他们就会策马向竞技场的中心冲过去，并用长矛刺向对方，试着把对方挑下马去。把其他骑士都挑下马去的优胜者，会得到某位女士送的丝带或纪念品作为礼物。骑士们都把这种奖品看得非常重要，这就像在今天，网球赛的冠军也会把冠军奖杯看得非常重要一样。

骑士们都很喜欢带着狗去打猎，但是他们有时也会带一只叫猎鹰的鸟去打猎。领主们与女士们都非常喜欢这种运动。他们把猎鹰训练得像猎狗一样，让它们可以抓其他的鸟类，比如野鸭、鸽子以及其他小动物。猎鹰在被带出去打猎的时候，会被系在领主或女士的手腕上，头上还罩着一个头罩。当猎物出现的时候，他们就会把它的头罩拿开，于是猎鹰就会迅捷地朝着猎物猛扑过去抓住它。之后，猎人就会走上前，把抓住的小动物取走，然后给猎鹰重新戴上头罩。不过，男人们通常更喜欢捕捉那些长着长獠牙的野猪，因为这项运动更加危险，因此被认为是一项更适合男人的运动。

50

一名海盗的伟大孙子

当阿尔弗烈德是英国国王的时候，丹麦人总是会侵扰英国。

与此同时，丹麦人的同族兄弟维京人也经常侵扰法国的海岸。

最后，阿尔弗烈德国王把英国海岸的一部分土地给了丹麦人，于是丹麦人就在这里定居下来，成了基督徒。

法国国王也做了类似的事情。为了避免被维京人骚扰，他把法国海岸的一部分土地划给了维京人。于是，维京人就像丹麦人那样，也定居下来，成了基督徒。

这些侵扰法国的维京人是由一名非常大胆、勇敢的海盗领导的，他的名字叫罗洛。为了答谢法国国王赐予的这个礼物，罗洛要以亲吻国王的脚来表示卑下。可是罗洛认为，向法国国王下跪并亲吻他的脚是一种有失身份的事情。因此他叫一名手下去替他做这件事。不过，他的手下也不愿意做这件事情。因此，当他亲吻的时候，他把国王的脚抬得非常高，把国王仰天摔了一跤。

于是，法国的这个地方被称为诺曼底（Normandy），这个名字是从维京人（Norseman）那儿来的。直到今天，人们还是这么称呼这个地方。而住在这里的人，就被称为诺曼底人了。

在公元1066年，有一位颇有权势的公爵统治着诺曼底。他的名字叫做威廉，是海盗罗洛的孙子。或许你们的名字也叫威廉，甚至，或者你们就是这位威廉的后裔。

亲吻国王的脚

威廉身体强健、意志坚定，统治起他的人民来手腕很是强硬。比起手下的所有其他骑士，他的箭射得更远更准，具有更大的杀伤力。甚至，其他人都拉不开他的弓。

威廉和他的人民后来成了基督徒。不过在他们看来，基督教的上帝更像他们原先的主神沃登，只不过换了个名字而已。威廉信奉“强权就是公理”。这是因为他是海盗的后裔，他的思维与行为方式仍然像海盗。因此，尽管他号称是一名基督徒，可还是无论想要什么，就抢过来据为已有。

这个时期的威廉还只是一名公爵，不是国王。他想成为一名国王。他认为他可以做英国国王。此时，只有一条海峡阻隔在他的公爵领地和英国的土地之间。

很巧的是，有一名叫哈罗德的年轻的英国王子在诺曼底海岸遭遇了海难。他被人发现后就被带到威廉面前。那时，看起来似乎哈罗德总有一天会当上英国国王。于是威廉觉得，这是一个自己得到英国的绝妙机会。因此他在放哈罗德离开前，让这个年轻人发誓：如果有一天他做了英国国王，就把英国送给威廉。仿佛一个国家就像可以送来送去的一匹马或一套盔甲似的。并且，为了使这个誓言具有庄严的约束力，在宣誓时，威廉让哈罗德把手放在祭坛上。这就像今天的人们把手放在《圣经》上宣誓一样。哈罗德在祭坛上发完誓后，威廉让人把祭坛的顶板掀开，哈罗德看到，祭坛下全是基督教圣徒的骸骨。在圣徒的骸骨前宣誓，这是一名基督徒可以说出的最庄严的誓言了。人们认为，谁也不敢打破这样的誓言，因为那会招来上帝之怒。

之后，哈罗德就回到了英国。可想而知，英国人民自然不会让他把英国送给威廉。此外，哈罗德自己也说，这个誓言，是他违背自己的意愿说出的，而受人胁迫说出的誓言是没有约束力的。因此，哈罗德就做了英国国王。

当威廉听说哈罗德已经成了英国国王后，他非常生气。他感觉被欺骗了，哈罗德违背了自己的誓言。因此他立即集合了一支军队，准备把英国从哈罗德的手里抢过来。

当威廉抵达英国，登陆上岸时，一个倒栽葱跌了下去。他手下所有的士兵对此异常惊恐，因为他们觉得运气太糟了——就像希腊人说的，这是一个非常坏的预兆。不过威廉反应很快，他摔下去的时候，两只手各抓了一把泥土。然后，他站了起来，让别人相信他是故意摔下去的，他高高地举起双手宣称：他抓起了泥土是一个标志，意味着他将拥有全部的英国土地。这样，他就把坏的预兆转变成了好运。

战争开始了，英国人为保卫自己的祖国与威廉大军展开了殊死搏斗，因为这些外国人是要来夺走自己的国家的。实际上，英国人几乎要打赢了。而这时，威廉却命令自己的军队假装逃跑。英国人大喜过望，立刻追了上去，他们在追击这些诺曼底人的过程中跑得一片散乱。然后，就在一片混乱时，威廉发出了一个信号，号令他的战士们回过身来迎战。英国人大吃了一惊，他们在重新调整好战斗队形之前就被击败了，英王哈罗德也被射了一箭，这一箭射进了他的眼睛，于是他死掉了。这场战役被称为“哈斯丁战役”，是英国历史上最有名的战役之一。

哈罗德进行了一场英勇的战斗，但他的运气实在是不好。就在战役开始的前几天，他还跟他自己的兄弟打了一仗。他的兄弟反叛他，集结了一支军队来攻打他。我们为哈罗德感到惋惜，不过后来事情的发展对英国来说很可能是一件好事，谁又说得准呢？

威廉把军队开到了伦敦，在公元1066年的圣诞节给自己加冕，成为了英国国王。从那时起，他就被称为“征服者威廉”，这次事件则被称为“诺曼底征服”。从此以后，英国就被一系列新的国王——一个诺曼底家族，也是一个海盗家族——统治着。

威廉把英国一份一份地分给了他的贵族们，仿佛它是一个馅饼。威廉就是这样以一种分封领地的方式来赏赐他的贵族们，而这些贵族则必须向他俯首称臣，宣誓：为威廉而战；威廉说什么，他们就做什么。威廉的每一位贵族都在自己分得的土地上建了一座城堡。威廉自己也在伦敦的台伯河边建了一座城堡。就在同一个地点，尤利乌斯·恺撒也曾建起过一座要塞，不过后来消失了；阿尔弗烈德大帝也建立过一座城堡，后来也消失了。然而，威廉建造的城堡直到今天还在，它就是人们所说的“伦敦塔”。

威廉是一位出色的领导人，他非常实际而富有效率。他开始着手统计英国的土地、人口与财物，获得了一份英国所有土地的清单，一份英国人口以及他们所拥有的财产清单。这份记录被称为《英国土地志》，有点像我们美国每隔十年进行一次的人口普查一样。清单上记载着每一位英国人以及他们拥有的每一件东西，甚至还记载着他们拥有的牛和猪的数量。如果你们的祖先曾生活在英国，那么你们就可以在《英国土地志》中找到他们的名字，他们有多少土地，拥有多少头牛，多少头猪。

为了避免晚上有危险的事情发生，威廉开创了被称为“宵禁令”的制度。每天晚上，到了一定时间，钟声就会响起。于是所有的灯都要熄灭，所有的人都要回到屋里去——躺到床上休息。

虽然威廉很能干，但是他也做了一件让英国人非常愤怒的事情。威廉酷爱打猎，然而伦敦附近没有什么好地方可以打猎，于是为了有一个好的猎场，威廉拆掉了大量的乡间房子，毁掉了大片的农田，把一大片土地变成了森林。它被称为“新森林”——尽管它到今天已经有大约900年的历史了——人们还是把它称为“新森林”。

不过总而言之，虽然威廉是海盗的后代，他还是把英国治理得非常好。他把英国变成了一个非常安全、和平、适合居住的地方，把英国管

理得比他所有的前任都要好。因此，对于英国人来说，公元1066年几乎就是他们的第一年。

因为威廉，这些出身于低微的移民人家的孩子，终于成长为上层阶级的领导人；他们从穿着宽松罩衫的人，变成穿着大礼服的人。我们觉得，这是非常显著而卓越的变化。不过，我们也看到了：一个海盗的孙子成了英国国王；今天的人们，若是发现他居然是自己的祖先，一定会为此吹嘘不已！

51

一场伟大的冒险

你们曾玩过一个叫“到耶路撒冷去”的游戏吗？在这个游戏里，每当音乐停止播放时，每个人必须要抢到一个座位。

嗯，在整个黑暗时代，“到耶路撒冷去”并不是一个游戏，而是真实的旅行，所有在欧洲各地的基督徒想要的一次旅行。只要有可能，他们就真的会去耶路撒冷。他们想看看耶稣基督被钉十字架的真实地点，想在埋葬耶稣的坟墓前祷告，然后再从那儿带回来一片棕榈叶作纪念品。他们会把这片棕榈叶挂在墙上，展示给他们的朋友，在以后的岁月里，跟别人回忆自己去耶路撒冷的那段经历。

因此，总是有一些好的基督徒——当然也有坏的基督徒——会“到耶路撒冷去”。有时他们是自己独自去的，但更常见的是，和其他人一起。当然，在那个时代，没有像火车那样的交通工具，穷人们不得不几乎全程徒步走去耶路撒冷，他们从法国、从英国、从西班牙、从德国出发，“到耶路撒冷去”。这样到达目的地，他们需要花上几个月甚至几年的时间。这些旅行者被称为“朝圣者”，他们的旅程则被称为“朝圣之旅”。

当时，耶路撒冷归土耳其人管辖，而土耳其人是穆斯林。他们不喜欢这些来参观耶稣墓的基督教朝圣者，所以他们并没有很好地对待这些人。实际上，有一些朝圣者在回去之后，会讲述一些土耳其人怎么对待他们的可怕故事，还会讲一些耶路撒冷圣地是怎么被土耳其人糟践的事情。

在公元1100年前不久，罗马有一位教皇，名字叫做吾珥班。吾珥班是全世界所有基督徒的领袖。他听说了这些朝圣者讲的故事后，他震惊了。他认为，不管怎样，圣城耶路撒冷以及它所在的圣地正在被穆斯林而不是基督徒统治，是一件非常可恶的事情。于是，吾珥班作了一场演讲，号召世界各地所有好的基督徒团结起来，去圣地进行一次朝圣，作好与土耳其人打仗的准备，把耶路撒冷从他们的手中夺过来。

在同一个时期，有一位修士，人们叫他“隐修士彼得”。隐修士是指这样一种人：他们离开人群，完全一个人独居；他们通常住在一个山洞里或者一个小棚子里，没人能够找到他、见到他，在那里他可以整天祷告；隐修士彼得认为这样的生活对他的灵魂是有益的，饥饿、寒冷和不适可以使他成为一个更出色的人。

隐修士彼得曾去过耶路撒冷朝圣，他对在那里看到的一切非常愤慨。从那里回来之后，无论走到哪里他都会跟别人讲：听任耶稣墓归属穆斯林管辖，这是一件多么令人感到羞辱的事情！于是他号召每个基督徒起来跟他一起去朝圣，拯救耶路撒冷。他在教堂里跟人说，在街角处跟人说，在市场上跟人说，还在路边跟人说。他是一个出色的演讲者，那些听到他演讲的人都被他的描述煽动得落泪不止，纷纷请求和他一起去耶路撒冷。

不久之后，成千上万的基督徒，年长的和年轻的，男人和女人，甚至还有孩子，都发誓要加入队伍，去耶路撒冷把它从穆斯林的手中夺过来。由于耶稣是在十字架上受难而死的，于是他们就用红色的布做成十字架的形状，再把它们缝在自己衣服的前面，以此作为标记，表示他们是十字架的战士。因此，这些朝圣者被称为“十字军”，这是一个拉丁词，意思是拿着十字架的人。由于这些人知道自己会去很长时间，或许永远都回不来了，因此他们把自己所有的家当都变卖了，离开了家。在十字军里，有贫穷的人，也有领主、贵族，甚至还有王子。因此在十字军步行的大部队旁边，还有很大一部分人是骑着马的。

十字军原先的计划是在公元1096年的夏天出发，也就是公元1100年的前四年。但是十字军中的很多人都着急，他们等不到原定的时间就想出发了。于是，这些人由隐修士彼得和另一位叫赤贫者沃尔特的虔诚基督徒带领，提前出发了。

他们对于耶路撒冷离他们有多远并没有概念。他们没有研究过地理，也没有地图。他们不知道要走多远，不知道在行军路上怎么弄吃的，更不知道晚上睡在哪里。他们只是简单地信任隐修士彼得，相信上帝会给他们提供一切、给他们指明道路。

他们一路行军，一路高歌："前进吧，基督教的战士们。"成千上万的人向着东方遥远的耶路撒冷前进。他们中有相当多的人死于疾病和饥饿。他们每看到一座城市，就会问："这是耶路撒冷吗？"他们根本不知道，他们离那座城市还十分遥远。

当耶路撒冷的穆斯林军队听说十字军东来的消息时，立即派兵拦截阻止，把彼得带领的人几乎全都杀死了。而那些按照原定时间晚一些出发的十字军，还在路上。

最后，在将近四年后，原先人数极多的十字军经过漫长的行程，只剩下了一小队人马到达圣城耶路撒冷城墙外。当他们看到耶路撒冷就在眼前时，欣喜若狂。他们双膝跪下，又是哭泣，又是祈祷，又是唱赞美歌，感谢上帝把他们带到了旅程的终点。接着，他们疯狂地向耶路撒冷进攻，战斗进行得非常惨烈。最后，他们打败了穆斯林，占领了耶路撒冷。这些基督徒进城后，杀死了很多人，据说耶路撒冷的街上到处都是鲜血。对于耶稣基督的追随者们来说，这似乎是非常奇怪的行为，因为他们整天祈祷反对战争与暴力："收刀入鞘吧！凡动刀的，必死在刀下。"

之后，十字军推选出了一名叫戈弗雷的基督徒作为他们的领导者来管理耶路撒冷这座城市。大部分十字军战士在这之后都离开耶路撒冷回了家。第一次十字军东征结束。

连连看：三个国王排成行

这里有三位国王：

英国的理查德，

法国的菲利普，

以及德国的腓特烈·巴巴罗萨。

如果你们重复几遍他们的名字，那么这几个名字就会在你们的脑海中盘旋不去，而你们也会止不住地想起它们，不管你们愿意还是不愿意。

耶路撒冷被基督徒们夺去了，但是它并没有留在他们手里很长时间。

后来，穆斯林攻击了耶路撒冷，又把它夺了回去。

因此，基督徒们又开始了第二次十字军东征。于是在接下来的两百年时间里发生了千载难逢的事情，基督徒们一次又一次地发起十字军东征——总共有八九次吧。有时候，十字军会把耶路撒冷夺回来，但仅仅是一段时间；有时候，他们根本打不赢。

第三次十字军东征大约发生在第一次十字军东征后的一百年，也就是公元1200年左右。是这三位国王——英国的理查德、法国的菲利普和德国的腓特烈·巴巴罗萨——发起了第三次十字军东征。不过他们并没有完成这次远征。接下来，我会以倒序的方式来给你们讲述第三次十字军东征。

腓特烈的名字是巴巴罗萨，意思是红胡子。在当时，用一位国王的

英国的理查德、法国的菲利普以及德国的腓特烈·巴巴罗萨

外貌特征来给他取绰号是风俗习惯。腓特烈的首都在亚琛，跟查理曼大帝的首都在同一个地方，不过腓特烈仅仅是德国的国王。腓特烈年轻的时候，也想过让自己的国家既幅员辽阔又繁荣强盛，就像查理曼大帝统治的新罗马帝国那样。但他不是一个足够伟大的人，因此无法取得像查理曼大帝那样的成就。腓特烈和其他两位国王一起开始十字军东征的时候，年纪已经很大了。他从来没到达过耶路撒冷，因为，他在去耶路撒冷的路上死了——过河的时候淹死了。以上就是第三位国王腓特烈的大体情况。

第二位国王是法国的菲利普。他很妒忌第一位国王理查德，因为理查德非常受民众爱戴，而且非常受十字军拥护。因此菲利普最后离开了十字军东征的队伍，回了法国。

这样，英国的理查德就是十字军中剩下来的唯一一位国王了。倘若他那时也回自己的国家而不是跟十字军闲逛就好了。不过，他觉得，比起待在家里处理那些纷繁复杂的政务来说，跟十字军一起前行是一项好得多的运动。

尽管有着种种缺点，理查德还是一个仁慈的君主，所有人都喜欢他。他非常友善，有绅士风度，而且强壮、勇敢。人们把他称为“狮心理查德”。他对待犯错的人非常严厉，但是也很公正。因此，人们在爱戴他的同时也敬畏他，他会对那些邪恶的人、做错事的人做出非常严厉的惩罚。甚至在他去世很久以后，妈妈想让顽皮哭闹的孩子安静下来的时候还会说：“嘘！如果你不乖的话，理查德国王会来把你抓去！”

理查德的敌人们也很尊重他。在第三次十字军东征时期，耶路撒冷的穆斯林国王叫撒拉丁。撒拉丁尽管受到了理查德的攻击，他还是非常仰慕理查德，甚至还成了理查德的朋友。因此，撒拉丁并没有跟理查德打仗，他最后跟理查德达成了一个友好协议，即以合适的方式处理耶稣墓与朝圣者的事情。由于这一安排能让每个人都满意，于是理查德就把耶路撒冷放心地留给了撒拉丁，然后回家去了。

在回去的路上，理查德被敌军抓获，投进了监狱，敌人要求英国付一大笔赎金。理查德的朋友们当时不知道他在哪儿，也不知道怎样才能找到他。

不过幸运的是，理查德恰好有一位要好的游吟诗人朋友，名字叫勃朗德尔。勃朗德尔写了一首歌，理查德非常喜欢这首歌。因此，当理查德被投到监狱的那段时期，勃朗德尔在这个国家到处转悠，所到之处都唱着理查德喜欢的这首歌。他希望，理查德可以听到他的歌声，然后能透露出他在哪里。有一天，他碰巧就在关押理查德的那个塔下唱歌。于是，理查德听到了，然后也唱起了这首歌回应他。这样，他的朋友们就知道他在哪里了。他们很快付了赎金，理查德就被放了出来。

理查德顺利地回到了英国。除了这些事，理查德还有很多历险故事。当时，有一位叫罗宾汉的强盗经常抢劫行人。理查德希望自己能被罗宾汉抓住，那样他就有机会抓住罗宾汉，让他得到应有的惩罚。因此，他把自己乔装成一名修士，按计划被罗宾汉抓住。不过，他后来发现罗宾汉毕竟还是一个很不错的人，于是就原谅了罗宾汉和他的手下。

理查德的盾形纹章上的图案是三头狮子，这三头狮子是一头挨着一头往上排的。今天，英国军队的一些盾牌上还沿袭着这样的图案设计呢。

在理查德的第三次十字军东征后，第四次十字军东征开始了。公元1212年——这个年份数很好记，因为它只是12这两个数字的重复——1、2、1、2——一支由孩子们组成的十字军成立了，因为只有孩子，所以这支队伍就被称为“童子十字军”。童子十字军是由一名12岁的法国男孩领导的，名字叫斯蒂芬，他的名字来自第一位基督教殉教者的名字。

从法国各地赶来的孩子就这样离开了他们的家庭和父母双亲——他们的父亲母亲让他们开始这么长的一段旅程，这在今天的我们看来是一件非常奇怪的事情。这支十字军向南行军到地中海的时候，他们希望海水会分开，让他们走着干硬的陆地到达耶路撒冷，就像他们在《圣经》上读到的那样，当以色列人离开埃及时，红海海水自动分开，让他们走过海洋。不过，这一次地中海的海水没有分开让他们通过。

然而，有一些水手出现了。他们提出，用他们的船把他们运去耶路撒冷。他们说自己不需要任何报酬，因为他们也爱着上帝。不过，结果证明，这些水手是真正的海盗。他们等孩子们上了船，就立即驾着船穿过地中海去非洲了，那里是基督徒们的敌对国家，穆斯林的聚居地。据说，海盗们把这些孩子卖到那里做了奴隶。这不是格林童话，海盗们也没有被孩子们设计什么圈套。因此我也不能弄个皆大欢喜的结局出来，因为事情就是这样的。

最后一次或者说第八次十字军是由法国国王路易领导的。路易是一名非常虔诚的基督徒，他把一切都献给了上帝。因此他被认为是一名圣徒，人们后来称呼他为圣路易。不过，这支十字军还是失败了。从那时起，耶路撒冷就一直被穆斯林统治着，直到公元1918年，英国才把它夺了回来。第八次十字军东征因此成为了真正的最后一次十字军东征。

并不是所有的十字军战士都是优秀的基督教徒。就跟今天的情况差不多，很多基督徒只是名义上的教徒。实际上，尽管非常奇怪，但是十字军战士中的大部分人确实只是一些地痞流氓，只会寻求刺激和冒险。他们加入十字军，只是为了有个借口可以抢劫。

十字军并没有完成他们最初的目标，即把耶路撒冷夺回到基督徒手中。不过尽管这样，他们还是做了大量有益的事情。当第一支十字军出征的时候，他们的文明程度和教养还没有他们所要征服的那些人高。但旅行有时候会教给人们比书本上更多的东西，旅行也同样教育了十字军。他们一路上学到了不少其他国家的风俗习惯，也学到了其他国家的语言、文学，还有历史、艺术。

那时，没有公共的学校。只有很少很少的一部分人才有受教育的机会。因此十字军做了本应该由学校来做的事情。他们回来后，把学到的东西教给了欧洲人民，于是，蒙昧的黑暗时代终结了。

53

用玻璃和石头做成的《圣经》

请问你们隔多长时间去一次教堂？

很可能，最多一周一次——在星期日。

但是在中世纪，人们通常是每天去一次教堂，而且一天去数次也是很常见的。他们并不只是在教堂有活动的时候才去。他们去那里，是为了祈祷，把自己的麻烦事跟神甫说说，以得到他们的建议；点一支蜡烛给圣母马丽亚，或者仅仅是为了跟他们的朋友聊天。

在整个十字军时期以及后来的一段短暂的时期内，人们平常想到的主要事情都是有关教堂的。

邻里之间，一般就只有一所教堂，每个人都去。因为在当时，没有浸信会教徒，没有主教派教徒，也没有循道宗信徒，所有人都只信仰基督教。

教堂是所有人集中的地方，也是所有人愿意开会的地方，因此，人们就会花上足够的金钱、时间与劳力来尽可能地把他们的教堂修得尽善尽美。这就是为什么法国及欧洲的其他地方有很多世界上最好的教堂和大教堂的原因，它们都是在那个时期修建的。这些教堂和大教堂今天仍然屹立，由于它们非常美丽，因此游客们会长途跋涉地来参观它们。

你们知道大教堂是什么吗？大教堂并不是一所大的教堂。它是主教们的教堂。在这种教堂的高坛上，一般会有一张特别的椅子，那是给主教坐的。主教的椅子在拉丁语中被称为“讲座”（cathedra），因此这

样的教堂就根据椅子的名字被命名为大教堂（cathedral）。

这些教堂、大教堂和古希腊古罗马修建的神庙完全不同，它们也跟历史上修建的其他建筑物都不一样。

倘若你们用积木盖过小房子的话，你们很可能是这样盖的：首先，你们会把两块积木竖起来；然后，把另一块积木放在这两块积木的顶上，这样它就成了一个屋顶。这种方法，也是古希腊人和古罗马人造房子时经常使用的方法。

不过，那个时候的欧洲基督徒可不是按这种办法来建造教堂的。

你们盖玩具房子时，如果不把一块单个的积木放在两块立起来的积木上的话，那么你们可能会试着把两块积木像字母“A”那样靠在一起，做成个小屋顶，是不是这样的呢？如果你们是这样做的，那么就会知道后果是什么了：两块倾斜靠着的积木会倒向一边，哗啦！全都垮下来。嗯，欧洲的基督徒们修建的教堂、大教堂在某种程度上就是以这种方式建造的，他们在立着的石头柱子上横跨起一道石头拱门。不过，为了避免石头圆拱把直立的石柱弄倒，建筑师们会用一些支撑

▲ 巴黎圣母院后殿的飞供

物或支柱来顶着。这些支撑物、支柱也是用石头做的，被称为“拱扶垛”或“飞拱”。

住在意大利的人们认为，这是一种疯狂的设计。他们觉得这样的建筑肯定会摇摇晃晃，很容易倒下来——就像卡片叠成的房子。公元476年，征服罗马的哥特人是一群蒙昧的野蛮人，因此在此之后人们便把一切蒙昧而野蛮的事物称为“哥特式的”。因此，人们把我们在上面刚描述过的这种建筑物称为“哥特式的”。尽管哥特人跟这种建筑物一点儿关系也没有，他们都在很久之前就死去了。

实际上，从我刚才给你们作出的这些描述中，你们也可能会认为这样一种由飞拱支撑的建筑物肯定是不稳的，而且非常丑陋。不过实际上，它们既不摇晃也不丑陋。它们不会东倒西歪，尽管偶尔会有一些这样的建筑因为造得不够仔细而倒塌，不过其中最大最好的建筑物至今还在。尽管还有些保守的人认为建筑物如果不按照古希腊或古罗马的样子建造就不好看，但我们还是对这些被称为哥特式建筑的伟大建筑物仰慕不已。

这些哥特式教堂与古希腊古罗马神庙有一些很不一样的地方。一所哥特式教堂在建造之前，人们会先在地上画一个巨大的十字架，并让它的头朝向东方，那是耶路撒冷所在的位置。之后，人们就把教堂建造在这个十字架上。教堂建完后，你们从教堂上方俯视，就可以看到它是一个十字架的形状，它的祭坛总是向着东方。

哥特式教堂有着美丽的尖顶或“箭头”，它被人们比做“指着天国的手指头”。教堂的门与窗的顶部，既不是方的也不是圆的，而是尖的，就像祈祷时双手合拢的样子。

哥特式教堂几乎每一面都有大片大片的玻璃。不过，这些大窗户可不是用平板白玻璃做的，而是用一小块一小块各种颜色的彩色玻璃拼在一起做成的，这些彩色玻璃组成了一幅幅美丽的图画。它们比普通的图画要美丽得多，因为当光线穿过它们时，它们会放射出像宝石那样璀璨的光芒——像澄净的天空那样的蓝色、像落日那样的黄色、像红宝石那样的红色。这些用玻璃做成的图画讲述着《圣经》中的一个个故事。它们就像书本中的彩色插页，即使是不识字或者认字很少的人也能够仅仅通过观看这些图画就知道《圣经》故事了。

在教堂里的石壁上，还雕刻着《圣经》中的圣徒、天使以及其他各色人物的雕像。因此，整座教堂就像一本用玻璃和石头做的《圣经》。

除了这些神圣的人物外，教堂里还摆着一些用石头做的奇形怪状的野兽——一些从未在自然界中出现过的怪兽。这些野兽雕像通常会摆放在屋顶的角上；或者有时会被用来做喷泉的喷嘴，称为“笕嘴”或“怪兽状滴水嘴”。据说它们可以把恶灵从这些神圣的地方吓走。

今天，已经没人能够知道谁是这些哥特式教堂的建筑师或设计师，或者谁是那些雕塑的雕刻者了。因为，几乎所有人都会在这种教堂里做一份什么工作，因为这是他们自己的教堂。如果某人不出钱的话，他就会出时间、出力。如果某人会某样手艺，那么他就会去雕刻石头或镶嵌五彩玻璃。如果某人不会什么手艺，也不会什么技术，那么他就会做一些普通的工作。

在这些哥特式教堂中，有一些花费了几百年的时间才建成。因此，那些在教堂开工时建造的工人，有的可能都不会见到教堂竣工的样子了。有一些大教堂赫赫有名，它们是英国的坎特伯雷大教堂、法国的巴黎圣母院大教堂，还有德国的科隆大教堂。

↑ 怪兽状滴水嘴

科隆大教堂是所有的大教堂中，建造时间最长的。它从开始建造到竣工，大约花了七百年时间。而美丽的法国兰斯大教堂则在第一次世界大战中几乎全部毁于德国人的战火。

哥特式教堂是用石头和宝石般的玻璃精心打造成的，人们在建造它们时不惜一切代价追求尽善尽美。今天，几乎所有的教堂还在以这种方式建造，有拱形尖门，有彩色玻璃窗，祭坛还是向着东方。不过，尽管它们跟哥特式教堂的风格非常接近，它们还是很少用到石头做的天花板，也不用飞拱，更不用玻璃做整面墙。现在的教堂，天花板顶部通常是用木头做的，尖顶也是木头的，甚至整座教堂都是用木料或其他一些廉价的材料做成的。真正的哥特式建筑花费甚巨，修建起来也非常困难。今天的人们，是不会花那么多的时间、金钱，也没有兴趣去以这样一种方式建造建筑物了。

以上就是哥特式教堂的故事，它们跟哥特人没有什么关系。

54

没有一个人喜欢的约翰

你们还记得那个被称为“狮心理查德”的理查德吗？他是每个人都喜欢的人，属于人见人爱的类型。他有个兄弟叫约翰，却没有一个人喜欢。

这个约翰兄弟后来成了国王，一个异常邪恶的国王。

约翰是历史上有名的坏人之一，我们都不喜欢他。而且当听到他最终恶有恶报的时候，我们还会很高兴地鼓掌。

约翰害怕自己年轻的侄子亚瑟会取代自己成为国王，因此他就把亚瑟杀了。有人说，他是雇人杀死的亚瑟；也有人说，他是自己亲手杀死的亚瑟。他王权统治的这样一个开端是非常糟糕的，不仅如此，随着时间流逝，情况变得越来越糟。

约翰跟当时的罗马教皇吵了一架。罗马教皇是当时世界上所有基督教徒的首领，世界各地的所有教堂都要服从他的命令，他说什么事情应当做就必须做，他说什么事情不能做就不能做。教皇命令约翰让某个人来做英国的主教，而约翰说不行。约翰希望他的一位朋友来做主教。于是，教皇说，如果约翰不按照他的话去做，他就把英国所有的教堂都关掉。约翰回应说，他不在乎，如果教皇愿意，他可以把英国所有的教堂都关掉。就这样，教皇下令，关掉英国所有的教堂，直到约翰屈服。在今天，关掉教堂可能不会对人民的生活产生太大影响。不过在当时，正如我在上文中跟你们说的那样，教堂是每个人日常生活中最重要的场所；实际上，几乎没有什么东西能像教堂那么重要了。关掉教堂，这意味着任何教堂里都不再提供服务；意味着，孩子不能受洗了；意味着，情侣们再也不能结婚了；还意味着，死去的人不能升入天堂了，也不能再用基督教的仪式来安葬了。

英国人非常震惊，仿佛上天给他们下了一道诅咒。他们害怕在自己身上会发生这些可怕的事情。人们当然会咒骂约翰，因为他就是教堂被关闭的根源。人们非常愤怒，于是约翰受到了惊吓——他害怕人民会起来反抗他。最后，教皇威胁他说，他会让另一个人代替他做英国国王——是的，教皇有这个权力——约翰害怕了，他颤抖着屈服了，同意了他一开始不同意的所有事情。不过，约翰的脑袋笨得像猪一样，他不会吸取教训。他总是做着各种错事，执迷不悟。

约翰一直有这样一个想法：他觉得世界是为国王建造的，人们生下来就要为国王服务，为国王干活，为国王挣钱，为国王做他想让他们做的任何事情。当然在以往，也有很多国王是像约翰那么想的，只是他们没有像约翰那么疯狂而已。约翰会下令，让富人们把自己的钱给他，不管他要多少。如果他们胆敢拒绝，约翰就把他们投进监狱，把他们的手用大铁块使劲压，直到骨头被压碎，血流出来，有时他还会将他们直接处死。

约翰干的坏事越来越多，最后，他的贵族们再也不能忍受了。他们把他关了起来，押送到泰晤士河上一个名叫“松软的米堤”的小岛上。在那里，他们强迫约翰同意一些事情，这些事情被用拉丁文写了下来。这件事情发生在公元1215年。这一年对约翰而言是个坏年份，但是对英国人来说是个好年份。贵族们要求约翰同意的那份清单，在拉丁语中被称为“伟大的协议”，即《英国大宪章》。

当然，约翰并不是心甘情愿地同意《英国大宪章》的。他对此非常生气，狂怒不已。就像一个被宠坏的孩子，当被迫做一些自己不愿意做的事情时，就会又踢又喊。但是不管怎样，约翰还是同意了这份协议。

约翰不会写自己的名字，因此他不能像今天的人们签合同那样签下自己的名字。不过，他手上戴着一个印章戒指，那些不会签自己名字的人就会用这种印章戒指来代替签字。在使用印章戒指时，先在签字的地

方滴上一些热蜡，然后把印章戒指摁上去就行了。

在约翰同意的《英国大宪章》里，贵族们被赋予了一些权利，这些权利在今天的我们看来是每个人毫无疑问都应该拥有的。例如：一个人当然有权拥有自己挣来的钱，并且有权不让这些钱被他人不合法地拿走。一个人除非犯了错并得到了公平的审判，否则他有权不被国王或其他任何人关起来，也有权不受国王或其他任何人惩罚。以上就是约翰在《英国大宪章》中同意的两条权利。当然，还有很多其他的权利。

不过，约翰并没有遵守他的承诺。一有机会，他就会第一时间打破它们。这就像一个人被迫同意某些自己不愿意同意的事情时会做的那样。但是约翰很快就死了，因此，《英国大宪章》没有对他造成多大影响。不过在他之后的那些国王，就必须同意《英国大宪章》中的那些条款了。因此，从公元1215年起，英国的国王就成了人民的仆人，而不再像以往的年代，人民是国王的仆人。

55

一个伟大的讲故事的人

在离英国很远很远的地方，

在那太阳升起的遥远的地方，

穿过意大利、穿过耶路撒冷、穿过底格里斯河、穿过幼发拉底河、穿过波斯以及所有其他国家和地方，我们听说，在遥远的东方，有一个国家，它的名字叫“中国”——“中——国”。

倘若地球像玻璃那样透明，你们往脚下看，就能看到中国在地球的另一端，和我们美国正对着。

中国这个地方我们现在称为中华人民共和国。中国人属于黄种人，是蒙古人种。

当然，在很久很久以前，这块土地上就一直生活着中国人，只是我们西方人对这片土地和在这片土地上生活着的人知道得非常少。

在13世纪的时候，有一支叫蒙古人或鞑靼人的黄种人部落在东方兴起。他们就像黑色可怕的雷暴一样，看起来似乎能够征服我们前面听说过的所有国家。蒙古人的首领是一个可怕的战士，名字叫成吉思汗。成吉思汗有一支蒙古人组成的骑兵，他们都是非常可怕的战士。成吉思汗和他的蒙古骑兵在很多方面都跟阿提拉和他的匈奴大军非常像——当然只是不好的那一面。实际上，有一些人认为，阿提拉和他的匈奴大军也是蒙古人。

成吉思汗经常会故意找一些借口来跟其他国家开战。不过，如果他找

不到一个好的借口，他就会制造一个借口出来，因为他非常热衷征服世界。成吉思汗和他的蒙古大军杀死了很多人，让人觉得就算是把老虎、狮子放出来也比他们要好。

就这样，成吉思汗和他的蒙古骑兵从远东的中国扫荡到了欧洲。他们一路上烧毁、破坏了成千上万座城市，屠杀了数以百万计的男人、女人和孩子。没有人能够阻止他们的脚步。看起来他们似乎要把所有的白人以及白人的建筑都从地球上抹去一样。

成吉思汗征服了从太平洋到东欧的所有土地。但是最后，他停了下来，他似乎对自己目前的这个帝国比较满意了。他确实应该感到满意了，因为他的帝国已经比罗马帝国大得多，甚至比亚历山大大帝建立的帝国也大得多。

成吉思汗去世之后，情况并没有好转起来。因为成吉思汗的儿子也跟他一样能打仗，他又征服了更多的国家。

不过，成吉思汗的孙子却没有他的祖父那么勇猛了。成吉思汗的这个孙子叫忽必烈，他的性格跟父亲跟祖父完全不同。他把首都定在中国一个叫做燕京的地方，现在我们称呼它北京。忽必烈统治着从他父亲手上继承下来的庞大帝国。他的主要兴趣就是建造金碧辉煌的宫殿，并在宫殿的周围建造了美丽的园林。他把首都打造得美仑美奂，甚至所罗门在全盛时期也没有忽必烈住得那么华丽壮观。

在离北京以及忽必烈宫殿很远很远的地方，在意大利北部有一个建造在水上的城市，它的街道就是河道，所有的车辆都用船来代替。这个城市叫威尼斯。大约在公元1300年，威尼斯城住着姓波罗的兄弟俩。这对波罗兄弟一直有个念头，就是想去见识一下世界各地的景物。因此，波罗兄弟带着其中一人的儿子马可·波罗从威尼斯出发了，向着太阳升起的地方，开始了他们的冒险之旅。就像故事书中的男孩们那样，从家里出发，寻找他们的运气。经过几年的旅途奔波，他们一直向着东方走，最后他们来到了忽必烈的美丽园林和壮丽宫殿的所在之地。

当忽必烈听说在宫殿外从一个没听说过的国家来了两个奇怪的白人时，就想见见他们，因此波罗兄弟被带到了他的面前。他们把自己故土上的所有事情都讲给忽必烈听，他们都是非常擅长讲故事的人，因此讲得绘声绘色。他们还跟忽必烈讲了一些基督教的事情，另外还讲了一些忽必烈从来没有听说过的事情。

忽必烈对波罗兄弟非常感兴趣，对他们讲述的发生在自己国家的事情也非常感兴趣。他还想听他们讲更多的故事。因此，他劝波罗兄弟待在宫里陪陪他，给他讲更多的故事。忽必烈赏给了他们许多珍宝。后来，他还让波罗兄弟成为了顾问与助手，协助治理自己的帝国。就这样，波罗兄弟在中国待了一年又一年、一年又一年，他们学会了汉语，然后成了中国非常重要的大人物。

波罗兄弟在中国度过了大约20年后，觉得是时候该回到家乡看看自己的家人了。忽必烈不希望他们离开，因为波罗兄弟对他非常有用，帮他处理了很多国家大事，因此他很不希望他们离开。但到了最后，他还是让他们走了。于是，波罗兄弟起程回家了。

当他们最终回到威尼斯的时候，由于他们离开的时间太长了，走的太远了，家里已经没有人认识他们了。他们也几乎忘了怎么说自己的家乡话，他们说起话来就像两个外国人。他们的衣服由于长时间的旅行变得破破烂烂了，两个人看起来就像流浪汉一样，甚至他们以前的老朋友也认不出他们了。没有人相信，这两个穿着破烂衣服的脏兮兮的陌生人就是消失了将近20年的威尼斯绅士。

波罗兄弟给他们的乡亲讲述了自己的历险经过，还讲述了他们一度生活过的那处美丽富饶的土地与城市。但他们的乡亲们只会嘲笑他们，因为他们觉得波罗兄弟只是在讲故事而已。

于是，波罗兄弟解开破破烂烂的外衣，结果掉出来成堆的华美而贵重的红宝石、钻石、蓝宝石和珍珠——这些珠宝足够把一个王国买下来。乡亲们大吃一惊，目瞪口呆，于是开始相信他们所说的都是真的。

马可·波罗把他们的故事讲给一个人听，这个人把他讲的都记录了下来，然后编成了一本书，书的名字叫《马可·波罗游记》。这是一本甚至在今天读来都非常有趣的书，尽管我们不能相信他讲的所有故事。我们知道，他把其中很多事情都夸大了，因为他喜欢让人们吃惊。

马可·波罗讲述了忽必烈的金碧辉煌的宫殿。他说，忽必烈的宫殿里有一个非常大的餐厅，几千位客人同时坐下来吃饭都没问题。他还说到一种非常巨大的鸟，大到可以带着一头大象在天上飞。他还说，诺亚方舟仍然在阿勒山上，只是阿勒山太高，爬起来很危险，因为它终年积雪，因此没有人能够爬上去看看方舟是不是真的还在那里。

56

魔法指针与魔法粉末

大约在马可·波罗从中国回到威尼斯的同一时期，欧洲人开始听说并谈论一种魔法指针和一种魔法粉末。这种魔法指针、魔法粉末可以做一些神奇的事情。有人说是波罗兄弟把这两种东西从中国带回去的，但我们对此持怀疑态度。当人们把这种指针放在一根稻草上并让它漂浮在水里，或是把它的中心点支起来时，它就会一直指向北方，不管你们如何快速地转圈。一只小盒子里装着这样一根指针，就被称为罗盘或指南针。

今天，你们可能不明白，为什么这样一个小小的东西会有这样非凡的效力。但尽管看起来很奇怪，这个小小的东西真的使人们发现一个新世界成为一种可能。

或许你们曾玩过这样一个游戏：让一位小朋友蒙住眼睛，然后在屋子中央转上几圈，接下来让他朝着门或窗户的方向走去，或朝着屋子里某个人所在的方向走去。你们知道，让一个这样转了几圈的人分辨具体方位，是几乎不可能的事。你们也知道，当一个人认为他是在往前走时，实际上却是在朝着相反的方向往后走，该是多么可笑啊。

那么，在海上航行的水手也有点像那个蒙着眼睛的小朋友。当然，如果天气很好，他就可以凭着太阳或星星的位置说出他要航行的方向。如果天气不好、乌云密布，他就没有什么参考点可以凭借了。那个时候，他就会像那个被蒙住眼睛的小朋友，很容易就迷了路向相反方向航行，却不知道方向已经反了。

或许这就是为什么在发明指南针之前，那些航海家不会航行得离岸边太远、不会让船超出视线太远的一个主要原因。他们担心，如果走得太远，就可能找不到回去的路了。因此，只有陆地可以到达的地方，或者不会超出陆地视野太远的地方，这部分世界，才是人们平时知道的世界。

不过，有了指南针之后，水手们就可以在乌云密布以及暴风雨的天气里继续沿着他们想去的方向航行了。他们只要沿着这个吊在盒子里的小小魔法指针指示出来的方向往前走就可以了。无论船怎么转向怎么扭来扭去或者被海浪抛来抛去，这个魔法指针指示的方向永远是北方。当然，水手们并不总是要去北方的，但一旦他们知道了哪个方向是北方之后，再想判断另外的方向就很容易了。南方是北方的相反方向，东方在北方的右边，而西方在北方的左边。因此，水手们要做的事情就是驾驶着船，沿着他们想去的方向一直前进。

不过，在指南针出现的很长一段时间后，水手们才真正用上它。他们认为，这种指针肯定是被施加了某种魔法，而他们害怕自己跟魔法之类的东西扯上关系。水手们通常都比较迷信，他们担心把指南针带上船，它可能会对船释放魔法，继而给他们带来坏运气。

另一样带有“魔法”的东西是火药。

在公元1300年以前，欧洲还没有步枪、大炮或手枪之类的东西。战士们在战场上战斗都是用弓箭、刀剑、长矛以及其他类似的武器。一柄刀剑只能由一个战士使用，而且攻击距离只有几英尺。但是如果利用步枪与大炮的话，就可以在几英里外杀死敌人、摧毁城墙。在火药发明后，原先的骑士装备显然就没有用了，因为它挡不住步枪和炮弹的射击。因此，火药完全改变了战争模式，它使得战争成为一件非常可怕的事情。

尽管马可·波罗应该在他的书里说过，他曾经在东方见过火药被装在大炮里面。不过大部分人都认为是一位叫做罗吉尔·培根的英国修士最先知道火药和指南针的知识的，他们认为很可能是罗吉尔·培根发明了它们。这位培根修士知道非常非常多的事情，那时的人们觉得那些都是魔法，认为培根是跟魔鬼结了盟才知道那么多的事情，于是把他抓起

来投进了监狱。培根是他那个时代最富有智慧的人，不过他大大超越了他所生活的时代。如果他生活在今天，会被人们尊为伟大的科学家、发明家。但是那个时候的人们认为他知道得太多了——任何像他那样知道太多东西的人就是邪恶的——人们觉得他可能窃取了上帝的秘密，而上帝不希望任何凡人知晓这些东西。

不过，还有另外一些人相信火药是由一位德国化学家施瓦茨发明的。这些人中有一部分因为施瓦茨的发明而责怪他。他们说，有一天，施瓦茨把一些化学物品放在一个铁碗里，然后用一根像药剂师们用的研磨槌那样的东西搅拌，试图将它们混合均匀。突然，混合物爆炸了，将研磨槌向上射了出去，穿透了天花板。施瓦茨大吃一惊，跟死神擦身而过。这件危险的事情过后，他产生了一个想法。他立即投入工作，准备在战争中用这种混合物把杀伤性武器射向敌人。有一些人认为，倘若当初研磨槌把施瓦茨射死了，那么这个秘密也将随之一起被毁掉，结果可能会好得多。那时，人们还从没见过那种可怕的、会把成千上万人瞬间杀死的战争。不过，在火药发明后，又过了很长一段时间，人们才把它做成了大规模杀伤性武器。实际上，直到一百多年以前，完全用枪炮的战争才替代了用弓箭等冷兵器的战争。

Thelon Gest Wart Hate Verwas

这是一个拉丁语标题吗？

不，它是英语标题。

你们难道不理解英语吗？

在公元1337年的时候，爱德华三世是英国的国王。不过，爱德华三世还想统治法国。所以他声称自己是法国前任国王的亲戚，统治法国他要比现任法国国王更合法。因此，他对法国发动了一场战争。这场战争持续了一百多年，因此人们它称为“百年战争”。所以它就是：

有史以来持续时间最长的战争！

英国军队从英国乘船，渡海之后在法国登陆。第一场大战是在一个叫克勒西的小地方打起来的。英国军队都是步兵，并且主要是由普通老百姓组成的，而法国军队则是穿着盔甲、骑在马背上的骑士——他们是上层阶级的人。

骑在马背上的法国骑士觉得他们的装备与兵力要比普通的英国步兵更加优良。这就像那些坐在汽车上的人常常会瞧不起走路的人一样。

不过，英国士兵所使用的武器“长弓”，其射出的箭具有可怕的力量。尽管法国骑士都是贵族，训练有素，而且骑着高头大马，穿着厚厚的盔甲，英国士兵还是把这些骑士狠狠地教训了一顿。

在这次战斗中，英国军队首次使用了大炮。不过，他们的大炮并没有给对方军队造成多大伤害。大炮的威力非常弱，炮弹打到敌人身上，就像把一个篮球或一个足球掷到他们身上差不多。不过，这些大炮确实把法国军队的马给吓到了，除此之外就几乎没有什么伤害了。但这是一个开端，标志着延续了很长时间的骑士、盔甲与封建制度的终结。

克勒西战役不过是英法百年战争的序曲。在克勒西战役的第二年，欧洲爆发了一场叫“黑死病”的可怕瘟疫。这场瘟疫有点像伯里克利时代雅典的那场瘟疫，不过黑死病不仅仅攻击一座城市或一个国家。据说它是从中国传来的，之后一直向西传播，直到欧洲。没有哪个城市和国家能够幸免。它的传播范围非常广，非常远，覆盖了整片大陆。因为瘟疫死去的人比在以往任何战争中死去的人都要多。它之所以叫黑死病，是因为，任何人只要染上这种病，身体上就会出现黑色的斑点，然后他就会在几小时或一两天内死去。染上黑死病的人无药可救。许多人一发现自已患上了这种病就马上自杀。很多人仅仅是因为惊恐过度而死去，实际上，他们是“被吓死”的。

黑死病延续了两年，欧洲几乎一半的人口死于黑死病。有时候，整座城市都变得空空荡荡。在很多地方，尸体没有人来埋，就一直在他们倒下的地方，到处都是——街上、门口、市场里。

庄稼也都烂在了地里，因为没有人收割。马匹、牛群都在村庄里四处乱跑，因为没有人照料它们。瘟疫甚至还传染给了海上的水手，船上的人都死了，甚至没剩下一个人来驾驶它们，这些船就在水面上孤伶伶地漂来漂去。

如果世界上所有的男人、女人和孩子都死于这场瘟疫，那会是什么样的情景呢？未来的世界又会是什么样的呢？

不过，似乎因为瘟疫死去的人还不够多似的，英法之间的百年战争还在一年一年地继续。在克勒西战役中打过仗的战士们都死了多少年了。他们的孩子们长大成人了，也去打仗，然后战死；他们的孙子们长大了，也去打仗，然后战死；他们的曾孙们也都长大了，然后也去打

仗，然后也战死了。英国一直在跟法国打仗。当时，法国的王子非常年轻，羸弱，因此法国人几乎都绝望了——完全没有希望——他们没有一个强有力的领导人来帮他们把侵犯了法国这么多年的英国人赶走。

这时，在法国的一个小村庄里有一位穷苦农民的女儿，她是一位牧羊女，名字叫珍尼·德阿克，即圣女贞德。她在照看羊群的时候，看到了一个奇妙的景象。她听到有声音在对她说，她就是那位必须领导法国军队的人，她可以将法国从英国人手里挽救回来。于是她去宫里见王子手下的贵族们，告诉他们自己看到的奇妙景象。但是这些人根本不相信她，他们不相信贞德能够领导法国军队战胜英国。

不过，为了测试她，他们在贞德跟贵族们在一起的时候，把酷似王子的一个人假扮成王子的模样，让他坐在王座上。然后，他们让贞德进去。贞德进入宫殿大厅后，看了一眼坐在王座上的人，然后毫不犹豫地从这位假王子的身旁穿过，直接向真正的王子走去。走到真王子面前后，她跪了下来，说："我到这里来，是为了领导你们的军队去打败英国人。"王子立刻把自己的令旗和一套盔甲送给了她。于是，贞德骑着马来到了军队面前，让王子加冕成为国王。

法国士兵终于重新振作了起来。因为看起来似乎是上帝给他们派来了一位天使，他们作战非常努力，非常勇敢，打赢了很多场战役。

然而，英国的士兵们却认为，派圣女贞德来的不是上帝，而是魔鬼；他们还认为，贞德不是天使，而是女巫。他们非常害怕贞德。终于在最后，英国人抓住了贞德。法国国王曾经被贞德救过，不过他并不在意这些，他不想去救贞德。现在局势变得对他有利了，他就更不愿意为一个女人卖力了。而那些士兵也不愿意被一个女人指挥得团团转，他们很高兴终于能够摆脱她了。

后来，英国人把圣女贞德审判为女巫，定了她的罪，然后把她绑在树桩上活活烧死了。

贞德死了。不过，她的死似乎给法国人带来了好运气，给他们的军队带来了新生。因为从那时起，法军力量大增。在经过一百多年的战争之后，法国人终于把英国人赶出了自己的国家。在一百多年的战争中，有数十万人受了伤，他们瘸腿的瘸腿、瞎的瞎、死的死。而经过这场百

被绑在树桩上的圣女贞德

年战争，英国人也没得到什么好处，就跟战争一开始的时候差不多——竹篮打水一场空。

58

印刷术与火药

直到这个时候为止（按：在作者所生活的时代），世界上还没有一本印刷出来的书。当然更没有报纸，也没有杂志。所有的书都必须用手抄写。这种书抄起来很慢，也很昂贵。因此全世界都没有几本手抄书。实际上，只有国王和非常富有的人才会有一些。例如，《圣经》，但是它的价格就和一大栋房子差不多，因此没有哪个穷人能够拥有它。甚至，如果教堂里有这样一本《圣经》都是非常引人注目的，以至于得用铁链拴着，以防被盗。想想吧，居然会有人偷《圣经》！

大约在公元1440年时，有一个人想出了一种新的制书办法。首先，他把木料制作的字母或文字——它们被称为“活字”——一个个排好，给它们涂上墨汁，然后把纸压在这些墨汁活字上，这样就得到了一份副本。活字排好后，成千上万份副本就能很快很容易地被制造出来了。这个你们当然知道，它就是印刷术。所有这一切看起来似乎都很简单，但问题在于，在这之前的几千年里，没有人想到这个办法。

通常人们相信，是一位叫古登堡的德国人在1440年第一次把书印刷出来的，因此他被称为印刷术的发明者①。那么，你们猜，历史上印出来的第一本书是什么呢？哎呀，当然就是《圣经》了。而且，还是用拉丁语印的！

① 中国北宋时期的毕昇首创泥活字印刷术。

第一本用英语印刷的书是由一个叫卡克斯顿的人制作的，你们永远都猜不到他印的这本书是什么。它是一本下棋用的棋谱，还记得吧，下棋游戏是阿拉伯人发明的。

在印刷术发明之前，很少有人能识字读书，即使是国王、王子也是一样的。因为，根本就没有书能够教他们，即使学会了识字，也很少有书能让他们阅读。因此，能识字、读书也就没有什么用了。

古登堡在他的印刷厂里对照着一个印刷页与一个手抄页

你们可以想象，在整个中世纪，没有书本，没有报纸，没有任何印刷品，人们要知道世界上正在发生的事情，或是想知道自己要知道的事情，该有多么困难啊！

但是印刷术发明以后，所有这一切都变了。故事书、学校课本以及其他的书都可以被大批量而且非常便宜地制造出来了。以前从未拥有过任何书的人现在也可以有自己的书了。每个人都能阅读名著故事、学习地理知识、历史知识，学习他想学的任何知识。因此，印刷术改变了一切。

在印刷术发明后不久，英法之间的百年战争也迅速结束了。

我们有很长时间没有说到的穆斯林们，他们曾在公元7世纪时试图攻占君士坦丁堡，但是后来停止了。因为城里的基督徒们用烧着的焦油和沥青去泼他们，这一点我在前文跟你们提到过。

公元1453年，穆斯林们又一次攻击君士坦丁堡。不过这次的穆斯林是土耳其人，他们不打算用弓箭跟城里的人们打仗了。这次，他们用的是火药和大炮。在一百多年前的克勒西战役中，英国人曾经使用了大炮，只是大炮造成的伤害很小。然而也是从那时候起，大炮的性能有了巨大的提升。君士坦丁堡的城墙再也抵挡不住这项新发明了，整座城池最终陷落。这样，君士坦丁堡成了土耳其人的君士坦丁堡；查士丁尼在一千多年前修建的美轮美奂的圣索菲亚大教堂，也变成了伊斯兰教的清真寺。东罗马帝国就这样灭亡了。帝国的另一部分——西罗马帝国于公元476年灭亡。

自从1453年君士坦丁堡陷落后，战场上便开始普遍使用火药了。城堡再也没有什么用了，穿着盔甲的骑士也没用了，弓箭也没用了——代替它的新式作战武器出现了。世界上出现了新的声音，那是大炮开火的声音："轰！轰！轰！"而在此前的战争中，战场上除了胜利者的欢呼声和临死者的呻吟外，是没有其他太吵闹的声音的。因此，人们把公元1453年称为中世纪的结束年，它也是新时代的开端之年。

火药的发明使中世纪结束了它漫长的历程。而印刷术以及那个魔法指针（指南针）的发明，则为开创新时代作出了巨大的贡献。

59

一个发现新世界的航海家

你们最喜欢的书是哪本？

《爱丽丝梦游仙境》？

《格列佛游记》？

在那个时代，第一批被印刷的书以及孩子们最喜欢的书是：

《马可·波罗游记》

《马可·波罗游记》中描述了许多发生在遥远的东方国度的事情，那里有各种珍贵的金银珠宝。孩子们很喜欢这些故事，有个小男孩对这些故事尤其着迷，他是一个意大利人，名字叫克里斯托弗·哥伦布。

克里斯托弗·哥伦布出生在热那亚城，这个城市位于意大利这只“靴子”的顶部。就像许多出生在海港城市的男孩子一样，哥伦布也常常在码头上听那些水手讲他们在旅途中经历或见到过的奇闻异景。深受影响的哥伦布的最大野心就是出海航行，去看看自己读到、听到过的所有奇妙的地方。最后，机会来了，那一年他只有十四岁，他开始了自己的第一次旅行。自此以后，哥伦布又航海旅行了很多次，逐渐成长为一个阅历丰富的中年人。不过，哥伦布从来没有去过自己在《马可·波罗游记》中读到的那些国家。

在那个时候，许多船长都想找到一条去印度的最短航线，马可·波罗以前走的那条路太远，太令人厌烦。他们确信，海上肯定有一条更短的航线去印度。尤其是当时已经有了指南针指示方向，因此他们敢出海远行去寻找这样一条路。

这个时候，很多书已经被印出来了。其中有一些是关于旅行的，它们是古希腊人和古罗马人写的。这些书宣称，世界不是平的而是圆的，这是一种疯狂的想法。哥伦布读过这些书，他对自己说，世界如果真是圆的，那么人们一直向西方航行就可以到达印度。要是走马可·波罗以前走的那条路，得先乘船到达地中海的尽头，然后走上数千英里的陆路，才能到达印度。相比之下，乘船一直向西方航行就到达目的地的这个行程会容易得多，也近很多。

哥伦布越是反复考虑这个问题，就越是确信这种方案是可行的，也就越渴望能够有一条船用来尝试一下。但是每个人都嘲笑他，认为他的想法很愚蠢。当的状况是，作为一名水手，哥伦布是没有钱去买或者租一条船的，也找不到任何人能够帮助他。

因此，哥伦布就去了一个叫葡萄牙的小国。葡萄牙刚好在大西洋边上，于是他觉得葡萄牙人应该都是有名的水手，事实上也确实如此——作为水手，葡萄牙人就像古代腓尼基人那么有名。因此哥伦布觉得葡萄牙人可能会对这个提议感兴趣，继而帮助他实现自己的想法。他认定葡萄牙国王会对发现新大陆非常感兴趣。

不过，就像其他人一样，葡萄牙国王也觉得哥伦布是愚蠢的，他并不想帮助哥伦布。不过，他想证明哥伦布的想法是没有意义的；而且，如果真有什么新大陆，他也想做第一个发现它的人。因此，他秘密地派出了他的几名船长去探险。一段时间之后，这些船长一个个地回来了，他们说自己已经在安全范围内航行得够远了，可以肯定的是，在西边没有什么新大陆，那里全是水、水、水。

于是哥伦布在众人的厌恶中去了下一个国家，西班牙。当时的西班牙由国王斐迪南二世与王后伊莎贝拉统治着的。斐迪南二世和王后伊莎贝拉恰好在那时特别忙，没时间听哥伦布说他的事情。他们当时正在跟穆斯林们交战，穆斯林从公元732年起就一直占领着西班牙。你们还记得吗？穆斯林向北一直打到了法国。最后，斐迪南二世和伊莎贝拉成功地把穆斯林赶出了他们的国家。这件事之后，伊莎贝拉对哥伦布的想法、计划表现出了浓厚的兴趣，她承诺会帮助哥伦布，她甚至说，会把自己的珠宝卖掉，如果有必要的话。当然，她并不是一定要这样做。于是，在伊莎贝拉的帮助下，哥伦布买了三条小船，它们分别是：尼娜号、平塔号和圣玛丽亚号。这三条船非常之小，在今天我们甚至都不敢乘着这么小的船出海航行到看不见岸的地方。

最后，一切都准备妥当了，哥伦布带着大约一百名水手从西班牙的巴罗斯海港动身起航。在这些水手中，很多人都是犯罪分子，他们得到了一次选择的机会：或者被投进监狱，或者开始这次危险的旅程。这些人选择了去冒险，而不是待在监狱里。沿着太阳落入大西洋的方向，哥伦布驾驶着船一直向前航行。他们经过了加那利群岛，不论是白天还是黑夜，一直朝着同一个方向航行。

你们看看自己是否有这样的想法——在那个时候所有人都有这样的想法——我们目前所知道的那些地方，就是全部的世界了。试着把你们以前学过的北美洲和南美洲忘掉吧。当然，哥伦布他们也不知道这些大陆的存在。他们白天在甲板上四处扫视着海浪的尽头，晚上则凝视着茫茫的黑夜，希望能尽早看到——不是一块新大陆，他不是要寻找一块新大陆，而是寻找——中国或者印度。

哥伦布航行出海已经超过了一个月了，他的水手们开始着急了。似乎不可能有什么海洋能够如此辽阔，如此无边无际。他们的视野中什么都看不到，前面、后面、任何方向，什么都没有。水手们开始想着回去的事情了。他们开始担心永远都回不了家。他们开始乞求哥伦布返航。他们说，如果再继续往前航行，那就真是疯了；在他们前面，除了水，再也没有其他任何东西了。他们很可能就这样一直漂泊下去，然后看不到任何东西。

哥伦布跟他们争论了起来，不过没有什么效果。最后，他向水手们承诺，如果他们不久之后还是不能到达一片陆地的话，他就同意返航。时间一天一天过去，还是没能发现什么新东西。水手们私下秘密商量着在晚上把哥伦布扔进海里，这样就可以除掉他了。然后他们就能够返航，并在回去后告诉西班牙人说，哥伦布不小心从甲板上掉进海里

↑ 哥伦布在跟他的船员们争论

去了。

就在除了哥伦布之外的所有人都绝望的时候，一个水手看到了漂在水面上的一根树枝，树枝上还有一些浆果。它会是从哪里来的呢？然后，他们看到了鸟在天空中飞翔——鸟通常不会飞得离岸边太远。然后，在他们起程两个多月之后的一个黑夜里，他们看到很远的前方有一丝灯光在闪烁。很可能在世界上都不曾有过，一丝这么微弱的灯光竟带来如此强大的欢喜。灯光只意味着一件事情——人类、陆地，最重要的是陆地！于是，在公元1492年10月12日的清晨，这三艘船靠岸了。哥伦布一下子从船上跳到了岸上，双膝跪地，祈祷着感谢上帝。然后他们扯起了西班牙国旗，以西班牙的名义占有了这块陆地，把它命名为“圣萨尔瓦多”，它在西班牙语里的意思是“神圣的救世主”。

当时，哥伦布认为他抵达的这块陆地就是印度。当然，今天的我们知道，在他去印度的路上，还隔着一个大洲，即北美洲、南美洲。实际上，哥伦布登上的这块土地，仅仅是处于美洲海岸之外的一个小小岛而已。

哥伦布他们在这里见到了一些奇怪的人。他们的身体和脸部都涂着油彩，还把羽毛插在自己的头发上。由于哥伦布认为他们肯定就是印度人，因此把他们称为“印第安人”，直到今天，这个名字还在沿用。

哥伦布去了附近的其他一些岛屿，不过他并没有在那里找到自己期盼的任何黄金或珍贵的石头，也没有找到马可·波罗描述的那些奇景。由于他离开的时间太长了，因此他开始起程返航，沿着原路回西班牙。他带了一些印第安人回去让欧洲人看看；他还带了一些印第安人吸的烟草，这个东西欧洲人以前甚至根本没见过，也没听说过。

哥伦布安全抵达西班牙。人们在见到他并听他说了自己的发现后都高兴坏了。每个人都欣喜若狂——不过仅仅就一段时间而已。不久后，人们就开始说，哥伦布一直向西航行，然后发现了大陆，这根本算不了什么，任何人都能做到这一点。

有一天，当哥伦布和国王手下的一些贵族一起用餐的时候，这些人又开始极力贬低哥伦布的发现了。于是，哥伦布拿起一个鸡蛋，让坐在桌边一起用餐的那些人试试，看谁能够把鸡蛋的一头立起来。鸡蛋由一个人传给另一个人，没有人能把鸡蛋立起来。当鸡蛋又一次回到哥伦布手里的时候，他把鸡蛋在桌上轻轻一磕，于是鸡蛋一头的蛋壳略微破了一些，这样这头就变平了。当然，这样他就可以把鸡蛋立在桌上了。“你们看看”，哥伦布说，“倘若你们已经知道应该怎么做的话，这当然非常容易。同样，在我发现大陆之后，你们知道怎么做了，当然觉得这件事情非常容易了。不就是一直向西航行，直到发现一片大陆嘛！”

此后，哥伦布又去了三次美洲，加起来一共是四次。不过，他从来都不知道他发现的那片新大陆实际上是美洲。他登上了南美洲，但是从来没有去过北美洲。

由于哥伦布并没有带回来任何珍贵的珠宝或其他奇妙的东西，西班牙人原本还指望他能带回来这些呢。于是人们对他渐渐失去了兴趣。一些心理阴暗的人妒忌他的成就，甚至开始控诉他做了错事，于是国王斐迪南二世派了另一个人去接替哥伦布。哥伦布被铐了起来，用船送回了家乡，尽管他马上又被释放了。重获自由的哥伦布一直保留着枷锁，以此来提醒自己——西班牙人是这样忘恩负义。他还要求，在自己死后，让枷锁陪着自己一起下葬。在这之后，哥伦布又出海旅行过一次；当他最后孤零零地在西班牙去世的时候，他的朋友几乎都已经把他忘了。对于这样一个发现了新大陆，改变了整个世界历史的人，这是一个什么样的结局呀！

在我们听说过的所有人中，不管是国王还是王后、王子还是皇帝，没有人能跟哥伦布相比。亚历山大大帝、尤利乌斯·恺撒、查理曼大帝，这些人杀人如麻，他们是夺取者。而哥伦布是给予者，他给了我们一个全新的世界。没有金钱、没有朋友、没有好运，在多年的失意中一直坚持着自己的信念。尽管被人笑话，被人称为怪人，甚至被当成一个犯罪分子，但是哥伦布从来

没有放弃，

没有灰心，

也没有屈服！

淘金者

哥伦布发现的那个新大陆并没有名字。

当时人们简单地把它称为“新大陆”，就像把刚出生的婴儿称为“新生儿”一样。

新大陆必须得有个名字，但它应该叫什么呢？

当然，如果我们可以为它选择一个名字的话，那么我们应该以哥伦布的名字把它命名为“哥伦比亚”。不过，人们选了另外一个名字，下面是事情的经过：

有一位叫亚美利哥的人乘船去了一趟新大陆的南部，他回来后写了一本游记。人们读了他的这本书后，开始把亚美利哥描述的这块新大陆称为“亚美利哥的国家”。就这样，新大陆就以亚美利哥的名字命名为亚美利加洲了。尽管如果按照公平的说法，它应该是以哥伦布的名字命名的，你们不觉得应该是这样吗？孩子们长大之后，有时也想把自己的名字改一改，不过已经太晚了。因此，尽管我们的美国在地图上的名字并不是哥伦比亚，但我们还是经常在谈到这个国家的时候把它说成是哥伦比亚，在唱歌的时候也会把它唱成哥伦比亚。那也是为什么在今天，我们美国的许多城市、乡镇、地区、街道都被命名为哥伦布或哥伦比亚的原因。

在哥伦布发现新大陆后，人们知道了一直往西航行是没有从世界上掉下去的危险的，人们也知道了在西边很远的地方确实有块陆地。因

此几乎每个寻找印度的人现在都一窝蜂地出现在哥伦布以前航行过的那条航线上。“一堆跟屁虫！”真正的天才开创了某件事情，然后就有成千上万个人在后面模仿他。现在每个可以出海的船长都急着向大西洋冲去，去寻找新的陆地和国家。因此在这个时候，人们有许许多多的新发现。因此这个时代就被称为“大发现时代”，也称“大航海时代”。这些向西航行的人大部分都想去印度。他们想去那里寻找金银财宝和香料，他们觉得在印度可以找到这些东西。

现在我们想知道，为什么这些人会走过那么远的路去印度，不仅寻找金子和珍宝，还要寻找香料——比如丁香、胡椒——你可能很想知道，为什么他们那么渴望找到香料？你自己可能不喜欢胡椒，也不喜欢丁香。不过在那个年代，人们没有冰箱，因此肉类和其他食物很容易腐烂变坏。我们现在可能觉得这样的食物不能吃了，不过当时的人却会用香料把食物变质的味道掩盖后接着吃，不这样做，食物就难以下咽。欧洲不出产这种香料——只有在远东才有。因此人们会花大价钱去购买，这也是人们会航行那么远的路程去寻找香料的原因。

有一位葡萄牙航海家，名字叫做瓦斯科·达·伽马。他也是那些想全程走水路去印度的船长之一。不过，他并没有像哥伦布那样向西航行，而是想向南绕过非洲去印度。其他一些人以前也曾试着绕过非洲去印度，不过都半途而废了。那些想去印度但中路就折返回来的人讲了一些非常可怕的故事。这些故事的情节类似于“水手辛巴达”。回来的人说，在那边的海上，有的地方就像滚沸了一样；他们还说，那里有一座磁铁山，会吸住船上的铁龙骨，然后船就被吸过去，撞在山上成为碎片；他们还说，那边有一个非常大的旋涡，船会无可抗拒地被拉进去——往下沉，往下沉，一直沉到底；他们还说，那里有巨大的海蛇和海怪，一口就能把一艘船吞下去。非洲的南端有一个地方叫“暴风雨之角”，不过这个名字听起来不太吉利，因此后来他们把它改成了“好望角”。

瓦斯科·达·伽马并没有顾忌这些，他继续沿着他的航线向南航行。在经过了许多艰难和危险之后，他绕过了好望角，航行到了印度，

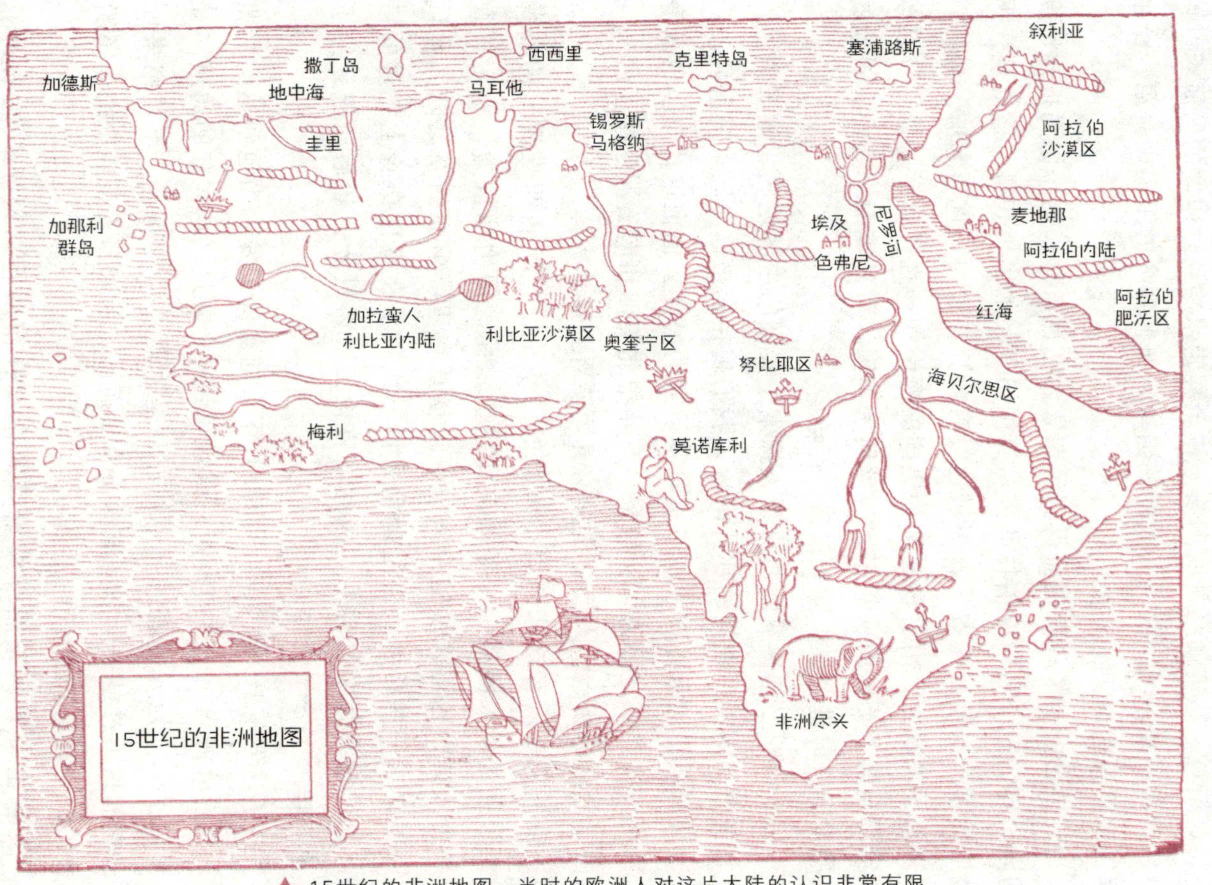

▲15世纪的非洲地图，当时的欧洲人对这片大陆的认识非常有限

得到了在当时来讲极为贵重的很多香料，然后安全地回到了欧洲。这件事情发生在公元1497至1499年，即哥伦布第一次发现新大陆的五年之后。瓦斯科·达·伽马是欧洲第一位全程走水路到达印度的航海家。西班牙的荣耀是第一个发现新大陆的国家，而葡萄牙的荣耀则是第一个全程以水路到达印度的国家。

英国也由于某些发现而得到了荣耀。在瓦斯科·达·伽马抵达印度的同一年，一个名叫卡伯特的人从英国出发，他也想获得一些发现。但是他的第一次航行失败了，不过他没有放弃，很快又重新起航。最后，他来到了加拿大，沿着现在称为美国的海岸线一直往前走。他宣称这些国家都是属于英国的。后来，他就回了英国，可是英国一直没有对他的这些发现采取进一步措施，直到一百年后。

另一位叫巴尔博亚的西班牙人探索了美洲的中部地区。他来到了连接北美洲和南美洲中间的那片海峡，我们现在把它称为巴拿马海峡。穿过这片海峡，他意外地发现了另一片巨大的海洋。他把这片奇怪的新海洋称为“南洋”。因为尽管巴拿马海峡把北美洲和南美洲连接了起来，但由于流向的原因，人们总是向南看才能看到这片大洋。

接下来是所有这些航程中最长的一条了。一位名叫麦哲伦的葡萄牙人想穿过新大陆找到一条通向印度的道路。因为他认为，肯定存在着某个入口，他可以从这个入口穿过横亘在印度前面的新大陆。他试着回国寻求一些帮助，但是葡萄牙再一次犯了在哥伦布身上犯过的错误，他们没有帮助麦哲伦。因此麦哲伦去了西班牙，然后西班牙给了他五条船。

有了这五条船，麦哲伦出海航行了，向美洲进发。当他到达南美洲后，就沿着海岸线一直向南走，试着找到一个穿过这块大陆的通道。看起来似乎一个地方接着另一个地方都是他要寻找的通道，不过结果证明，它们只不过是一个个河流的入海口而已。后来那五条船中的一条船损毁了，只剩下了四条船。

麦哲伦带着四条船继续沿着海岸线往南航行。终于，他来到了今天我们称为合恩角的地方。他穿过了这条危险的海峡。因此，这条海峡现在根据他的名字被命名为麦哲伦海峡。然后，他继续航行。途中，有一条船放弃了，按照原路返回了西班牙。麦哲伦只剩下了三条船。

穿过这条海峡后，麦哲伦带着三条船终于来到了新大陆另一边的大洋中，这个大洋就是巴尔博亚称之为南洋的海洋。麦哲伦把这片大洋命名为“太平洋”，意思是“平静”。因为在经历了那么多暴风雨之后，这片海洋看起来似乎非常平静安宁。不过，麦哲伦他们的食物和淡水开始缺乏了，最后完全耗尽了。船员们经受着可怕的饥饿与干渴，他们甚至去找在甲板上总能找到的老鼠来吃。很多船员都患上了病，然后死去了。尽管麦哲伦失去了起航时的大部分船员，他还是坚持着一直向前航行。最后，他抵达了现在被称为菲律宾群岛的地方，当时这里的人类还都是野蛮人。船员们在这些岛上跟当地土著打了一仗。争斗中，麦哲伦被杀了。现在，没有足够的人去驾驶这三条船了，因此剩下的人把其中一条船烧了，留下了两条船。

↑ 麦哲伦船队的维多利亚号

剩余的船员们驾驶着麦哲伦起航时五条船中残存的两条船，继续航行。后来，一条船失踪了，消失得无影无踪，再也没有被找到。于是，只剩下了最后一条船——维多利亚号（Victoria）。看起来似乎到最后都不会剩下一条船、一个人了，也不会有人讲述他们的航行传奇了。

维多利亚号绕着非洲克服重重困难努力向前航行。麦哲伦船队残存的最后一批船员，被饥饿、寒冷、各种困难折磨着，还要跟狂风暴雨作斗争。但是到最后，这艘载着十八名船员的破烂漏船驶进了三年多前它出发时的海港。就这样，维多利亚号，胜利返航！这艘麦哲伦船队幸存下来的船，永远地失去了它的英雄麦哲伦。维多利亚号是历史上第一艘围绕着地球完整地航行了一圈的船。这次航行永远结束了多年以来的争论，即地球到底是圆的还是平的。因为，有一艘船真正地绕着地球航行了一圈！不过，在此之后的很多年里，有一些人仍然不顾这样的事实，仍然不相信地球是圆的。甚至直到今天，他们还会说地球是平的。不过，现在我们把这种人称为怪人。

令人着迷的地方：寻找金银财宝与种种历险

对于新大陆的财富与奇景，人们有着各种各样的传闻。

据说，在新大陆的某个地方，有一口叫“青春之泉”的泉眼。如果你能在里面洗个澡或者喝一点里面的水，就会再一次变回年轻人。

据说，在新大陆的某个地方，有一座叫“埃尔多拉多”的城市，它全是用实打实的黄金建造成的。

就这样，每一个喜欢冒险的人，只要他能攒到足够的钱的话，他就会出发去寻找这些东西。它们可能会使他变得非常有名或非常健康，非常富有或非常有智慧，或者，变得永远年轻。

在这些人中，有一个人叫彭塞·德·雷翁。彭塞·德·雷翁想去寻找“青春之泉”。在他寻找泉水的过程中，他发现了佛罗里达州。不过，他最终没有找到“青春之泉”，而是在跟印第安人的战斗中失去了生命。

这些人中的另一个人叫做索特，他寻找的是黄金之城“埃尔多拉多”。在寻找这座城市的过程中，他发现了北美洲最长的河流——密西西比河。不过他后来也没有找到“埃尔多拉多”，而是发高烧死去了。但是，他的那些西班牙人同伴，为了让印第安人害怕他们，却说索特是神，他是不会死的。然后，为了掩盖索特已经死去的真相，他们在夜里把他投进了新发现的那条密西西比河中。做完了这一切，他们告诉印第安人，说索特去天堂旅行了，很快就会回来。

美洲的中央地带是一个被称为墨西哥的国家。当时，这里生活着一个叫阿兹特克的印第安人部落。阿兹特克部落比这些探险者遇到的其他所有印第安部落都要文明得多。他们不住帐篷，而是住在屋子里。他们建造了很华丽的神庙和宫殿，还修建了一些道路和引水渠，有点像罗马人做过的那样。他们还拥有大量的金银财宝。阿兹特克人崇拜偶像，他们会用活人来祭祀这些偶像。他们的国王是一位著名的酋长，名字叫做蒙提祖玛。

有一个叫科尔特斯的西班牙人被派去征服这些阿兹特克人。科尔特斯在墨西哥海岸登陆之后就把船烧掉了，这样他的水手、战士们就都回不去了。阿兹特克人觉得这些白人是从天上下凡的神明，觉得白人们挂着白帆的船是载着他们到来的白翼鸟。西班牙人从船上带下来一些马，阿兹特克人从来没有见过这种动物。他们对白人骑着这种可怕的动物感到非常害怕。而当西班牙人用大炮开火的时候，阿兹特克人更是被吓坏了。他们认为那是雷霆与闪电。

科尔特斯向着阿兹特克首都墨西哥城进军，墨西哥城建在一个湖中间的小岛上。西班牙军队一路上遇到的土著居民都拼死反抗，但是由于他们用的都是石器时代、青铜时代的人们惯用的武器，因此他们完全不是西班牙人洋枪大炮的对手。

阿兹特克首领蒙提祖玛想跟这些白色的神明结为朋友，于是他送给科尔特斯很多贵重的礼物，甚至还送了成车成车的黄金。当科尔特斯到达首都墨西哥城时，蒙提祖玛热情地款待了他，对他不像对一名敌人，反倒像对一名客人，一切都做得再好不过了。科尔特斯跟蒙提祖玛说了一些基督教的情况，想让蒙提祖玛也信奉基督教。可是蒙提祖玛却觉得自己的神明就跟基督教上帝一样好，因此他不想改信其他宗教。于是，科尔特斯突然把蒙提祖玛抓了起来，然后，可怕的事情就开始了。蒙提祖玛被杀死，科尔特斯成功地征服了墨西哥。——尽管阿兹特克人非常英勇善战，但他们还是敌不过子弹与炮弹。

在南美洲的秘鲁，还有一个文明的印第安部落，他们甚至比阿兹特克人还要富有。他们就是印加人。据说，他们的城市都是用黄金铺成的。

另一位叫做皮萨罗的西班牙人，也像科尔特斯征服墨西哥那样征服

了秘鲁。皮萨罗告诉印加的统治者说，教皇已经把这个国家给西班牙了。印加人从来没听说过教皇，他们很好奇教皇跟秘鲁有什么关系，居然可以把这个国家送给西班牙。当然，印加人是肯定不愿意把自己的国家送给西班牙的。于是，皮萨罗自己把它“取”了过来。皮萨罗只有几百人，但是他有大炮，印加人自然是抵挡不了的。

法国和欧洲其他的一些国家也派出了探险家去征服美洲的一些地方，然后又派出传教士去把基督教传播给印第安人。这些，如果你去阅读美洲史的话，会知道得更多。

其实，许多这样的探险家都是真正的海盗，他们甚至比入侵英国和法国的维京人还要坏得多。因为，他们屠杀了很多没有像样的武器跟他们作战的印第安人。他们这么干的常见借口就是想把这些土著居民变成基督徒。因此，倘若基督教教导的就是把不能自卫的人杀掉的话，那么并不奇怪——那些土著居民觉得基督教并不怎么样。穆斯林们拿着刀剑让人改信伊斯兰教，而基督徒们则拿着洋枪和大炮让人改信基督教。

重生

这里有一个比较长的英文词，复兴（Renaissance）。

它的意思是：重生。

当然，没有什么东西能够重生。不过，人们会把我们下面将要讲到的这个时代称为文艺复兴、重生的时代。以下是人们把它称为文艺复兴时代的原因。

你们还记得伯里克利时代，不是吗？在那个时代，雅典人建造了许多美丽的雕塑与建筑。是的，在15世纪，并不是每个人都冲向新大陆去探险的。当我跟你们说的上述那些探险家正在新大陆探险时，一些世界闻名的最伟大的艺术家正在意大利生活和工作。

在那里，建筑师们建造了美丽的建筑物，其中一些像古希腊、古罗马的神庙。雕塑师们雕出来的雕塑几乎跟菲狄亚斯雕出来的一样美丽。人们开始再一次对古希腊作家们的作品产生兴趣，这些作品开始被大量印制，每个人都可以读到了。看起来似乎是伯里克利时代的雅典人重生了。这就是为什么人们把这个时代称为文艺复兴时代的原因。

在文艺复兴时代的艺术家中，有一位最为著名，他的名字叫米开朗琪罗。米开朗琪罗不仅是一位画家，还是一位雕塑家、一位建筑师，还是一位诗人。对于要花上几年雕出一个雕塑或者画出一幅画，米开朗琪罗从来都不觉得是一个问题。当他完成了一个作品后，他就完成了一个杰作。今天，世界各地的人们都蜂拥赶来参观他的作品。

今天，雕塑家们在雕刻东西时，会先用泥土做出一个模型，然后用石头按照它的样子一点点雕刻出来，或者用青铜浇铸出来。但米开朗琪罗并不这么干。他会直接在石头上雕刻出他的作品，而不是先打一个模型。这就仿佛他能看到他的雕塑包裹在石头里，然后把包着雕塑的部分刻掉就行了。

曾经有一块很大的大理石被另一位雕塑家刻坏了，但米开朗琪罗却在里面看到了大卫的雕像。然后他开始雕刻，把这位年轻的英雄雕刻出来了。

米开朗琪罗还雕刻过一个坐着的摩西像。这座雕像现在在罗马的一个教堂里。如果你去参观，当你走到这座雕像面前时，它看起来是那样栩栩如生，仿佛你就真的站在先知摩西面前一样。导游会告诉你，当米开朗琪罗雕完这尊雕像后，他被自己的的作品深深地震撼了，感觉它一定会活过来。于是，他用小锤子敲了一下雕像的膝盖，命令它“站起来！”接下来，导游会指给你看雕像膝盖上的裂痕，以证明这个故事是真实的！

教皇想让米开朗琪罗给他在罗马的私人小礼拜堂的天花板上画画，这所小礼拜堂叫西斯廷教堂。一开始，米开朗琪罗并不想给他画这个。他告诉教皇，他是一名雕塑家，不是画家。但是教皇坚持让他画，最后米开朗琪罗作了让步。不过，一旦他同意去做一份工作，他就会把自己

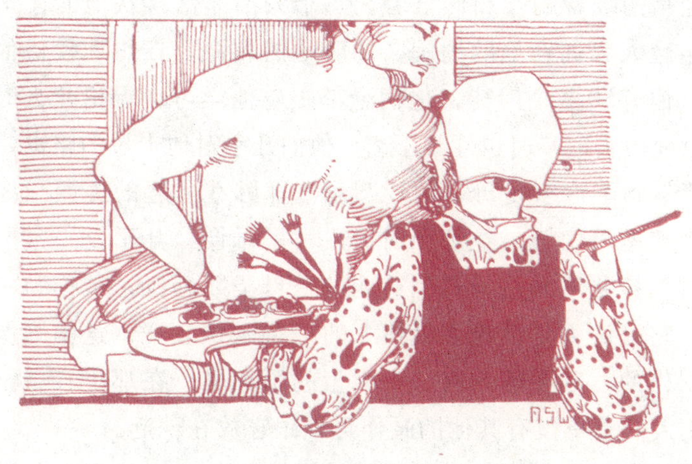

▲ 米开朗琪罗在工作

的全部精力与时间都投入进去。

在接下来的四年中，米开朗琪罗一直待在这栋房子里，无论白天还是黑夜，几乎都不曾离开过。他在天花板下面搭起了一个小平台，然后每天都躺在这个平台上，平时就读诗歌和《圣经》，当“灵光一闪”时就开始工作。他把自己锁在里面，不让任何人进来，甚至教皇本人也不能进来。他想自己一个人待着，不让任何人打扰。

可是，教皇始终觉得自己是有特权的，于是有一天，当他看到教堂的门开着时就走了进去，想去看看工作进展得如何了。结果这时，米开朗琪罗突然“不小心”地把自己的雕刻工具摔了下去，差点砸到教皇的头。教皇非常生气，不过他从此以后再也不会不请自来了。

在今天，从世界各地赶来的人们，都会到这里来参观教堂的天花板。可是如果你想很舒服地看天花板上的画，那么就只有躺在地板上往上看，或者用一面镜子照着看。

米开朗琪罗活了将近90岁，他很少跟别人来往。他不能忍受别人来打扰他。因此他一个人住，在他的住处，只有他画的上帝和天使们陪伴着他。

拉斐尔是另一位著名的意大利艺术家，与米开朗琪罗生活在同一个时代。不过，拉斐尔在很多地方都和米开朗琪罗截然相反。米开朗琪罗喜欢自己一个人待着，而拉斐尔喜欢跟别人在一起。拉斐尔非常受人欢迎，他的周围经常围绕着朋友和仰慕者。每个人都非常喜欢他的才华与和善的性格。年轻人簇拥在他的周围，聆听他的教诲，狂热地模仿他做的每一件事情。他有50多个门徒，他们全都跟着他学习，无论什么时候都跟着他，甚至他出去散步时也寸步不离。他们几乎对他走过的路也要崇拜。

拉斐尔画了许多圣母马丽亚与圣婴耶稣在一起的美丽画像。这些画像被称为“圣母像”。在那个时代，“圣母像”几乎是画家们能画的唯一的题材。拉斐尔画过一特别美丽的圣母圣婴画像，被称为“西斯廷圣母像”。它被认为是世界上最伟大的12幅画像之一。这幅画像是为一个小教堂制作的，现在陈列在一个大型的画廊里。在那里有一整间屋子用来放它，人们觉得没有其他的画作可以跟它放在一起。

拉斐尔在他很年轻的时候就去世了，但是由于他工作非常努力，始终持续不停地作画，因此为后世留下了大量的作品。他自己通常只画一幅画上最重要的部位——可能仅仅是脸部，然后把身体、手和衣服留给自己的学生们去画。他的学生会非常高兴地去做这些，他们甚至仅仅在老师画过的画像上画一根手指，都会感到心满意足。

米开朗琪罗的画，线条粗壮、人物有力，具有男性风格；而拉斐尔的画中人物甜美可爱而优雅，具有女性风格。

达·芬奇是另一位生活在同时代的伟大艺术家。达·芬奇是个左撇子，不过这什么都不影响，他可以把很多事情都做得非常出色。他被人们称为万事通。只是，跟其他大部分万事通不一样的是，达·芬奇在各方面都非常精通。他是一名艺术家、一名工程师、一名诗人，还是一名科学家。据说，达·芬奇画出了第一张世界地图，地图上有美洲的名字。然而，达·芬奇画的画却非常少，这是因为他做的其他事情太多了。不过虽然数量有限，但是他仅有的几幅画都是极为美丽出众的。其中有一幅叫做《最后的晚餐》，它跟拉斐尔的《西斯廷圣母像》一样，也是世界上最伟大的12幅画作之一。不幸的是，这幅画是直接画在墙上的，随着时间流逝，画上的许多石膏都剥落了。因此在今天，《最后的晚餐》只剩下一点点了。

达·芬奇经常画女人的微笑。他的一幅最著名的画画的是一位名叫“蒙娜丽莎”的女人。在画上，蒙娜丽莎“神秘地”微笑着。人们很难弄清楚，到底蒙娜丽莎是在“朝”你微笑还是在“跟着”你笑。

63

基督徒们的争吵

有些人说，年轻的男孩子和女孩子不能理解这一章的意思。他们说这章的内容太难懂了。不过我想看看情况是否真的是这样。

正如我在前文中说过的那样，到这个时候为止（按：作者所生活时代），世界上还只有一种基督教——天主教。没有主教派教徒，没有卫理公会派教徒，没有浸信会教徒，没有长老教教徒，也没有其他的教派名目。所有人都只是基督教徒。

但是在16世纪时，有一些人开始觉得，天主教应该作出改变。

而另一些人则认为没必要改变。

有一些人认为，像原来那个样子就挺好。

另一些人则认为，不能再像原来那个样子了。因此，爆发产生了一场争吵。

纠纷是这样开始的：教皇要在罗马建一座名叫圣彼得的巨大教堂。他打算将这座教堂建在君士坦丁以前建的旧教堂的原址上，而这个地方据说是圣彼得被钉十字架的地方。教皇想把这座教堂建成世界上最大最壮观的教堂。因为耶稣基督曾经说过："你是彼得，我要把我的教会建造在你这磐石上。"因此，圣彼得大教堂非常重要，就相当于基督教中的国会大厦。米开朗琪罗跟拉斐尔也为这座新教堂做着规划设计工作。为了弄到建造圣彼得教堂所需要的大理石、石头以及其他材料，教皇采用了之前一些人的做法：把罗马的一些建筑物拆掉，用拆下来的石头建造新教堂。

不过，除了这些东西，教皇还需要一大笔钱，以按原计划建造他心目中的富丽堂皇的大教堂。因此，他开始搜刮老百姓了。不过，就在这时，德国出现了一位名叫马丁·路德的修士，他是一所大学里的宗教老师。马丁·路德认为教皇搜刮钱财建造教堂这事是不对的，他还认为在天主教里有着种种不和谐的地方。因此他列出了天主教内95件他认为不对的事情，并把它们写了下来，钉在他所在城市的教堂门上以倡议人们不要去做。教皇命令路德停止对抗，但是路德燃起了一堆火，把教皇的命令当众给烧毁了。很多人站在了路德这一边，不久后，有大批的人脱离了天主教会，不再服从教皇的命令。

教皇把西班牙国王叫来，帮他跟路德吵架。他叫来西班牙国王的原因是：当时的西班牙国王查理五世，是帮助过哥伦布的西班牙国王斐迪南二世与伊莎贝拉的孙子；查理五世不仅是一个优秀的天主教徒，还是欧洲最有权势的统治者；西班牙的探险者们已经发现了美洲的许多地方，因此查理五世是新大陆大部分土地的所有者。另外，除了是定居在美洲的西班牙人的皇帝，查理五世还是定居在澳洲、德国的西班牙人的皇帝。因此，很自然地，教皇开始向查理五世求助。

查理五世命令路德去一个名叫沃尔姆斯的城市接受审判。他向路德保证，他们不会对他造成任何伤害。于是路德就去了。但当路德到达沃尔姆斯之后，查理五世立即命令路德收回所说的全部言论，路德拒绝这样做。于是，查理五世的一些贵族建议说，不如把路德烧死在火刑柱上。不过，查理五世信守自己的承诺，他让路德离开了，没有因为他的信仰而惩罚他。可是路德的一些朋友却害怕天主教中的其他人会对路德做出不利的事情。他们知道路德不在乎自己的性命，因此自作主张地把路德关了起来，在一年多的时间里不让路德发表自己的看法，这样就没有人能够伤害他了。在被关起来的日子，路德把《圣经》从拉丁文翻译成了德文。这是《圣经》在历史上第一次以德文出现。

抗议教皇所作所为的人被称为“新教徒”。在今天，那些不属于罗马天主教的基督教徒仍然被称为“新教徒”。天主教的信仰方式发生改变的那段时期，人们把它称为宗教改革时期，因为原有的基督教的信仰方式发生了转变。

今天，你自己可能就是一名天主教徒，而你最好的朋友则可能不是，但这并不影响你们之间的友谊。而在当时，天主教徒是非天主教徒的死敌。他们中的每一方都确信只有自己一方才是正确的，另外一方是完全错误的。他们中的每一方都为自己认为正确的事情而战，跟另一方展开了炽热、疯狂而残酷的战斗，仿佛他们是无恶不作的恶棍、魔鬼。朋友和亲戚甚至也因为信仰宗教的不一致而互相杀戮，即使他们都是基督徒。

查理五世为这种宗教纷争和他庞大帝国中的另一些困难极为担忧。他生病了，对担任皇帝以及因此不得不处理的那些问题心生倦怠。他渴望解放，去做一些更喜欢做的事情。做国王，并不意味着你可以做任何自己想做的事情——就像某些人认为的那样。因此，查理五世做了统治者很少自愿去做的一件事：他辞职——“让位”了——把自己的皇冠留给了儿子，即菲利普二世。

于是，查理五世摆脱了所有的国家政务，去一个修道院里居住。在那里，他把所有的时间都花在了自己喜欢的事情上——你猜他做了什么？他一直在制作机械玩具和机械手表——直到去世！

当查理五世在做西班牙国王的时期，英国国王是亨利八世，姓都铎。当时，许多国王的名都是一样的，因此人们就把他们的名字编上号，以此来分辨讲的是哪位查理或哪位亨利，以及在此之前有多少位重名的国王。亨利八世在一开始时也是一位虔诚的天主教徒，教皇称他为信仰的护卫者。不过，亨利有一位妻子，由于她没生下儿子，亨利便想摆脱她。为了摆脱妻子再娶，亨利必须先同妻子离婚，而教皇是唯一能够准许亨利离婚的那个人。现在，罗马教皇是全世界所有基督教会的首领，基督教徒们可以做什么不能做什么，都得听他的号令，不管他们是意大利人、西班牙人还是英国人。因此，亨利要求教皇允许他离婚。但教皇说，他不能让他离婚。

可是亨利认为，让一个其他国家的人来决定英国人可以做什么事情，这是不正确的，也不合适。他觉得自己才是英国的统治者，他不愿

▲ 亨利八世和他的第二任妻子安妮·博林

意让任何外国人插手英国的事务，对他发号施令。

于是，亨利八世向世人宣布，自己才是英国基督教徒的首领，这样他就可以不经过教皇的允许而做任何想做的事情了。他真的这样做了，然后和妻子离了婚。现在，所有英国的教堂都由英国国王发号施令，告诉他们怎么做。教皇在英国人的事情上再也不能影响局势了；英国的教堂服从的是国王，不再是教皇了。这就造成了天主教会内部的第二次大分裂。

此后，亨利八世又娶了五位妻子，这样加起来总共是六位——当然不是同时娶的，因为基督徒一次只能娶一位妻子。他的第一位妻子是离婚了的，第二位妻子是被砍了头的，第三位妻子则是病死的。而后面的三位妻子则重复了同样的情形：第一位离了婚，第二位被砍了头，第三位则是病死的，病死在亨利亡故之后。

你看看，理解这个故事是否真的很困难呢？

伊丽莎白国王

亨利八世国王有两个女儿。

一个女儿叫玛丽，另一个女儿叫伊丽莎白。

她们的姓当然跟她们的父亲一样，都是都铎，尽管我们不会经常提到国王和女王们的姓。

亨利国王有一个儿子，他在父亲死后当上了国王。因为尽管他比姐姐们小，但人们始终觉得男孩子要比女孩子更适合统治国家。不过亨利没活很长时间，于是两位姐妹中的姐姐玛丽成了女王。

“玛丽玛丽，不合人意。”当亨利八世跟教皇和天主教会对着干的时候，玛丽并不赞同他父亲的做法。玛丽自己是一位虔诚的天主教徒，时刻准备为教皇和天主教会而战。实际上，她最想做的是，把所有不是天主教徒的人、新教徒统统处死。她认为，所有信仰和她不一样的人都是邪恶的，都应该死。就像《爱丽丝梦游仙境》中的那个女王一样，她总是在说：“把他的脑袋砍下来！”在今天的我们看来，这种做法非常不合基督教教义。但是在那个时代，人们对于这些事情的想法非常特别。玛丽砍了许多人的脑袋，以致人们叫她“嗜血的玛丽”。

玛丽嫁了一个男人，和玛丽一样，他也是天主教徒，他比玛丽更加“嗜血”。他不是英国人，而是西班牙人，名字叫做菲利普二世，是那位退位国王查理五世的儿子。

菲利普二世比他的父亲要严酷得多。他想让那些新教徒以及被怀疑为新教徒的人忏悔、放弃新教。如果他们不这样做，就会受到和以前那些殉教者同样的折磨。这种做法被称为“审判异教徒”。那些被怀疑是新教徒的人会遭受各种各样可怕的折磨。一些人被绑住双手吊在空中，就像一幅画被挂在墙上，直到他们疼得晕过去，或者受不了折磨而招供那些让他们招供的罪行。还有一些人被拉伸在一个架子上，他们的头被拉向一边，而腿被拉向另一边，直到他们的身体几乎被撕裂。那些被发现是新教徒的人则会被直接杀死——放在火上烧死，或被慢慢地折磨死。

菲利普二世经常迫害的人主要是荷兰人。那个时候，荷兰属于菲利普帝国的一部分，很大一部分荷兰人都是新教徒。

这时，有一位荷兰人出现了，他的名字叫做“沉默的威廉”。他之所以叫这个名字，是因为他说话很少但是做事很多。对于荷兰人被菲利普如此迫害，威廉非常愤慨。因此他开始跟菲利普打仗，终于，在最后他打败了菲利普。于是荷兰独立了，成立了荷兰共和国。令人惋惜的是，沉默的威廉后来被菲利普派人杀死了。

“嗜血的玛丽”的丈夫，就是这样一个人。

在玛丽·都铎去世后，她的妹妹伊丽莎白·都铎成了女王。伊丽莎白长着红色的头发，她非常虚荣，非常喜欢被人拍马屁。她有着许多爱慕者与情人，但是她从来没结过婚。由于没结过婚的女人在当时都被称为处女，因此伊丽莎白就被称为“处女女王”。

伊丽莎白是一名新教徒，她非常激烈地反对天主教，和她的姐姐姐夫反对新教一样激烈。

伊丽莎白的一位亲戚是苏格兰女王。苏格兰是英国北边的一个国家，在当时还不属于英国，苏格兰的女王叫玛丽·斯图亚特。玛丽·斯图亚特非常漂亮迷人，但她是一名天主教徒。因此，伊丽莎白就跟玛丽·斯图亚特成了敌人。

伊丽莎白听说，玛丽·斯图亚特做了苏格兰女王还不满足，还想成为英国女王。因此，尽管她们是亲戚，她还是把玛丽·斯图亚特投进了监狱。玛丽·斯图亚特在监狱里待了将近二十年，最后被伊丽莎白下令处死了。在今天，我们很难理解一个人会以这种冷血的方式把自己家的亲戚处死，尤其是这个人还是个基督徒。不过在那个时代，这确实是一个普遍现象。正如我们听到的那样，这么多的谋杀都是统治者们干的。作为天主教的极力拥护者，菲利普二世决定要狠狠地惩罚小姨子伊丽莎白，因为她将玛丽·斯图亚特这位虔诚的天主教徒处死了。

因此，菲利普二世集合了一支庞大的海军，这支海军的舰船性能非常优良，叫做“西班牙舰队”。所有的西班牙人都为这支舰队感到自豪，他们吹嘘说，这是一支“无敌的舰队”。“无敌”的意思就是“不可战胜的”。

公元1588年，“无敌舰队”出海去讨伐英国海军了。它排成一条半月形的战线，向英国挺进。

英国的舰队都是由小船组成的。它们没有像西班牙人以为的那样出海迎战无敌舰队进行常规海战，而是绕到了西班牙舰队的后方，在同一时间集中火力只攻击一艘船。英国人都是英勇的战士，他们的小船速度更快，更加易于操控。他们可以把一艘西班牙大船痛殴一顿，然后在大船掉头开火之前逃走。就这样，渐渐地，他们一艘接一艘地击沉或摧毁了西班牙舰队的大船。

然后，英国人把一些旧船点着，让它们漂向西班牙舰队。由于船都是用木头做的，因此当西班牙人一看到一船船熊熊燃烧的大火向他们扑来时非常害怕，于是有一些船逃走了。剩下的船企图从苏格兰北边绕远路返回西班牙，但是一场可怕的暴风雨把他们永远地留在了那里。几乎所有的船都沉没或被击毁了，有几千具尸体漂到了岸边。就这样，伟大的西班牙无敌舰队被摧毁了，西班牙的海上霸权从此宣告结束。在这之后，西班牙不再像以前那样强大了。

在伊丽莎白刚开始执政时，世界上最庞大、最有势力的国家是西班牙；而到伊丽莎白统治结束时，英国已经成为世界上最强大的国家。从那时起，阿尔弗烈德创立的这支英国海军，就成了世界上最强大的海军之一。有一句谚语说：“大不列颠、大不列颠，海洋都慑服于它的威严。”

在那个时代，人们都认为，一个女人来管理国家，想要做到像男人那样好，是不可能的。不过在伊丽莎白的统治之下，英国渐渐成为了欧洲的领袖国家。因此，人们说伊丽莎白像个男人一样统治国家，意思就是，她有着男人的头脑，男人的意志。实际上，伊丽莎白确实不像一个女人，而是更像一个男人——她从小就是个假小子，长大后也一样——这就是为什么我在这个故事中把她称为“伊丽莎白国王”的原因了。

伊丽莎白时代

这是一个关于伊丽莎白时代的故事。

我的爸爸以前经常跟我说，谈论一位女士的年龄，是不礼貌的事情。

不过，我并不打算在这里跟你们谈论伊丽莎白的年龄，尽管伊丽莎白后来活了很长时间，在位时间也很长。

在这个故事中，我要告诉你们一些发生在伊丽莎白统治时期的事情。在伊丽莎白生活和统治的那段时期，人们把它称为伊丽莎白时代。

在伊丽莎白时代，有一个年轻人，名字叫做罗利。有一天，外面下着雨，街上非常泥泞，伊丽莎白女王想要到对面去。罗利看到了这一幕，他为了让伊丽莎白的鞋子不被弄脏，就赶紧跑过去，把自己漂亮的天鹅绒斗篷脱下，扔到女王将要踏入的泥坑里。女王对他这一体贴而绅士的行为极为满意，于是封他为爵士。就这样，罗利成为了沃尔特·罗利爵士。在以后的岁月中，罗利一直是女王的一位关系特殊的朋友。

沃尔特·罗利爵士对美洲新大陆非常感兴趣。在将近一百年前，卡伯特宣布英国拥有美洲的很大一部分土地，但英国一直没有对他的发现采取进一步措施，而罗利却觉得应该对此做些什么。他认为，英国人应该定居在那里，这样其他（比如西班牙）已经有很多居民在美洲定居的国家就不会赶在英国前头了。因此，罗利组建了几个英国人团队，将他们迁移到一个叫罗厄诺克的岛上。罗厄诺克岛就在今天的北卡罗来纳州的海岸线外。不过，在那个时候，美国的整条海岸线向北一直延伸到加拿大都叫弗吉尼亚。之所以叫弗吉尼亚，是为了纪念“处女女王”伊丽莎白。

住在罗厄诺克的一些殖民者对他们所遭受的重重苦难感到非常灰心，于是就放弃了殖民，航海回欧洲去了。而剩下的那些人后来也全部消失了。他们去了哪里没有人知道。我们认为，他们可能被印第安人杀害了，或者死于饥馑。不管怎样，最后没有人剩下，没有人活着讲出真相。在罗厄诺克的那些殖民者中，第一个英国婴儿在美洲诞生——一个女孩儿，名字叫弗吉尼亚·戴尔。由于英国女王伊丽莎白非常受民众爱戴，因此很多人都把自己家的孩子取名为弗吉尼亚。

殖民者们从弗吉尼亚带了一些烟草回英国，于是，沃尔特·罗利爵士学会了吸烟。在当时的英国，烟草是一种非常奇怪而陌生的东西。有一天，当沃尔特·罗利爵士正用一个烟斗吸烟的时候，一个用人走进来看到烟从他的嘴里冒出来立刻觉得他的嘴里着火了，因此就跑去提了一桶水，把水全部泼在了他的头上。

直到今天，弗吉尼亚仍然以出产烟草闻名。在一开始，烟草被认为有益于健康，因为印第安人看起来似乎非常健康，而他们的吸烟量很大。不过后来，下一任国王詹姆斯上任之后，就开始痛恨烟草，他还专门写了一本书反对吸食烟草，严禁众人吸食。

在伊丽莎白女王去世后，罗利被关进了监狱。罪名据说是因为他密谋反叛新的国王詹姆斯，而詹姆斯是伊丽莎白女王的继任者。关押罗利爵士的地方是伦敦塔，是征服者威廉修建的一座老城堡。罗利在这里被关押了十三年之久。为了打发时间，他写了一本书，名字叫做《世界历史》。不过到最后，他也像很多别的伟大人物那样，被处死了。

在伊丽莎白女王统治期间，英国出现了一位伟大的戏剧作家，也可以说是有史以来最伟大的作家。他就是莎士比亚。

莎士比亚的父亲是个文盲，他连自己的名字都不会写。而莎士比亚也一共只上了六年学。当莎士比亚还是个男孩儿的时候，他非常顽皮，无法无天。在斯特拉特福德，他甚至因为在托马斯·路西的森林里猎鹿而被抓过。

莎士比亚结婚很早，和他结婚的那位新娘也要比他大一些，名字叫

莎士比亚将自己的作品读给伊丽莎白女王听

安妮·哈瑟维。几年之后，他离开了妻子和三个孩子，离开了斯特拉特福德小镇，去大城市伦敦碰运气。在伦敦，莎士比亚在剧院得到了一份工作——替那些骑着马来欣赏戏剧的人看守马匹。后来，他有了一个机会去剧院演出，这样，他就成了一名演员。不过他并没有成为一名出色的演员。

莎士比亚所处的时代，剧院里是没有布景的。当需要布景的时候，舞台上就会举起一块标牌，告诉观众背景是什么。例如，需要森林布景的时候，舞台上就举起一块牌子，上面写着“这是一座森林”。又例如，当需要旅馆房间布景的时候，舞台上就举起另一块牌子，上面写着“这是旅馆中的一个房间”。演员中没有女性演员。男演员演男人，而表演女人的则是男孩子。

剧院里的人让莎士比亚对写好的剧本作一些修改润色，这样他们就可以演得更好。莎士比亚把这件事情做得非常出色，然后，他就开始自己写作剧本了。通常，他只是将一些老的故事拿过来改成剧本，不过他改得非常好，比之前之后所有人写的剧本都要好。

尽管莎士比亚在十三岁时就离开了学校，但是他拥有非凡的本事，仿佛知道太阳底下所有的事情。在他的剧本里，处处显示着对历史、法律与医学等学科的精通，而且他还在文字中展现了自己极为丰富的词汇量，丰富到，几乎比历史上所有作家的都多。实际上，有些人认为，莎士比亚受过的教育非常少，因此他不可能写出这么多的剧本。他们试图证明，这些剧本一定是其他人写的。莎士比亚最经典的作品是：《哈姆雷特》《威尼斯商人》《罗密欧与朱丽叶》《尤利乌斯·恺撒》。

因为出众的才华，莎士比亚赚了很多钱——他几乎是个富翁了。之后，他离开了伦敦，回到了他出生的小镇斯特拉特福德生活。他一直待在斯特拉特福德，直到去世，然后被埋葬在村庄的小教堂里。人们想把他的尸体移到一个更宏伟、更美丽的地方，比如移到伦敦一所有名的教堂里。但有个人，或许就是莎士比亚自己，写了一首诗刻在他的墓碑上。这首诗的最后一行是这样的："谁动我骨头，必受我诅咒。"因此他们没有动过他的墓，没有人敢去动它。

仆人詹姆斯：名字里有什么含义？

你自己的名字是什么意思呢？如果你的名字是：

贝克尔，或是

米勒，或是

泰勒，或是

卡朋特，或是

费雪，或是

库克

那么，它就意味着，在某个时候，你的祖先曾经是一位

面包师傅，或者

磨坊师傅，或者

裁缝师傅，或者

木匠师傅，或者

渔夫，或者

厨师

假如你的名字是斯图亚特，或者斯蒂乌亚特，或者斯蒂沃特，抑或是斯蒂沃德，它的意思是，在某个时候，你的祖先曾经是一位管家或总管。因为在古时候，人们不太懂单词的拼法，因此他们会以不同的方式去拼写同一个名字。管家，就是仆人的头目。

在苏格兰有一个家族，名字叫斯图亚特。他们起先是仆人的头目或

者说管家，后来他们成了苏格兰的统治者。被伊丽莎白杀害的玛丽·斯图亚特，就是这个家族的一员。

作为女王，伊丽莎白一直没有结婚，也没有孩子接替她统治英国。她是都铎家族的最后一名成员。因此，在她之后，英国人就不得不四处寻找一位新的国王，他们一直寻找，直到来到苏格兰。

不过，正如我在前文中跟你们说过的那样，当时的苏格兰是一个独立的国家，而并不像在今天是英国的一部分。玛丽·斯图亚特的儿子后来成了苏格兰国王——詹姆斯·斯图亚特。由于他跟都铎家族是亲戚关系，因此英国人就邀请他去英国。詹姆斯·斯图亚特接受了邀请，从此被人们称为詹姆斯一世。于是，我们把他和他的子孙们的王朝称为斯图亚特王朝。

斯图亚特家族统治了英国大约一百年，也就是从公元1600年至公元1700年左右。此外还有11年的时间，英国是没有国王来管理的。

英国人肯定为把詹姆斯请来做他们的国王这件事情懊悔了许多次，因为詹姆斯跟他的整个斯图亚特家族都骑在英国人的头上作威作福，他们仿佛就是“万民之主”。因此英国人不得不起来为自己的权利抗争。

当时，英国是由议会来为本国人民制定法律的。不过詹姆斯说，他自己不愿意做的事情，议会就不能做；倘若议会这帮人不小心点儿的话，他就不会再让他们做任何管理工作了。詹姆斯说，国王无论做什么都是正确的；国王做的事情总是没错的，是上帝给了国王这个权力，让他们想对子民们做什么就做什么。这种说法被称为“君权神授说”。当然，英国人民不会接受这种论调，从国王约翰起，他们就坚持维护自己的权利了；后来都铎家族上台，他们经常做一些人民不喜欢的事情，不过都铎家族是英国人。而斯图亚特家族是苏格兰人，英国人是把他们看成外国人的，他们可以容许自己家里人乱搞，但决不能容忍他们请来的外人在家里无法无天。因此，一场争吵就不可避免了。不过，真正的战争是在下一任国王的任期内开始的，而不是在詹姆斯在位时期。

詹姆斯非常喜欢吃牛排，尤其喜欢吃牛腰上切下来的那块肉。他觉得这个部位的肉实在是太美味了，应当以某种方式给予荣誉，因此他把

这个部位的肉册封为骑士，仿佛它是一位勇敢高贵的绅士一样。于是，这块肉就成了“牛腰爵士”，即“西冷牛排”。这个称呼我们直到今天还在一直沿用——尽管人们把这个名字是怎样得来的全都忘了，有一些人甚至说，这仅仅是一个虚构的故事，詹姆斯从来没有做过这样的傻事。

在詹姆斯国王统治期间，《圣经》被译成了英语。很可能你们现在读到的就是这个版本的《圣经》，它被称为《詹姆斯国王版圣经》。

在詹姆斯在位期间，英国没发生多少大事。不过在其他国家，确实发生了一些事。英国的一些殖民者在印度开辟了殖民地，印度就是那个遥远的婆罗门教徒国家，也就是哥伦布一直向西航行想要找到的那个国家。英国的殖民者在印度开辟了殖民地并壮大之后，印度就成了英国的附属国。另一些英国殖民者在美洲开辟了殖民地，力量也变得越来越强大，最后，美洲的这部分也成了英国的附属国。

在这些殖民地中，有一块在美洲的南部，还有一块在美洲的北部地区。罗利在罗厄诺克建立起来的殖民地已经消失不见了，这一点我在上文中已经说过。不过在公元1607年的时候，一艘满载着英国绅士的船航行到了美洲，他们想去那里探险，希望能够找到金矿，实现财富梦想。他们在弗吉尼亚登陆，并把他们登陆的那个地方用他们国王詹姆斯的名字命名，叫做“詹姆斯敦”。不过他们没有找到金矿，并且由于他们以前是不干活的，他们也不想做任何事情。但是他们的首领约翰·史密斯船长找了一些活，然后对他们说，不工作就没有饭吃。于是，这些殖民者们不得不开始工作了。

从殖民地回到英国的那些人学会了吸烟，于是这些殖民者就开始为英国人种植烟草。烟草为殖民者带来了大量的财富，事实证明，这根本就是一座金矿——当然不是那种意义上的金矿。但是后来，这些绅士殖民者想让别人来给他们做这些粗重的活。因此过了几年后，一些人贩子从非洲运来了黑人卖给他们做奴隶，让他们做粗重的活。这就是美洲奴隶制的开端。在美洲南部，奴隶的数量越来越多，后来几乎所有的工作都由奴隶们来完成。

不久后，另一批人离开了英国来到了美洲。不过，这些人不像以前的詹姆斯敦殖民者是来寻找财富的。他们到这里，是想找一个地方自由地向上帝祈祷。因为在英国，他们总是被别的人或事干扰，因此他们想要找一个没有人能干扰他们的地方。于是，在公元1620年，这批人乘坐一艘名叫“五月花号”的船离开了英国，越过大洋，在马萨诸塞州一个名叫“普利茅斯”的地方登陆上岸，然后住了下来。他们中超过一半的人在北美第一个冬天死于严寒、艰苦的生存条件。不过，剩下的那些人一个也没有回英国。这块殖民地就是今天美国的一部分，即新英国地区的开端。当你们以后学习美洲历史的时候，会听说更多有关殖民地的事情。但是现在，我们必须得先来看看在英国会发生什么，因为，那里会发生一些很大的事情呢。

被砍掉脑袋的国王

你们以前是否唱到过这样的歌词："威廉国王是詹姆斯国王的儿子？"

嗯，这句歌词肯定指的是另一位詹姆斯国王，因为詹姆斯国王的儿子是查理国王，也就是查理一世。

查理一世跟他的父亲一模一样。他的父亲相信"君权神授说"，他也相信，他相信只有国王才有权力宣布什么是应该做的什么是不该当做的；他对待英国人的方式和约翰国王的一样，仿佛人民就只是为他服务的，只能按照他说的去做。

不过这一次，英国人没有像对待约翰国王那样把他关起来签署一份文件，而是起来反抗了。于是，国王也不得不为他自以为拥有的权力而准备作战。他集合了一支由领主和贵族组成的军队，这些领主、贵族都是支持他的。他们的穿戴、样貌都很与众不同，他们留着长长的卷曲的头发，戴着插着一根大羽毛的宽檐帽子，甚至他们的裤脚上都绣着蕾丝边。

议会也集合了一支军队，这支军队是由想要争取自己权利的人民组成的。他们把头发剃得很短，戴着高高的帽子，穿着粗陋的衣服。一位名叫奥立弗·克伦威尔的乡村绅士把他手下的一些士兵训练成了优秀的战士，他们被叫做"铁军"。

国王的军队都是由酒色之徒组成的，他们打仗之前还要吃喝宴饮。而议会的军队则要在战斗之前先祈祷一番，然后唱着圣歌与赞美诗奔赴

查理一世国王与奥立弗·克伦威尔

战场。

经过多次战斗后，国王的军队被打败了，查理国王也被投进了监狱。议会中的一小部分人独揽大权，尽管他们无权这样做，他们还是审判了查理国王并判处了他死刑。他们给他安上叛国罪、谋杀罪以及其他种种可怕的罪名。于是在公元1649年，查理一世被带到在伦敦他自己的宫殿前，被砍去了脑袋。当时的人们认为，议会的军队这样对待国王是一件耻辱的事情。甚至在那个时期，只有一部分英国人是支持这样做的，其他人则认为，查理国王应当被流放，而不是被杀头，他也可以被剥夺王位，让别人来做国王。

后来，议会军队的首领奥立弗·克伦威尔执掌了英国几年时间。他这个人看起来非常粗鲁，行为举止也很粗野，不过他非常正直，对待宗教很虔诚。他管理英国，就像一位严厉苛刻的父亲管理着自己的家庭。他不能忍受胡说八道。有一次，他让人画了一幅画像——那时还没有照相机——画家没有画出他脸上的那个大疣子。于是克伦威尔非常愤怒地对着画家喊道："我看上去怎样就画成怎样，把疣子什么的全都画上！"尽管克伦威尔把自己称为"护国公"，但实际上他就相当于国王。虽然听起来有些专权，不过克伦威尔确实给英国人做了不少好事。

克伦威尔去世后，他的儿子接替他成了英国的统治者，这就像国王的儿子接替父亲担任国王一样。不过，克伦威尔的儿子没有像他父亲那样出色地管理国家。他是一个好人，不过他既没有他父亲那样的优秀大脑，也没有他父亲那样的能力，因此他做了几个月统治者后就辞职了。由于克伦威尔对待国人太过严厉，因此英国人忘了斯图亚特家族给他们带来的麻烦。于是在公元1660年，当英国人发现自己没有了统治者之后，他们就把被砍了头的那位查理一世的儿子邀请回来做他们的国王。这样，斯图亚特家族的人再一次担任英国国王，这就是查理二世。

查理二世被人们叫做"快活王"。因为，似乎他整天想的就是吃吃喝喝，让自己开心，过得快乐。他甚至对那些神圣的东西都要拿来取笑一番。为了报复砍了自己父亲脑袋的那些人，他将其中还活着的人统统以最可怕的手段杀死；而对于那些已经死去的人，包括克伦威尔在内，他都把他们的尸体从坟墓中挖出来，然后吊起来砍头。

在查理二世统治期间，古老而可怕的疾病瘟疫再一次侵袭了伦敦。有一些人认为是上帝制造出的这场瘟疫，因为他被国王以及他的人民取笑神圣之物的行为惹怒了，于是放出了瘟疫来惩罚他们。在第二年，也就是公元1666年，伦敦着了一场大火，烧掉了几千幢房子，有几千所教堂毁于这场火灾。不过，大火却把疾病和其他的脏东西彻底清除掉了，因此，它还真是一个福音。伦敦这座城市原来都是用木头建造房屋，经历这场大火后，人们用砖和石头重建了伦敦。

接下来，我还要再讲一位斯图亚特家族的统治者——确切说是一对统治者，即威廉·斯图亚特和玛丽·斯图亚特——因为在他们统治期间，人民与国王的战争最终被一劳永逸地解决了。在公元1689年，议会通过了一个叫《权利法案》的协议，威廉·斯图亚特和玛丽·斯图亚特在上面签署了自己的名字。这个法案使得议会成为这个国家的管理者。

从那时起，是议会而不是国王，才是英国的真正统治者。说到这儿，我觉得在上文中对斯图亚特王朝讲得已经够多了，下面我们就讲讲别的事情。

68

红帽子与红高跟鞋

我之前跟你们讲的最后一位路易是一位圣徒——那位加入最后一次十字军的路易。

接下来我要给你们讲的两位路易，他们不是圣徒——在任何方面都不是。

17世纪斯图亚特家族统治英国的时候，统治着法国的是路易十三和路易十四。

路易十三只在名义上是一位国王。另一个人告诉他怎么做，他就怎么做。很奇怪，这另外的人是被称为红衣主教的教会首领，他戴着一顶红色的帽子，穿着一件红色的长袍。这位红衣主教是黎塞留。

现在，你们很可能已经厌倦听那些战争故事了。不过在路易十三统治期间，开始了另一场持续时间很长的战争。我必须得讲讲有关这场战争的一些事情，因为它前前后后经历了三十年，因此它被称为“三十年战争”。这场战争跟大多数战争不一样，它不是国家与国家之间的战争，而是一场新教徒与天主教徒之间的战争。

红衣主教黎塞留当然是一位天主教徒，他也是法国真正的统治者。不过，他这次是站在新教徒这边的，因为他们在和一个叫奥地利的天主教国家打仗，黎塞留想打败奥地利。欧洲的大部分国家都卷入了这场战争，德国作为主战场，大部分战争都发生在那里。甚至北欧国家瑞典也加入了战争，这个国家的名字我们在前文并没有讲过。那时候瑞典的国王名叫古斯塔夫二世·阿多夫，他被人称为“雪中之王”，因为他住在那样一个寒冷的国家里；他还被人称为“北方雄狮”，因为他是一位非常勇敢的勇士。我在这里特别提到他，是因为在欧洲所有的国王和统治者中，古斯塔夫二世·阿多夫是最出色的一位。实际上，他们中的大部分统治者想着的都是自己，他们会撒谎、会欺骗、会偷窃，甚至会去谋杀，所做的一切都是为了得到他们想要的东西。但古斯塔夫二世·阿多夫则只为他认为正确的事情而战。他是一名新教徒，因此他来到了德国，站在了新教徒这一边。古斯塔夫二世·阿多夫也是一位伟大的将军，他的军队打胜了。然而不幸的是，他战死了。新教徒在三十年战争中取得了胜利，双方拟定了一个著名的和平条约——《威斯特法里亚和约》。在这个协议中，双方一致同意，每个国家的宗教都由其统治者来决定，统治者想信仰哪个教派就选择哪个教派，不管是新教还是天主教。

在三十年战争期间，我们在前文中说过的那种古老的瘟疫又来了，这一次它侵袭了德国。德国有一个小城，名叫奥伯豪森，城里的居民每天都祈祷，希望能幸免于难。他们祈祷说，倘若他们可以逃过这场瘟疫，此后他们会每隔十年上演一次戏剧《耶稣受难记》。后来他们确实逃过了瘟疫，因此从这之后，很少有例外，镇上每隔十年就会演出一次《耶稣受难记》。由于这个小镇是世界上唯一的每隔十年就演出一次《耶稣受难记》的地方，因此在演出的时候，成千上万的基督徒会从世界各地慕名而来，来到这个僻静的小镇观看农民表演的耶稣的生平故事。他们在每隔十年的夏天的每周日演出，一演就是一整天。大约会有七百个演员上台，几乎是镇上人口的一半。如果谁被选中出演一名圣徒，那将是非常光荣的事情；如果被谁选中出演耶稣基督的角色，那更是无上的荣誉了；当然，如果没被选中，那也真是一个耻辱。在路易十三与黎塞留之后统治法国的国王是路易十四。

英国人民最终通过议会赢得了自治权。不过在法国，路易十四却不让别人插手。他说：“朕即国家。”他也不让任何人对他的政务指手画脚。他的这种做法跟斯图亚特王朝的“君权神授说”异曲同工，而“君权神授说”已经被英国人扔进了历史的垃圾堆。路易十四统治法国70多年，他是历史上在位时间最长的国王。

路易十四有个绰号叫“炫耀国王”，他做的每件事情都是为了炫耀。他经常大摇大摆、昂首阔步地走路，仿佛他就是戏剧里的主角，而不是一个普通人。他经常穿着紧身衣，戴着厚厚的假发，上面涂满了粉。他还经常穿着很高的红色高跟鞋，这样就可以让他显得更高。我认为，这就是为什么今天的一些女士穿着的鞋被称为“法式高跟”的原因。路易十四经常会拿着一根长长的权杖，双肘往外张着，脚尖向外，趾高气扬地走过来走过去。他觉得，这样的打扮和举止可以让自己看起来伟大不凡，权势显要，更具有影响力。

以上所有这些，都使得路易十四看起来就像一个没有判断力的傻瓜。但是如果你真这么认为的话，那就错了。尽管路易十四行为举止荒唐，但他在位期间，却让法国成为了欧洲最强大的国家。他几乎一直在跟别的国家交战，一直在企图增加法国的国土面积，想把别的国家的土地都纳入他的管辖范围。不过，我在前面的章节中已经跟你们说了太多的战争，因此接下来我会跟你们讲讲其他事情。因为如果我继续讲战争的话，你们很可能读不下去了。就这样吧——法国在西班牙和英国之后，终于成为了欧洲所有国家的领袖。

▲ 路易十四

路易十四在凡尔赛建了一座富丽堂皇的宫殿，这座宫殿有着大理石的大厅，墙上挂着美丽的图画，四周还挂着许多巨大的镜子。这样，路易十四就可以在趾高气扬地走过来走过去的时候看到自己的样子了。凡尔赛宫的外面环绕着花园，里面有非常美丽的喷泉。喷泉所用的水都是从很远的地方运过来的，喷泉喷上几分钟，就会花非常非常多的钱。甚至在今天，世界各地的观光者们还会来参观凡尔赛宫，看看那些金碧辉煌的宫殿房间，看看那些美丽的喷泉。

不过，路易十四的周围不仅仅是一些美丽的景观，围绕在他四周的还有他那个时代最有趣的男人和女人。所有这些人都是在各方面非常杰出的人才，他们或者绘画非常好，或者写作非常好，或者谈吐非常好，或者表演非常好，或是看上去非常好看。路易十四把这些人都网罗到自己身旁，或者让他们住在附近，或者让他们跟随左右。他们被称为“廷侍”。廷侍们都属于“上流社会”，是经过千挑万选才集合在一起的一小撮人，因此，他们看不起那些不属于上流社会的普通人。

有幸进入“上流社会”——路易十四的宫廷——人，生活的各方面

准备上床睡觉的路易十四

自然都非常好了。不过法国的穷人，那些不在路易十四宫廷里的人，就必须得为路易十四以及宫廷人士的庞大开销买单。他们不得不为路易十四的各种聚会、舞会、宴会买单，还要为路易十四赠给他朋友们的各种珍贵礼品买单。因此，我们即将会看到一些新的情况。穷人们再也忍受不了路易十四的各种剥削了。有句谚语说得好："老实人被逼急了也会反抗呢！"

69

一个独立奋斗的人

谁是我们美国的国父呢？

我知道你会说：

“乔治·华盛顿。”

但是在华盛顿出生之前，被称为“国父”的另有其人，他不是美国人，也不是美国的国父。

在欧洲的东部，有一个非常大的国家，比我们美国还要大，名字叫做俄罗斯。在公元1700年之前，我们很少听到关于俄罗斯的消息。这是因为，尽管俄罗斯是欧洲最大的国家，但当时的俄罗斯人还是半文明半开化的种族。俄罗斯人是伟大的雅利安人的一支，被称为斯拉夫人。不过，尽管俄罗斯人属于雅利安人，是白色人种，但是他们的很多生活习惯都跟生活在中国的黄色人种非常接近。在13世纪时，可怕的成吉思汗和他的黄色蒙古大军同样也征服了俄罗斯，统治着这片土地。因此，尽管俄罗斯人是基督徒，但是他们各个方面都更像东方人，而不是欧洲人。俄罗斯的男人们会留长长的胡子，穿长长的袍子；俄罗斯的女人们则戴着面纱，就跟土耳其的女人们一样。俄罗斯人计算时会用算盘，这一点和中国人一样。

好了，就在公元1700年之前，有一位俄罗斯王子诞生了，名字叫做彼得。当彼得还是一个孩子的时候，他非常害怕水。不过他觉得，作为一名王子不应该害怕任何东西，因此他为自己害怕水感到非常羞愧，于是他强迫自己接近水。他跳到水里、在水里玩、在水里行船，尽管在整个过程中他一直害怕得要死。这样，最终，他克服了自己巨大的畏惧心理，并且逐渐喜欢上了戏水与航行。戏水、航行甚至成了他最喜欢的运动项目。

当彼得长大后，他最想要做的事情，就是让自己的国家成为欧洲最强盛的国家之一。因为，现在和之前的俄罗斯并不是欧洲的强国，它只是庞大，但并不强大。彼得还想让自己的人民变得更有教养、文明程度更高。在当时，俄罗斯的大部分人都是非常贫穷愚昧的。因此，要想教育俄罗斯人民，彼得自己就得自己先去学习。由于在俄罗斯没人能教会他想要学习的东西，因此他就扮成一个普通的劳动工人，去了一个叫荷兰的小国家。在荷兰，他得到了一个在船舶制造厂工作的机会，他在工厂里干了几个月，自己做饭，自己洗衣服。在做这份工作期间，他还学习了船舶制造的所有知识，另外还学习了很多别的知识，比如打铁、补鞋，甚至拔牙。

接下来，彼得去了英国。他每去一个地方，都尽可能地学习所有能学的知识。最后，他带着学到的知识，回到了自己的国家，然后开始着手俄罗斯的改造工作。首先，他想让俄罗斯拥有一支海军舰队，就跟其他国家一样。但是要有一支海军舰队，就先要有海港停靠船只，可是俄罗斯几乎没有临海的土地。因此，彼得想从它的邻国瑞典手里拿一块海岸。

当时，瑞典的国王叫查理，他是瑞典的第十二位查理国王。查理十二年纪不大。于是彼得觉得，打这样一个小孩是一件轻而易举的事情，之后他就可以在瑞典随便找一块临海的土地了。不过，查理十二可不是一个普通的男孩，他英姿勃勃，受过非常好的教育。他懂七国语言，在四岁时就开始学习骑马、打猎、战斗。除了这些，查理十二不怕艰苦，也不怕任何危险。实际上，他是一个非常强悍的人，人们甚至把他称为“北国疯王”。因此，在战斗伊始，彼得的军队被查理十二打败了。

彼得平静地接受了自己的惨败，他仅仅发表了一些评论，说查理将很快教会俄罗斯军队怎样打胜仗。实际上，在一开始，跟彼得以及其他威胁到自己的国家作战时，查理十二都非常成功。因此，所有的欧洲国家都认为查理十二是亚历山大大帝再世。他们害怕查理十二会征服自己的国家。不过最后，俄罗斯还是打赢了查理十二，得到了自己想要的海岸。之后，俄罗斯建起了一支舰队。这支舰队，彼得已经为之筹划、忙碌了很多年了。

俄罗斯的首都是莫斯科。莫斯科是一个美丽的城市，不过它几乎处在俄罗斯的中心地带，离海边很远。这个城市并不适合彼得。彼得想要一个更好的城市做首都，这个首都要靠近海边，这样他就可以让心爱的舰船离自己近一些。因此，彼得选了一个有水的地方，不仅有水，而且大部分地方都是水，因为那里基本上就是一块湿地。过了没多久，彼得将30多万人迁移过去，让他们在那里干活，填平湿地。然后，他在这个地基上建起了一座美丽的城市。他把这座城市以圣徒彼得的名字命名为圣彼得堡，其实，就连他自己的名字也是根据圣徒彼得的名字来的。圣彼得堡后来被改为彼得格勒，再后来，又被改为列宁格勒。不过，圣彼得堡这个地方非常寒冷，因此人们后来又把首都迁回了莫斯科。在迁都之后，彼得改进了法律，开办了一些学校，建造了一些厂房和医院。彼得还教会了俄罗斯人算术，这样，他们就可以不用算盘计算了。彼得还让俄罗斯人穿戴打扮得跟其他欧洲人一样，他让俄罗斯人把长长的胡子剪掉，因为他觉得留长胡子显得粗俗。不过，俄罗斯人觉得剪胡子很不体面，因此有一些人把胡子剃掉后就把它们放进了自己的棺材，这样在最后审判日复活的那天，就可以问心无愧地出现在上帝面前。除此之外，彼得还把在欧洲发现、自己国内没有的各种事物引进俄罗斯。这样，他就真正让俄罗斯成为了一个强大的欧洲国家。这也是为什么彼得被称为“彼得大帝”、被尊为“俄罗斯之父”的原因。

彼得爱上了一个穷苦农民的女儿，她是一个牧羊女，名字叫凯瑟琳。彼得跟她结了婚。凯瑟琳没有文化，不过她长得非常甜美可爱而且聪明伶俐。他们的婚姻生活非常美满。俄罗斯人被彼得的行为震惊了，他们觉得自己的王后不仅不是一位公主，而且还出身如此低微。但是彼得喜欢，他还将凯瑟琳封为了王后。彼得去世后，凯瑟琳接替了彼得的位置，成为了俄罗斯的统治者。

70

逃之夭夭的王子

如果你将字母P放在Russia（俄罗斯）的前面，它就成了另一个单词Prussia（普鲁士）。这是一个欧洲小国的名字，它后来成了德国的一部分。俄罗斯非常庞大，它是在彼得上台之后才变得强大的。普鲁士的国土面积非常小，不过有一位国王也将它变强大了。这位国王叫腓特烈。腓特烈也生活在18世纪，只是要比彼得稍微晚一些。腓特烈也被称为“大帝”，腓特烈大帝。

腓特烈的父亲是普鲁士的第二任国王，他有一个爱好，就是收集巨人——就像你们收集邮票那样。无论什么地方，只要他听说哪里有一个非常高的人，不管这个巨人属于哪个国家，也不管要花多少钱才能得到，他都会想办法把他买过来或聘过来。他把这些收集到的巨人组成了一支引人注目的军队，他为有这样一支军队而非常自豪。

除了爱好特殊，这位国王还十分暴躁、乖戾、脾气极坏。他非常恶劣地对待自己的孩子们，尤其是他的儿子腓特烈，他把腓特烈称为弗里兹。弗里兹年轻时长着一头鬈发，喜欢音乐、诗歌和奇奇怪怪的衣服。他的父亲觉得，弗里兹再这样下去，会成为一个不男不女的怪人。那会让自己很丢脸，他心里其实是希望儿子成为一名战士的。弗里兹的父亲在发怒的时候，会向他扔盘子；有时还会把他锁上几天几夜，只在饿的时候递给他水和面包；他甚至会用鞭子抽打弗里兹。最后，弗里兹再也忍受不了逃了出去，可是又被抓住带了回来。弗里兹的父亲对儿子的不听话以及他的所作所为非常愤怒，他甚至想杀掉他——对，就是处死弗里兹——不过，在最后关头被人劝住了。

虽然父子关系十分恶劣，可是有趣的事情发生了：当弗里兹长大后，他成了腓特烈，成了他父亲想让他成的那种人——一名英勇的战士。不过，腓特烈仍然喜欢诗歌，他甚至还试着自己写了一些诗歌；他也喜欢音乐，实际上，他能把长笛吹奏得非常优美。不过腓特烈最希望的事情，还是想让自己的国家成为欧洲强国。因为，在他即位之前，普鲁士非常弱小，没有人在意它。

当时，普鲁士的邻居是奥地利。奥地利的统治者是一个女人，叫玛丽亚·特丽萨。玛丽亚·特丽萨成为奥地利统治者几乎与腓特烈成为普鲁士国王在同一时间。有一些人认为，女人不太适合统治国家。腓特烈的父亲曾承诺不会去打扰玛丽亚·特丽萨——他曾承诺不跟女人打仗——不过，当腓特烈即位后，他却想把奥地利的一部分土地并入普鲁士。于是，腓特烈就去抢那块自己想要的玛丽亚·特丽萨的地盘了。他不在乎对方是不是女人，也不在乎这样做公不公平。很自然地，他们之间开始了一场战争。不久之后，几乎所有的欧洲国家都卷入了战争，他们或者支持腓特烈的，或者反对他。不过到最后，腓特烈不仅成功地得到了自己想要的土地，而且牢牢地把持着不松手。

然而，玛丽亚·特丽萨没有放弃。她想夺回被腓特烈抢去的地盘。因此，她开始悄无声息而隐秘地准备着另一场战争，准备和腓特烈再打一仗。她还悄悄地让另外一些国家保证帮助她。不过，腓特烈还是听说了她的计划，于是他再一次突袭了玛丽亚·特丽萨。这样，就开始了一场长达七年的战争，因此这场战争也因此被称为“七年战争”。腓特烈不断地跟奥地利作战，直到把奥地利打得没了还手之力。于是他实现了自己的目标——让自己的国家普鲁士成为欧洲最有权势的国家。腓特烈一直霸占着从奥地利抢来的土地。实际上，玛丽亚·特丽萨也是一位伟大的女王，假如腓特烈是一位寻常的国王，那么她早就赢了。可惜的是，和她对敌的是一位太过强劲的统治者，玛丽亚·特丽萨显然不是对手。

奇怪的是，七年战争不仅在欧洲内部打了起来，在遥远的美洲也打

了起来。英国是站在腓特烈这边的，而法国和其他一些国家则站在反对他的另一边。因此，在美洲支持腓特烈的英国殖民者，就跟反对腓特烈的法国殖民者打了起来。当腓特烈在欧洲打了胜仗的时候，美洲的英国殖民者也打赢了美洲的法国殖民者。我告诉你们这些事情，就是想让你们知道，为什么在今天，我们美国人是讲英语而不是讲法语的。假如腓特烈战败，那么法国将会赢，这样今天在美国的我们很可能讲的是法语，而不是英语。

腓特烈就和我们前面看到的其他国王一样，为了能从别的国家得到利益，不在乎采用什么手段，无论是撒谎、欺骗还是偷窃。对他来说，公平的手段、肮脏的手段都没什么区别。不过，排特烈对自己国家的人民非常之好，仿佛他们就是自己的孩子，他会尽自己所能为他们做任何事情。腓特烈就像一头护着幼狮的母狮，会为自己的国家而战，不惜与全世界为敌。

在腓特烈的宫殿旁边，有一座磨坊紧挨着它，这座磨坊属于一个贫穷的磨坊主。由于这个东西紧靠着宫殿并不雅观，因此腓特烈想把它买下来然后拆掉，这样就会使宫殿周围看起来美观一些。但那个磨坊主不愿意出售。尽管腓特烈大帝许诺会给磨坊主一大笔钱，但磨坊主还是拒绝了。大多数国王会直接把磨坊拆掉，或许还会把磨坊主投进监狱，甚至处死。不过腓特烈没有那样做。他觉得，即使是最低等的草民也有自

己的权利，如果他不愿意出售，就可以不出售。就这样，腓特烈再也没有打扰过这位磨坊主，而这个磨坊直到今天仍然矗立在那里，紧挨着宫殿。

奇怪的是，尽管腓特烈是德国人，但他却非常痛恨德语。他认为德语是一种没有修养的语言。他本人平时讲法语，写的也是法语，只有在和仆人或那些不懂法语的人说话时，才会讲德语。

71 美国摆脱了她的国王

你们知道吗？我们美国以前有过一位国王。

他的名字叫做乔治。

不，乔治 · 华盛顿并不是一位国王。

我说的是另外一位乔治。

你们还记得英国的斯图亚特家族吗——从公元1600年至公元1700年一百年中统治着英国的詹姆斯 · 斯图亚特、查理一世，以及斯图亚特家族的其他成员。嗯，在公元1700年左右，英国把斯图亚特家族都用完了——再也没有斯图亚特家族的后裔了。

由于英国必须得再有一位国王来管理他们的国家，因此他们从德国的一个地方请来了一位王室远亲。是的，从德国请了人来管理英国。他就是乔治，英国人把他称为乔治一世。乔治甚至还不会讲英语。他是德国人，热爱自己的德国远胜英国。不过，他还是同意去英国，后来确实也上任了。你们可以想象，他是怎样的一位国王。乔治一世的儿子是乔治二世，尽管他更像一个德国人而不像英国人，他还是接替父亲做了英国国王。不过，当乔治一世的孙子即乔治三世登上王位时，他就是一个土生土长的英国人了。正是在乔治一世的孙子也就是乔治三世的任期内，我们自己的国家，美国，诞生了。

当一个轮子转动时，我们把这种情形称为revolution（“旋转”）。它的名称虽然浩大，但是事情并不大。

当一个国家发生变动时，我们也把这种情形称为revolution（“革命”）。它的名称很大，而且事情也很大。

我们美国是由两块很小的殖民地发展而来的，这两块殖民地就是詹姆斯敦与普利茅斯。不过，它后来变得越来越大。当时，沿着大西洋海岸有很多块殖民地。居住在殖民地的人大部分是英国人，受英国国王统治。英王让殖民地的所有人都交钱给他，也就是纳税。不过，那些钱并没有流进国王的钱袋，不是他想怎么用就能用的。国王收来的税钱是要用在纳税人身上的，它们会被用来修筑道路，兴办学校，维持治安，以及其他服务于全体人民的事情。

因此，那些沿海殖民地的居民认为，自己越洋交了税金给国王，就应当享有投票权，可以决定他们的钱怎么花、花在什么地方。可是，他们并没有投票权，因此他们觉得，不应该再把税金交给遥远的英国国王了。

那个时候，美国公民的领袖人物之一是一个叫本杰明·富兰克林的人。他是一名蜡烛制造商人的儿子，出身贫苦，曾经两个腋下都夹着面包奔走在费城的大街上，但是他后来平步青云，越升越高，直至坐上这个国家备受尊崇、瞩目的位置。他做过印刷工人，还开办了美国第一份并且是最好的一份报纸。富兰克林还是一位伟大的发明家，他发明了火炉、灯，还成功地在雷雨天气里通过风筝将雷电引到地上。可以说，他是西方的贤者之一。

富兰克林曾被派往英国，去试着说服英国国王，让他在殖民地纳税人的问题上改变主意，或者跟他达成某种协议。但是乔治三世非常顽固，因此富兰克林没办法让他改变。

就这样，美国人发现谈话并不奏效，于是就准备发动战争。他们集合了一支军队。然后想找到一个优秀的人来指挥军队。他们觉得，这位指挥官必须诚实而又勇敢，有一个灵活的头脑，还必须热爱自己的国家，而且必须是一位优秀的战士。他们四处寻找具备这些优秀品质的人。终于，他们找到了一位。这个人非常诚实勇敢。因为，在他还是个孩子的时候，曾经为了试一把新得到的小斧子而把父亲的一棵心爱的树给砍了。而在当时，砍掉一棵樱桃树已经是一种犯罪行为了，根据法律，这个人可能会被处死。不过，当愤怒的父亲问这个男孩，问他是否砍掉了树的时候，他说：“我不可以撒谎，我确实砍掉了那棵树。”当然，你们现在已经知道他是谁了——乔治·华盛顿。

乔治·华盛顿在勘测费尔法克斯领主的农庄

乔治学着成了一名测量员——也就是测量土地的人——在他只有十六岁的时候，他就被雇佣测量位于弗吉尼亚的费尔法克斯领主的大农庄。这件事情表明他有着灵活的头脑。后来，他成了一名战士，在跟印第安人的作战中表现得非常勇敢出色。这表明他不但热爱自己的国家，而且还是一位优秀的战士。因此，乔治·华盛顿被选为美国军队的领导人，由他来率领军队跟英国人打仗。

在一开始，美国人并没有想到建立一个新的国家。他们仅仅想拥有跟住在英国的英国人一样的权利。但他们很快就发现，只有一个办法才能让他们得到属于自己的权利，那就是建立一个独立于英国的新国家。就这样，一个叫托马斯·杰弗逊的人写了一份文件，它被称为《独立宣言》。你知道它为什么叫这个名字吗？因为，这份文件宣称：殖民地要从英国那里独立出来。美国人推选了56个人出来签署这份文件。如果美国打不赢，那么这56个签名的人就会被英国以叛国的罪名处死。他们中的每个人都知道这一点，但是他们都签了字。不过，仅仅在一份文件上签名，并不会让英国放弃殖民地。是的，不会！英王乔治的军队已经作好了准备，准备阻止这些殖民地脱离英国的统治。

华盛顿军队的人数非常少，他要率领着这支军队与庞大的英国军队作战。他们的军饷也很少，很难支付战士们的花销，支持粮食、衣物、枪支与弹药的消耗。有一年冬天，战士们又冷又饿，差点被冻死。因为他们的衣服也少得可怜，而且除了胡萝卜之外就几乎没有别的食物。看起来，除非得到支援，否则他们似乎难以继续下去了。不过，华盛顿在一直鼓舞他们的士气。

这个时候，本杰明·富兰克林被派往大洋对岸，当然不是去英国，而是去法国，他要去那里看看能否寻得什么帮助。法国痛恨英国，因为法国在七年战争中失去了美国和加拿大的部分土地。但一开始，法国并不愿意帮忙。在华盛顿的军队吃了一连串的败仗后，他们对这支军队不再感兴趣了，人们通常都不太愿意帮助失败者。但是在美国发表《独立宣言》之后的第二年，华盛顿的军队在纽约州的一个叫萨拉托加的地方狠狠地打击了英国人。于是，法国国王又对这支军队产生了兴趣，他开始给殖民地的美国军队送些物资，这样就可以让战争维持下去。一位名叫拉斐特的年轻法国贵族匆忙地从法国赶到美国，在华盛顿将军的指挥下打仗，他表现得非常出色，为自己博取了巨大的名声。

随着时间推移，英国人发觉局势渐渐不利于自己了，因此想跟美国人商议和解的事情，愿意给美国人以英国公民的国民待遇。但是已经太晚了。在战争刚开始时，美国人可能会同意，并且可能会很高兴地同意；但现在，除了完全独立，他们不会再同意任何事情了。因此，战争仍然在继续，因为英国是不会让这些殖民地独立的。

这时，英国人在美国北部一个叫萨拉托加的地方被美国人打败了。于是他们把自己的将军康沃利斯领主派到了美国南部，看是否可以在那里击败美军。在美国南部，军队指挥者是格林将军。康沃利斯领主率领着军队想跟格林将军正面交锋，但是格林将军牵着康沃利斯的鼻子到处转，让他们疲于奔命，直至人困马乏。最后，格林将军把他们诱进了弗吉尼亚的一个叫约克敦的小地方。在那里，康沃利斯的军队被堵住了。在约克敦的一边，是美国军队；在约克敦的另一边，是法国派来增援的舰队。于是，康沃利斯只好投降了。

事已至此，英王乔治三世只能说："让我们议和吧。"公元1783年，战争终于结束了，双方签署了和平协议。战争从开始到结束，一共打了八年，而英国这块殖民地也从英国版图中独立了出来。这场战争被称为"美国独立战争"。这场战争结束后，我们这个国家就被称为"美国"了。

建国伊始，美国这个联邦只有十三个殖民地加入进来。这就是为什么在我们美国国旗上只有十三道条纹的缘故。有些人认为十三是一个不吉利的数字，但我们那有着十三道条纹的国旗至今还在这片土地上迎风飘扬，它给我们带来了好运，你觉得是不是这样呢？

华盛顿被选为第一任总统，因此他被称为美国的国父。他是战争中的领袖，是和平时期的领袖，也是美国人心目中的领袖。

倒悬

麻疹和腮腺炎有着很强的传染性。

革命也是一样。

就在美洲这十三个殖民地发生独立革命后不久，法国也爆发了革命。法国人看到，美国人在反抗英国国王的斗争中是那么成功，因此他们也起来反抗自己的国王、王后了。这被称为“法国革命”。

法国人起来反抗的原因在于：一方面，他们自己几乎一无所有；另一方面，国王和他的王室成员以及贵族几乎拥有一切。法国人和美国人一样，都是为反抗名目繁多的税赋而起来斗争的。对美国人来说，赋税是比其他问题都要重要的问题。而实际上，美国人的赋税并不很重，但是他们觉得自己没有受到公平对待。相比之下，法国的税金不仅不公平，而且他们几乎被搜刮尽了一切。

我在上文中已经跟你们说过，在路易十四统治之下的法国人民的处境是多么恶劣。在路易十四之后，法国人民的处境越来越差，直到他们再也无法忍受。

在这里，我们要介绍另一个人出场：路易十六的王后玛丽·安托瓦内特。当时的法国人民非常穷苦，除了一种非常粗糙难吃的黑面包外，几乎吃不到任何东西，但他们还是要给国王及贵族们交钱，以维持他们的奢华生活。不仅如此，法国人还必须给国王和贵族们服种种劳役，没有报酬，或者几乎没有报酬。如果有谁胆敢抱怨，他就会被投进位于巴黎的叫巴士底狱的大监狱，到死都要待在那里。百姓们都过得非常苦，只有国王、王后连带他们的朋友们过着穷奢极欲的生活，他们需要的一切东西，都是穷人给他们的。

不过，法国国王与王后都不是真正邪恶的人，他们只是年轻无知。他们的心肠很好，然后和很多心肠好的人一样，他们缺乏常识，并不知道其他人过得怎么样。他们似乎并不理解法国人民为什么会这么穷，因为他们自己什么也不缺。有人告诉玛丽·安托瓦内特，她的臣民们没有面包吃。于是这位王后问道："那他们为什么不吃蛋糕呢？"

为了消除加在人民头上的种种不公，从法国各地赶来的一群最优秀的人聚到了一起，他们自称"国民议会"，打算制定出一些规划，消除法国人民受到的所有不公平待遇。他们想让法国人都自由平等，并且给所有的法国人以政府管理中的"发言权"。

但是法国的穷人们由于长期遭受富人的剥削压迫而变得非常愤怒，甚至有点发狂，他们再也受不了任何事情了。于是，他们中的一群失去理智的人进攻了巴士底狱。他们砸烂了巴士底狱的围墙，把里面的犯人都放了出来，还杀死了巴士底狱的护卫，因为这些护卫都是国王的奴仆。接着，他们又砍下了护卫的头，把这些头挑在竹竿上，然后高高地举着在巴黎的大街上游行。由于巴士底狱里只有六七个犯人，因此释放他们并没有太大影响；不过，进攻巴士底狱的行为表明了法国人民再也不容许国王把他们关进监狱的这一决心。

进攻巴士底狱发生在公元1789年7月14日。这一天是法国大革命的开端，后来成为了法国国庆日。跟我们美国的独立日7月4日差不多，这一天是法国人对国王发出独立宣言之日。

大革命开始后，在美国参加独立战争的法国贵族拉斐特回到了法国。后来，他把巴士底狱的钥匙作为纪念品送给了乔治·华盛顿。以此表明，他们自己的国家也已经推翻了国王的统治，正式独立了。

法国国王和王后住在路易十四建造的美丽的凡尔赛宫里。国王身边的所有贵族，当听说在巴黎发生的那些事情之后，非常惊恐，他们丢下了他们的国王、王后，一个个争先恐后地溜走了，离开了法国。因为他们非常清楚接下来会发生什么。

与此同时，国民议会拟定了一份名为《人权宣言》的文件，它跟我们美国的《独立宣言》有点类似。《人权宣言》宣布，所有的人生来就是自由平等的，法律必须由人民一起来制定，在法律面前人人平等。

《人权宣言》拟定后不久，愤怒的群众来到了巴黎。他们穿得破破烂烂，举止非常粗野，手里拿着棍棒和石头，一边走，一边在嘴里喊着“面包！面包！”他们走了十多英里的路，到了凡尔赛宫，到了国王路易十六与王后玛丽·安托瓦内特居住的地方。他们一直冲上宫殿前面高高的台阶。留在国王周围的少许几个卫兵阻止不了这些人。他们把国王、王后抓了起来，把他们关进了巴黎的监狱。在那里，国王和王后被关了好几年。有一次，他们试图逃走，但还是在离开法国之前被抓了回来。

法国大革命中的群众与断头台

之后，国民议会起草了一部宪法——这是一套法律规范，通过这套规范，国家可以得到公正的治理。国王同意了这部宪法，在上面签了字。

不过，一切仍然没有结束。法国人民希望从此以后不再有国王统治他们。因此，大约在一年后，法国人民创建了一个像我们美国那样的真正的共和国，国王被判了死刑。有一位法国人发明了一种机械装置，它带着一把大刀，是专门用来砍头的。这种装置被称为“断头台”，被用来代替斧子，因为它更快，更可靠。就这样，国王被带上了断头台，被砍了头。

不过，在摆脱了自己的国王之后，法国人民并没有平静下来，也没有非常满意。他们害怕那些支持国王制度的人会复辟出另一个王国来。于是，法国人选择了红色、白色和蓝色作为法国国旗的颜色，并选择了《马赛曲》作为法国的国歌。他们无论走到哪里，都在手里拿着这面三种颜色的旗子，他们叫它“三色旗”；在走路的时候，则会高唱《马赛曲》。

接下来，就开始了“恐怖统治”时期，这是一个血淋淋的故事。一个叫罗伯斯比尔的人和他的两个朋友是“恐怖统治”时期的领导人。任何人，只要人们怀疑他拥护国王，就会被抓起来砍头。王后是第一批被砍掉脑袋的人之一。甚至如果有人窃窃私语，说这个男人或者这个女人或者这个孩子是拥护国王制度的，那么，这个男人或者这个女人或者这个孩子就会被送上断头台。如果有人仅仅憎恨另一个人，想摆脱他，那么他需要做的全部事情就是：指控对方拥护国王制度。这样对方很快就会被送上断头台。在这种局面下，每个人都惶恐不安、提心吊胆地过着日子。因为谁都不知道什么时候自己得罪过的人就会指控自己拥护国王制度。成千上万的怀疑对象被砍了头，为了处理流下的血，还必须修建一道特制的水渠。更让人绝望的是，尽管断头台砍起头来非常快，但是恐怖统治者还是嫌它太慢了，因为它一次只能砍掉一个脑袋。因此，恐怖统治者就让那些被抓起来的人排成行，然后用大炮炸死。

这个时期的法国人看起来非常野蛮，近乎疯狂！他们侮辱耶稣基督和基督教。他们把一个美丽的女人称为“理性女神”，把她放在巴黎圣母院的祭坛上，然后向她祈祷，而不再向上帝祈祷。他们把耶稣基督和圣母马丽亚的雕像推倒，把他们的画像扯下来，然后在这些地方放上理性女神的雕像和画像；将断头台放在了原先十字架的位置。他们还取消了星期天，把一星期延长为十天。他们规定，每十天有一个假日，用它来代替星期天。他们不再从耶稣基督诞生那年开始计算年份，因为他们不想让任何事情都跟耶稣基督扯上关系。他们开始把法兰西共和国成立的那一年，即公元1792年，称为第一年。

事情发展到最后，罗伯斯比尔想要单独掌权，因此他设下计谋，准备陷害他的两位朋友。其中一个被他砍了头，另一个则被一个叫夏洛特·科黛的女孩杀死在浴缸里，因为夏洛特对这个人的所作所为非常愤慨。这样，就剩下罗伯斯比尔一个人了。最后，由于人们害怕这样一个凶残而没有人性的暴君，因此他们再次起来反抗。当罗伯斯比尔发现自己也将被处死的时候，他想自杀。不过，在他自杀之前，愤怒的人们把他抓住了，然后把他带到了断头台上。在这座断头台上，在这个他让无数人掉下脑袋的地方，他自己也掉了脑袋。“恐怖统治”就这样结束了。遗憾的是，他没有成千上万条命去抵给被他夺去的成千上万条生命。

73

一个小个子的伟人

最后，法国大革命被终止了。

终止革命的是一名年轻的士兵，他20岁左右，只有60英寸高。

当街上愤怒的暴民在外面企图攻击王宫的时候，革命政府正在王宫里召开会议。于是，一名年轻的士兵带了几个人去处理，他们的任务是赶走暴民。这名年轻的士兵在王宫里架起了几门大炮，通往王宫的每条街道也都有炮口对准。于是街上再也没有人敢现身了。这名年轻的士兵名叫拿破仑·波拿巴。由于他在这次行动中表现良好，于是人们想知道他是谁，来自哪里。

拿破仑出生地中海的一个叫科西嘉的小岛上。他出生的时候恰好赶上成为法国人。因为科西嘉岛最初属于意大利，在拿破仑出生之前的几周，刚刚划给法国。拿破仑长大后，就被送去法国的军事学校学习。在学校，他的法国同学都看不起他，他们都把他看成外国人，不和他交往。不过，拿破仑的成绩很不错，尤其是数学成绩非常好。有一次，为了解答一个非常难的数学题，他把自己关在宿舍里。一直在宿舍里待了三天三夜，直到最后有了答案才出来。

在成长为结束法国革命的大人物的过程中，拿破仑显示出了一名优秀士兵的素质。因此，在26岁那年，他成为了一名将军。

在那个时代，所有其他的欧洲国家都有国王。而法国则染上了大洋彼岸美国革命的“高烧”，已经摆脱了自己的国王。欧洲其他国家的国王非常害怕自己的人民也会被传染上革命的“高烧”。就这样，由于法国把自己的国王送进了历史的垃圾堆，于是欧洲所有的其他国家都立即成了法国的敌人。

这个时期，拿破仑被派去跟意大利作战。他打算像很久以前汉尼拔在布匿战争中的出色表现那样，也翻过阿尔卑斯山。不过，汉尼拔当初是没有随军携带重型大炮的。因此，拿破仑的军队想携带大炮翻过阿尔卑斯山，几乎是不可能的事情。所以拿破仑就问军队里的工程师们，问他们可不可以携带大炮翻越阿尔卑斯山，他觉得工程师应该知道这件事是否可行。但是这些人回答说，他们觉得这件事情是不可能的。

“不可能吗？”拿破仑生气地说，“不可能这个单词只有在傻瓜的字典里才能找到！”他喊道，“阿尔卑斯山将会被我们征服！”然后，他带领军队冲了上去，翻越了阿尔卑斯山。之后，这支队伍在意大利打了胜仗，然后回到了法国，作为远征的英雄，他们受到了法国人民的欢迎。不过当时统治法国的那些人却对他比较害怕，他们害怕拿破仑会自立为王，因为他非常受人民欢迎。不过就在这个时候，拿破仑主动要求出征埃及，因为他觉得自己可以打败驻守在那里的英国军队。他认为，这样就可以切断英国和印度的联系。印度当时是詹姆斯一世统治时期得到的一块新的殖民地。只是，英国已经失去了美国，现在肯定不愿意再失去印度了。

法国政府非常高兴能够摆脱拿破仑，于是他们答应拿破仑的要求，把他派去了埃及。就跟尤利乌斯·恺撒以前征服了埃及那样，拿破仑也很快就征服了埃及。不过这次可没有艳后克娄巴特拉来阻挠他的计划了。当拿破仑在征服埃及的时候，正在尼罗河口等着他的舰队遭到了英国舰队的袭击，并且被摧毁了。当时，英国舰队是由一位伟大的将军指挥的。他就是纳尔逊男爵。

拿破仑的退路被切断之后，他们就没有办法回国了。因此，拿破仑把埃及的军队交给了另外一个人指挥。他自己设法找到了一艘船载他回到了法国。当拿破仑抵达法国时，他发现革命政府的内部正在争执不休。他觉得机会来了。他想办法让自己成为了民众选出来的三位执政官中的一位。他是首席执政官，而其他两个人则是执政官助理。虽然都是民选的执政官，不过后两个人的权力就很小了，不比服从拿破仑命令的办事员大多少。不久之后，他又成为终身首席执政官。于是，在很短的时间里，拿破仑就成为了法国的皇帝，同时也是意大利的国王。

拿破仑的崛起让欧洲的另外一些国家开始害怕，他们害怕拿破仑也会征服自己，把这些国家也变成法国的一部分。于是，欧洲所有的其他国家都联合了起来，一起对付拿破仑。而拿破仑则打算先征服英国，他为此准备了一个舰队穿过地中海到达英国。不过，在西班牙一个靠近特拉法尔加角的地方，他的舰队又一次遭到了上次在埃及打败过他的英国将军纳尔逊男爵的袭击。在这次海战之前，纳尔逊对他的水兵们说："英国希望她的每位子民都履行自己的义务。"确实，他们履行了自己的义务，不过纳尔逊也在这次海战中牺牲了。

在这之后，拿破仑放弃了征服英国的想法，他把注意力转向了相反的方向。他打败了西班牙、普鲁士和奥地利。现在，几乎全欧洲都属于他了，都必须听从他的号令了。接下来，拿破仑进攻了俄罗斯。不过，这是一个巨大的错误，因为俄罗斯太大、太遥远了，而且时值冬季，非常寒冷。但拿破仑还是想办法带领军队到达了莫斯科。令拿破仑没有想到的是，俄罗斯人把莫斯科付之一炬，烧掉了所有的粮食。因此，拿破仑的军队就没有什么东西可吃了。由于天气严寒，地上积着厚厚的雪，在撤退途中，拿破仑的军队损失惨重。拿破仑自己很快找到了一条近路，离开了部队回到了巴黎，然后他让大部队自己想办法找回去的路。成千上万的士兵、马匹由于寒冷饥饿大片大片地死去。拿破仑虽然回到了巴黎，但是他的好运也到了头。整个欧洲都在计划推翻这位暴君，不久，他就被敌军包围，击溃。

当拿破仑意识到自己即将战败时，他签署了一份文件，文件上说，他将放弃法国并离开法国。于是他就这样做了，他乘着船到了一个叫厄尔巴的小岛上。这个小岛在意大利海岸的外侧，离拿破仑的出生地科西嘉岛不远。

不过，在厄尔巴岛上，拿破仑觉得，一切都还没有失去，他还可以卷土重来再一次夺回属于自己的权力。因此，拿破仑终于让法国和整个世界都大吃了一惊，他在法国的海岸登陆了。法国政府获悉后，立即派出了一支由拿破仑的老部下组成的部队来对付他，让他们一旦遇到拿破仑就把他带回巴黎，关进铁笼。不过，这些老部下遇到拿破仑之后，都站到了他那一边。就这样，他们跟着拿破仑把部队一起开进了巴黎。驻扎在法国北部的英国军队和德国军队准备跟拿破仑交锋。于是，拿破仑迅速地集结了一支军队去迎战。在一个名叫滑铁卢的小城市，拿破仑打了他军事生涯中的最后一仗。在那里，他被英国将军惠灵顿打得大败。这件事情发生在公元1815年。直到今天，我们仍然把重大的惨败称为“滑铁卢”。

有一个特殊的句子，它从前到后跟从后往前读是一样的。据说这个句子是拿破仑在一切都完了之后说的。这个句子是这样的：

ABLE WAS I ERE I SAW ELBA

拿破仑在圣赫勒拿岛上

拿破仑被惠灵顿打败后，英国人俘虏了拿破仑，把他关在了茫茫大海的一个小岛上，这样他就没办法逃走了。这是一个孤独的地域，名字叫圣赫勒拿岛，是以君士坦丁的母亲的名字命名的。拿破仑在这里生活了六年，然后去世了。

拿破仑很可能是历史上最伟大的将军，但这不意味着他是最伟大的人。有人说，拿破仑是一个最坏的人，仅仅为了让自己伟大，就杀死成千上万个人，给整个欧洲都带来了破坏与毁灭。

这样，我们就来到了19世纪，因为拿破仑是在公元1821年去世的。这个年份离我们今天有多远呢？

74

从潘神的牧笛到留声机

青蛙呱呱叫，

小猫喵喵叫，

小狗汪汪叫，

小羊咩咩叫，

母牛哞哞叫，

狮子又吼又咆哮，

土狼朝你呵呵笑，

不过，只有鸟类和人类才会歌唱。

而其他动物只会发出叫声。

人类则可以做鸟类所不能做的事情。

他们可以用乐器来演奏音乐。

你是否曾自己做过烟盒小提琴或者钉子钢琴？

在很久很久以前的神话时代，太阳神阿波罗把七根牛皮做的琴弦固定在一对牛角中间，这样就做成了一个七弦竖琴。他用手指或羽管来拨动这些琴弦，就产生出一种清脆的声音，这种声音非常动听，几乎没有别的声音能比它更优美了。据说，阿波罗的儿子俄耳甫斯也从他父亲那里学会了这种本事，他在七弦竖琴上演奏的声音，使得鸟儿、野兽甚至树木和岩石都群聚在他的身边，醉心聆听。

潘神是山林和畜牧之神，他长着羊角、羊耳朵、羊腿和羊蹄。他把

几个不同长度的口哨捆在一起并吹奏它们，就像你们吹口琴那样。这种乐器叫做“潘神的牧笛”。

七弦竖琴和潘神的牧笛是两种最早的乐器。七弦竖琴是弦乐器，而潘神的牧笛则属于管乐器。长的琴弦和长的笛管会演奏出低沉的乐音，短的琴弦与短的笛管则能够奏出高亮的乐音。

从阿波罗的七弦竖琴开始，中间经过许多变化，终于在今天演变成了有着很多琴键的钢琴。你们有没有见过钢琴的内部结构，是否看到过在钢琴里面有很多长短不一的琴弦？不过，钢琴并不是像七弦琴或者竖琴那样用手指拨弄或用羽管来拨动的，而是，当你敲击琴键时就会有小锤敲打琴弦。

从一开始的潘神牧笛，经过不断的演变，最后变成了我们可以在教堂里看到的那种管风琴，它的琴管就像巨大的哨子。当然，你不可能像吹哨子那样用嘴巴去吹奏这么大的琴管。因为管风琴的琴管非常巨大，我们必须要用像鼓风机那样的机器才能吹动它。你们在弹奏管风琴时，鼓风机就已经在吹它了。

今天，我们知道了古代的乐器是什么样子，但我们并不知道那时候的人们演奏出来的音乐究竟是怎样的。因为那时并没有留声机来把这些音乐录下来，以便千年之后再一次播放。古时候的音乐，都消失在稀薄的空气中，再也找不到了。

一直到大约公元前1000年时，音乐才被记录下来。在此之前，所有的音乐都是靠耳朵来听的，当时还没有乐谱。一位名叫盖伊（意大语为盖伊多）的本笃会修士，发明了一种把音乐乐符记录下来的方法。盖伊把这种音符称为哆、来、咪、发等等。这些音符是献给圣约翰的赞美诗中那些颂词的首字母，修士们以单调的升降来唱颂它们。

还有另外一个意大利人，他有时会被称为“现代音乐之父”，他就是帕莱斯特里那，死于公元1600年左右。帕莱斯特里那给教堂音乐谱曲，教皇曾命令所有的教堂都演奏他的音乐。不过，当时的人们并不很喜欢他的音乐，也就是说，他的音乐并不“流行”。

大约一百年后——公元1700年左右——第一位伟大的音乐家出现了，他写的音乐是真正的流行音乐，人们都非常喜欢，直到今天，我们

仍然喜欢。

他是一个德国人，名字叫亨德尔。他的父亲是一名理发师，同时还是牙科医生。他希望自己的孩子以后能成为一名伟大的律师，但是，这个孩子唯一喜欢的却是音乐。

那时还没有现代钢琴，只有一种小的弦乐器，要按键才能演奏。这种弦乐器就是古钢琴，有时候它会像一张桌子那样有几条腿，有时它根本没有腿，就放在桌子上。

尽管亨德尔当时只有六岁，但是他得到了一件乐器——翼琴。并且，没有任何人发现，他把翼琴搬到了自己的阁楼上。每天晚上当其他人都进入梦乡后，他就会演奏翼琴，演奏到很晚，家人都以为他早就睡了。有一天晚上，他的家人听到屋顶的阁楼上传出一些声音。他们不知道那是什么声音，于是就搭了一张梯子，悄悄地爬上了阁楼，然后突然打开阁楼门，于是他们看到，亨德尔穿着睡衣坐在一张椅子上，双脚悬空，正在弹奏着翼琴。

▲ 亨德尔在阁楼上弹奏翼琴

从此之后，亨德尔的父亲明白了，劝说儿子去做律师的努力算是白费了。因此他给儿子请了音乐老师。不久后，这个男孩子的演奏就让全世界都惊呆了。亨德尔后来去了英国，然后定居在那里，成了一个英国人。他去世后，英国人把他埋在了威斯敏斯特修道院，这是一座教堂，有名气的英国人都埋在那里。

亨德尔“给《圣经》谱了曲”。这些以《圣经》中的词句为歌词的歌曲都是合唱的，被称为“圣乐”。“圣乐”中有一首歌曲叫《弥赛亚》，在圣诞节时，几乎所有的地方都会唱起它。

与亨德尔生活在同一时代的另一位德国音乐家叫巴赫。就像亨德尔在翼琴上演奏一样，巴赫是在管风琴上演奏的，他还为管风琴创作了一些有史以来最优美动听的音乐。奇怪的是，亨德尔和巴赫都在年老的时候成了盲人。不过对他们而言，听力比视力更重要。这是一个很好的讨论题材：如果非要选择，你愿意成为聋子还是盲人？

几乎所有的音乐天才都在他们还是婴儿的时候就是音乐神童。甚至在他们开始学习读书写字之前，就是伟大的音乐家了。

就在亨德尔去世后不久，一位这样的音乐天才诞生了。他是一名奥地利人，名字叫莫扎特。

莫扎特在只有四岁的时候，就能够非常出色地弹奏钢琴了。与此同时，还为其他人写作音乐——又称“谱曲”。

莫扎特的父亲和姐姐都能非常出色地弹奏钢琴，因此他们三人经常同台演出。莫扎特这名音乐神童还经常在女皇面前演出，无论他去什么地方，都会受到王子一样的优待。大家宠爱他，赞扬他，为他举办聚会并送给他各种礼物。

后来，莫扎特长大了，结了婚。结婚后的莫扎特开始了一生中最为艰难的生活，勉强维持生计。这段时期，他创作了很多不同种类的歌曲，还演奏歌剧、交响乐等，这些音乐都是由整个乐团一起演奏的。不过，莫扎特挣的钱总是很少，因此当他去世后，就埋在了乱葬岗里，那个地方是没钱单独下葬的最穷的人才会选择的地方。后来人们觉得，让一位如此伟大的作曲家埋在那里，甚至没有一个墓碑，简直是一件耻辱的事情。但是，为时已晚，人们已经找不到莫扎特的位置了。尽管后来竖起了一块墓碑，但是直到今天，还是没有人知道莫扎特的尸体到底埋在了哪里。

一个名叫贝多芬的德国人读到了神童莫扎特的故事之后，也想让自己的儿子成为一个在国王王后面前演奏的音乐神童。因此，当他儿子路易斯只有五岁大的时候，他就让他一天到晚不停地练习弹钢琴，直到他眼泪汪汪、非常疲劳为止。不过，路易斯·贝多芬（德语为路德维希·贝多芬）最终还是成为了历史上最伟大的音乐家之一。他可以坐在钢琴旁边，弹着弹着就弹奏出了最美妙的音乐——人们把它称为即兴演奏——只是，当这些曲子被记录下来后，贝多芬永远不会对它们满意。他一次又一次地审视写下的这些曲子，一次又一次地重新改写，有时重写的次数能达到12次以上。

后来，贝多芬的听力变得越来越迟钝了。他害怕自己会完全丧失听力——这对任何人来说都是非常可怕的，而对于那些视听力为生命的人来说，没有什么比它更糟了。最后，贝多芬就真的成了聋子。听力的丧失让贝多芬完全绝望了，他的脾气也越来越糟，经常发怒。不过不管怎么样，贝多芬都没有放弃，他仍然像以前那样创作音乐，甚至在他再也听不见任何声音后仍然如此。

还有一位伟大而不平凡的德国音乐家，名字叫做瓦格纳，他死于公元1883年。瓦格纳一生都在不断地练习弹琴，但是他从来都没有弹得很好。不过，他创作了历史上最出色的歌剧。他不仅创作音乐，还写作歌词。瓦格纳把古老的神话故事和童话故事写进歌剧，让人们用音乐的方式唱出来。在一开始时，有一些人取笑瓦格纳的音乐，因为它听起来似乎非常嘈杂，“砰砰砰砰”，非常粗野，没有音调。可是今天的人们则开始取笑不喜欢瓦格纳歌剧的那些人了！

我在上文中曾经跟你们讲到过画家、诗人、建筑师、智者、国王、英雄、战争还有动荡。我把各个时代里的音乐故事集中起来，放在这一章里，把它夹杂在其他的故事中，让你们从种种战争故事、战争传闻中解放出来，得到一次短暂的休息。

当我还是个小男孩的时候，我从来都没有听过任何伟大音乐家的音乐。在今天，你们，还有我，可以在任何时候打开留声机，听听帕莱斯特里那或者莫扎特的音乐，听听贝多芬或瓦格纳的音乐，听听其他音乐大师的音乐，无论什么时候想听就能够听到。这样，那些最伟大的音乐家们现在成了我们的“仆人”。《一千零一夜》里的哈里发甚至都不能想听就听到这样的歌曲呢！

公元1854—1865年间的报纸

假如你可以爬进你祖父的阁楼或者其他某个人祖父的阁楼中，或是在某个老箱子里翻寻，你可能会找到一些旧报纸，这些报纸如果是在公元1854年至公元1865年间印刷的，那么你就可以在上面读到我即将要讲到的这些事情。在“外国新闻”栏目中，你很可能会找到如下一些内容：

英国新闻：

在这个时期，英国的女王是维多利亚。维多利亚非常受英国人民爱戴，因为她天性和善，富有基督徒的精神。对英国人民而言，维多利亚更像一位母亲，而不是一位女王。维多利亚执掌政权大约半个多世纪，这段时期，被称为“维多利亚时代”。

公元1854年的英国新闻会讲述一场英国与俄罗斯之间的战争。

俄罗斯离英国很远，因此英国人不得不用船载着他们的士兵穿过地中海到达对岸，然后穿过君士坦丁堡进入黑海。在俄罗斯伸入黑海的那个地方，有一座小小的岛屿，英国和俄罗斯之间的大部分战役都是在那里发生的。这个小岛叫克里米亚半岛，因此发生在岛上的战争就被称为克里米亚战争。在这场战争中，数不清的英国士兵由于伤痛和疾病死在了岛上。

在战争期间，英国有一位名叫做佛罗伦萨·南丁格尔的女士。她非常善良，经常照顾患病的伤员。甚至，她还是一个小女孩的时候，就经常做这样一个游戏：她会想象她的玩具娃娃们头疼了，或者断了一条腿，于是她就给疼痛的头部或断掉的腿加以固定、包扎，假装她是在照顾病人。她的小狗生病了，她也会像照顾伤员一样细心地照顾它。

佛罗伦萨·南丁格尔听说在遥远的小岛上，英国士兵正在大量地死去，没有护士照顾他们。因此她召集了一些女士，一起去克里米亚半岛。在她到达克里米亚半岛之前，几乎有一半的伤员都死了——也就是说，100名伤员中就有50个人死了。而当南丁格尔到达克里米亚半岛细心护理他们之后，每100名伤员中就只有两个人死去。即使在夜里，南丁格尔也会提着一盏灯，在营地和战场之间穿梭，寻找受伤的士兵。士兵们都称她为“提灯女士”，他们非常敬爱她。

战争结束后，南丁格尔回到了英国。英国政府经过投票，决定给她一大笔钱，以表彰她在克里米亚半岛的护理工作。可是，南丁格尔没有收下这笔钱，而是把钱用在了训练护士上。今天，经过训练的护士几乎和医生一样是必不可少的，任何一个病人都可以召唤一名护士来照顾自己。但是在当时，还没有经过训练的护士，而且根本没人听说过这回事。佛罗伦萨·南丁格尔是第一位开始训练护士的人，因此，她几乎被看成是一名圣徒。

在克里米亚的一场战役中，一队士兵接到了错误的命令——骑马去进攻敌人。尽管他们都知道这种情形意味着必死，但他们还是毫不犹豫地发起了冲锋。于是，这些人中的三分之二都在不到半个小时的时间里被杀死或者负伤。英国诗人丁尼生男爵，在他的诗中讲述了这个故事。这首诗你可能已经知道了，它就是“轻骑兵的冲锋”。

日本新闻：

日本是中国附近的一个群岛。尽管在此之前我没有跟你们讲起过它，然而它确实是一个古老的国家，甚至在罗马成立之前就已经有这个国家了。在欧洲，国王、统治者、人民以及国家都在走马灯似的变换，而在日本，甚至远在耶稣基督诞生之前，他们的国王就是一个一个地通过继承而来的。

日本想把所有的白人都赶出自己的国家，他们也经常能做到这一点，很少有例外的情形发生。不过在公元1854年的时候，也就是英国开

始发动克里米亚战争那年，美国海军军官佩里准将去了日本，并跟日本签署了一个协议。在这个协议中，日本同意白人可以进入日本跟当地居民做生意。当时的日本人看起来似乎非常渴求新知识，他们想知道怎么以白人的方法去做事情。当佩里刚去日本的时候，日本人居住的条件还跟他们千年以前的一样。他们对白人的发明，对白人的生活一无所知。不过，他们仅用了五十年的时间就完成了文明史上千年的跳跃！

以上这些事情，你可能在当时的旧报纸上读到。这样的新闻很可能只占据报纸很小的版面，倘若是美国报纸，它们可能刊登在某个专栏的底部。但如果这份报纸是在公元1861年至公元1865年间印刷的，那么这些新闻中的大部分就都是关于那个时期我们美国的那场战争的。这是一场发生在美国人民内部的战争，一场家庭纠纷，我们把它称为“美国内战”。

当时，我们国家的两个部分，美国北部和美国南部，在一些问题上意见不能达成一致。在这些问题中，最主要的就是美国南部能不能拥有奴隶制。于是，双方就打了起来。他们都相信自己是正确的，为自己相信的东西而战。而成千上万的人都为了他们自己所信仰的东西付出了生命。这场战争从公元1861年开始，至公元1865年结束，一共持续了四年。最后意见达成了一致，即：在美国，没有人可以拥有奴隶。

你们当中读到这段历史的某些人可能就是美国内战中某些战士的子孙。在这些战士中，有些人是为南方而战，有一些人则为北方而战；有些人为南方而死，有些人则为北方阵亡。

那个时候的美国总统是亚伯拉罕·林肯。林肯诞生在一个小木屋里，出身贫困。他白天的工作做完后，晚上就会借着燃烧的木头的火光来阅读。林肯非常穷，他只有几本书，他把这几本书读了一遍又一遍。在这些有限的书中，有一本书是《伊索寓言》，你们可能也读过。当林肯长大一些后，他成为了一名店员。有一天，一个穷苦的妇女来买茶，买完茶走后，林肯发现，他给她的茶少了一点儿。于是他把店门关上，走了很远的路找到这个妇女的家，退给了她一些钱。因为这件事，人们开始把林肯称为“正直的林肯”。因为他总是非常诚实，非常善良。

林肯看望营地战士并同战士们握手

林肯学习非常刻苦认真，他后来成了一名律师，最后，被选为了美国总统。有一天，林肯正在一个剧院里观看演出。这时，一名演员朝他开了枪。林肯被击中，死去了。这位演员认为，林肯在解放奴隶这件事情上做得不正确。

林肯是我们美国最伟大的总统之一。华盛顿开创了我们美国，而林肯则阻止了她被分裂成两半。是的，是林肯，阻止了美国的分裂，使美国的各个部分联合成一个伟大的联邦，使美国成长为今天这么伟大的国家。

三张新邮票

我们处在当前这个时刻即“现在”。

让我们花上一分钟，简单地回顾一下，自拿破仑时代以来，欧洲发生了哪些事情。

拿破仑被放逐后，法国迎来了它的另一位统治者。法国人希望自己的旧王室再一次回来统治他们。这个旧王室家族的名字是“波旁”。法国人觉得，应该让一位波旁家族的人来统治自己。就这样，他们一个接一个地考验了三位波旁家族的人，他们都是最后那位被砍头的法国国王的亲戚。

不过，他们请来的这三个人后来被证明没一个是好的，法国人已经给了波旁家族太多的机会，因此最后，他们终于不再考虑请国王，而是准备建立一个新的共和国。

共和国需要的是总统，而不是国王。因此法国人民需要选出一位总统来。你们猜他们最后选了谁做总统？居然是拿破仑的侄子，路易·拿破仑。路易·拿破仑筹划了很长时间，他一次又一次地谋划，想要成为法国国王，但是都失败了。现在，他居然被选为法国总统了！但是，路易·拿破仑并不满足仅做一名总统，他想成为像他的叔叔那样伟大的人。他梦想着征服欧洲，成为皇帝。因此，在成为总统之后不

久，路易·拿破仑就当了皇帝，自称“拿破仑三世[①]”。

拿破仑三世十分忌妒邻国普鲁士。他觉得普鲁士太强大了。当时，普鲁士的国王叫威廉。威廉十分能干，他还有一个同样能干的助理或者说首相，叫俾斯麦。俾斯麦正在找借口跟法国开战。因此，公元1870年，普鲁士和法国这两个国家开战了。拿破仑很快就发现，在跟普鲁士交战这件事情上他犯了一个大错。普鲁士不是正在变得强大，而是已经变得很强大了。

拿破仑三世被普鲁士打得大败，率领着一众军队投降了。后来，他一直带着耻辱在英国生活。

普鲁士军队开进了巴黎，让法国支付给他们一大笔钱作为战争赔偿。法国的一些城市拒绝支付这笔钱。于是，俾斯麦把这些城市的头目都找来排成一列，告诉他们说，如果不交纳这笔钱，他就把他们全部开枪射死。就这样，法国同意支付赔偿金，而且让所有人都吃了一惊的是，他们在两年内就付清了这笔钱。然而，法国人永远不会忘记他们付款给普鲁士以及他们被普鲁士人逼迫的情形。因此从那时起，这两个国家就成了死敌。由于战争是在法国和普鲁士这两个国家之间发生的，因此被叫做“普法战争”。

在普鲁士旁边，还有几个小国，这些国家统称德意志联邦。尽管这些小国的人民之间都有着相同的血统，但他们彼此之间是割裂的。通过战争，普鲁士把所有这些德意志联邦小国合并到了一起，统一了起来，联合成了一个庞大而强盛的国家——德国。由于德国军队非常强大，因此其他国家都很害怕德国。威廉统治了德意志联邦，被称为“神圣罗马帝国皇帝”，他在路易十四建造的法国凡尔赛宫里举行了加冕仪式。

法国人认为，德国人能赢得这场战争的原因在于：一方面，德国有公立学校，所有的孩子都可以在这些学校中学习、训练；另一方面，德国士兵受到了良好的训练。因此，法国人开始在全国各个地方兴办公立

①一种说法是拿破仑一世有一个儿子，如果曾经有过这么一个人的话，那他可能就是拿破仑二世。还有一种说法是这样的：当拿破仑三世成为皇帝的时候，他想在自己的名字后面打上三个惊叹号——“拿破仑！！！”不过由于印刷错误，就成了“拿破仑Ⅲ”，即“拿破仑三世”。

学校，并且模仿德国人训练军队的方法。他们认为，通过这些办法，就可以为下一场战争作好准备。

法国成为了共和国，法国的总统、议会都是人民选举出来的。法国人不想再由任何皇帝来统治他们了。

当时，意大利不像今天这样是一个单独的国家，而是像原德国一样，由许多小邦组成。它们中的一些邦是独立的，有的属于法国，有一些属于奥地利。在这些小邦中，有一个邦的国王叫维多利奥·埃马努埃莱二世。维多利奥·埃马努埃莱二世希望所有的意大利小邦都统一起来，像美国一样成为一个单独的国家。他有两位很得力的手下，一位是首相加富尔，他是一个很有能力的人；另一位是加里波第将军，他粗鲁、浪漫，很受人爱戴，被称为“红衫英雄”。

加里波第将军以前曾在纽约城里做过蜡烛制造工人，那时的他总是很穷，却并不关心钱财。他非常受人欢迎，因此不管什么时候，只要他振臂一呼，让大家为心爱的意大利战斗，他周围立刻就能聚起一支时刻准备赴死的军队来。

终于在最后，维多利奥·埃马努埃莱二世、加富尔和加里波第这三个人成功地把意大利统一成了一个庞大的国家。意大利人为这三个人竖起了纪念碑，并以他们三个人的名字来命名街道。他们还为维多利奥·埃马努埃莱二世在罗马的一座小山上建造了一座美轮美奂的纪念堂，人们可以从那里俯瞰整个罗马城。意大利人在建造它时，就想着把

它打造成最出类拔萃的建筑物，让它比雅典的伯里克利时代任何建筑物都美丽，比意大利文艺复兴时期的任何建筑物都美丽。

如果你喜欢集邮，如果你能够收集到那个时期这些国家的邮票，那将会非常有趣，这些国家分别是：新法兰西共和国、德意志联邦、意大利共和国。

奇迹时代

你们可能认为奇迹时代是耶稣基督活着的那个时代。

不过，如果有个生活在那个时代的人来到我们今天的这个时代，他肯定会觉得这是一个奇迹的时代。

如果他听到你跟数千英里外的人打电话，他一定会觉得你是一位魔法师。

如果你把屏幕上活动着并讲着话的人展示给他看，他肯定会认为你是一名巫师。

如果他看到你打开留声机或收音机就能开始播放节目，他肯定会认为你是一个魔鬼。

如果他看到你乘坐飞机飞行在天空中，那么他肯定会认为你是一个神灵。

在今天，我们非常频繁地使用着电话、电报、留声机、蒸汽船、火车、电车、电灯、汽车、电影、收音机、飞机等等，人们可能很难想象这样的一个世界，其中没有任何这些东西——绝对没有任何一样。不过，在公元1800年之前，确实其中的任何一样都还没被被发明呢。

乔治·华盛顿与拿破仑都没有见过蒸汽引擎的机器，他们既没有见过汽车，也没有见过蒸汽船。他们也从来没有用过电话、电报，也从来都没骑过自行车。他们从来都没见过货车，也没见过电灯。他们甚至都没有想象过电影、汽车、飞机、收音机和电视机。

在距今一百多年前，产生了许多奇迹，这些奇迹比以往人类历史上所有年代里产生的奇迹加在一起还要多得多。

一位名叫詹姆斯·瓦特的英国人是第一批制造这种“魔法机器”的人之一，现在我们把它叫做发明。瓦特在观察水壶时，发现水壶的盖子被蒸汽顶了起来。这个现象给了瓦特一个启发，他猜想蒸汽也可能会把其他的东西顶起来，就像顶起水壶盖一样。因此他制造了一台机器，这台机器是通过水蒸气推动一个叫活塞的东西把轮子带动起来的。这就是第一台蒸汽引擎。

瓦特的蒸汽引擎能够带动轮子或者其他东西，但它不能让自己移动。一个叫斯蒂芬孙的英国人把瓦特的蒸汽机装在轮子上，使得蒸汽机能够带动轮子转动，这就是第一台火车头。很快，由奇怪的引擎推动的奇怪的车厢就奔跑在美国的轨道上了。一开始，这些火车只能在相隔几英里远的两个城市之间来回跑，比如在巴尔的摩和费城之间跑来跑去。

后来，有一个叫罗伯特·富尔顿的年轻人认为，应该能够制造出一艘蒸汽船来，由蒸汽机推动桨轮，然后在水面上航行。人们嘲笑了富尔顿的这一想法，把他制造出来的船称为“富尔顿的蠢物”，意思是“愚蠢的东西”。不过，这艘船居然可以开动，于是富尔顿转而开始笑话那些嘲笑自己的人。富尔顿把他的这条船命名为“克莱蒙特号”，它会沿着河定期航行。

在电报发明以前，没有人能和身在远方的另一个人讲话。在发电报的时候，机器会发出一种嘀嗒声，与此同时，电流会沿着电线从一个地方传到很远的另一个地方。如果你在电线的一端按下按钮，就可以终止电流在电线中的传播，于是在电线另一端的设备就会发出一个嘀嗒声。一个短促的嘀嗒声称为“嘀”，而一个较长的嘀嗒声则称为“嗒”。嘀声与嗒声的一个个组合分别代表着字母表中的一个个字母，因此，你可以通过分辨嘀嗒声来读取一条消息。

字母A的嘀嗒声是：. –　　嘀嗒

字母B的嘀嗒声是：– – – .　　嗒嗒嗒嘀

字母E的嘀嗒声是：.　　嘀

字母H的嘀嗒声是：. . . .　　嘀嘀嘀嘀

字母T的嘀嗒声是：－　　　　　　　　嗒

一位叫莫尔斯的美国画家发明了这种奇妙的小仪器。他在巴尔的摩和华盛顿之间搭建起了第一条电报线路，通过这条线路发出的第一封电报的内容是这样的：“上帝创造了这么奇妙的事情！”

除了莫尔斯，另一个叫贝尔的学校教师也很值得一提，他想找到某种方法，让耳聋的孩子能够听到声音。为了做到这一点，他发明了电话。就像电报能够传递嘀嗒声一样，电话能够传递说话的声音。有了电话之后，你就没必要非得像在电报传递中那样，一定要通过嘀嗒声对应的字母表才能读出电文来。任何人都可以通过电话直接跟另一头的人交谈了。有了电话，距离不再是问题，例如在纽约的人就随时可以和在伦敦的人交谈。而在以往，只能通过航船驶过海洋、飞机飞过天空这样的方法才能得到对方的音讯。

在今天的日常生活中使用着的许多发明都是由几个人一起做出的，因此很难讲究竟是哪个人最先想到了哪个发明。有几个人想到了一种办法，通过电流来让一种机械装置跑起来，这种机械装置就是电动汽车。另外一些人想到的则是通过汽油燃烧让机械装置跑起来，这种机械装置就是汽缸式汽车。

我们今天使用的电灯，是由托马斯·爱迪生发明的。爱迪生被称为巫师。这是因为，在中世纪时，人们认为巫师能做出种种奇妙而不可思议的事情，他们能够点石成金，能够让人消失不见，以及种种诸如此类的事情。但是，爱迪生做了一些甚至连童话里的巫师都想象不到的事情。爱迪生是一个穷苦人家的孩子，最初是在铁路上卖报纸、杂志。他非常喜欢做各种各样的实验，于是在行李车厢中找了一个地方，专门用来做实验。可是，他总是把行李车厢弄得乱七八糟。最后，行李管理员把爱迪生的全部设备都扔出了火车。爱迪生发明了很多东西，他发明的那些东西，很可能比历史上任何一个人发明的东西都更有用、更重要。因此，爱迪生比那些什么都不会干，只会发动战争，四处搞破坏的国王要伟大得多——因为假如历史上根本没有那些国王的话，这个世界会美好得多！

生活在过去时代里的千千万万的人都试图在空中飞翔，但是都失败了。大部分人都说，飞行是不可能的，试图飞行是愚蠢的事情。有一些人甚至说，试着去飞行是邪恶的，因为上帝只把飞行的能力赐给了鸟儿与天使。最后，经过多年的辛苦和上千万次的试验，美国人莱特兄弟把不可能变成了可能。他们兄弟俩发明了飞机，实现了人类飞行的梦想。

一个叫马可尼的意大利人发明了收音机。每天，还有很多人在试验着种种奇妙的发明。不过，这些发明故事你要自己去读了，因为要把所有这些事情都讲给你们，这本书就会太厚了。

在这里有一个很好的讨论的主题：你们说是使用着种种发明的今天的我们开心，还是生活在千年之前没使用这些发明的古代人开心呢？

时至今日，生活节奏正变得越来越快，生活本身也变得越来越刺激，却比以往多了更多的艰难、危险。在今天，我们不会再待在燃烧的火炉旁，蜷缩在沙发一角享受阅读一本书的乐趣，而是离开室内暖洋洋的电暖炉，出门去看电影；在今天，我们不再一边拉着小提琴一边唱歌，而是打开留声机或收音机听着音乐，这样就失去了音乐中的重要乐趣，失去了自己演奏的快乐；在今天，我们不再坐在马车的后面，让马一路驰骋，听凭它拉着我们沿着乡村小路摇摇晃晃地前进，而是自己驾驶着危险的汽车，全神贯注地盯着前方，否则就有可能发生车祸。

第一次世界大战

前面讲的那个故事是比较少见的、其中没有战争的。但是现在为了补偿这一点，我必须得给你们讲一个规模巨大的战争故事，几乎全世界都卷进了这场战争。

欧洲有一个很小的国家，叫做塞尔维亚。塞尔维亚的邻国是大国奥地利。但是，尽管小小的塞尔维亚与大国奥地利是邻居，但他们并不很友好，每一方都说着对方的坏话。之所以这样，是因为，奥地利统治着除了奥地利人之外的其他几个人种，其中的一些种族跟塞尔维亚的一些种族相同。塞尔维亚人经常说，奥地利人对待这些种族不太公平。而且，塞尔维亚人可不仅仅是说说而已，他们还组织了一些秘密团体，把一些人派到奥地利去制造事端。因此，奥地利人就说，塞尔维亚想让奥地利人民对奥地利的统治产生不满，进而不服从奥地利的统治，以此颠覆奥地利王国。

于是，一个住在塞尔维亚的年轻人就开枪打死了奥地利王子，这个王子将是奥地利的下一任国王。

奥地利人非常愤怒，开始责骂塞尔维亚人。塞尔维亚人却说，他们对这件事情感到非常遗憾，但是他们与王子的死并无关系。奥地利人没有接受塞尔维亚人的道歉。他们认为，惩罚塞尔维亚的好机会来了，是时候为奥地利遇到的麻烦向塞尔维亚问责了。于是，不管欧洲其他国家如何阻挠，奥地利向塞尔维亚宣战了。

就这样，麻烦开始像原野里的整片干草烧着了一样蔓延开来。俄罗斯站在了塞尔维亚这边，命令其军队时刻准备战斗；而德国则站到了奥地利那边。从普法战争、俾斯麦与威廉的时代开始，欧洲的大国都在积极备战。几乎所有的这些国家都分为两个阵营，或者跟德国站在一起，或者跟法国站在一起。

俄罗斯是跟法国站在一起的。因此，当俄罗斯筹备战争的时候，法国也开始准备，以便随时支援俄罗斯。这就意味着德国将被夹在两个敌对的大国之间，一边是法国，另一边是俄罗斯。因此，德国决定迅速打击法国，在俄罗斯从另一边进攻之前就摧毁法国。

为了尽快抵达法国，德国军队不得不穿过一个叫比利时的小国。不过，德国跟法国曾达成一个协议，双方的军队都不能从比利时开过去。但战争开始之后，德国军队根本顾不上遵守自己的承诺，也不顾比利时军队的阻挡，直接开进了比利时。就这样，德军一直向着法国首都巴黎冲去。他们走得非常远，当来到一条叫马恩河的小河边时，离巴黎就只有二十英里了。但是，法国人在霞飞将军的领导下在这里截住了德国军队。马恩河战役可能是迄今为止你们在这本书中看到过的最著名的一场战役。这是因为，尽管在马恩河战役后这场战争又打了四年多，但是如果德国赢得了马恩河战役，他们就会把部队开到巴黎，很可能就把法国并入德国了。

在这个时候，英国也加入了战争，站在法国与比利时这边。英国有着世界上最强大的海军。德国海军并没有强大到可以打败英国海军，因此德国人把他们的战舰留在了国内。也因此，德国不得不使用潜水艇在水下攻击对方，而英国的海军是很难捕捉到这些水下目标的。在这场战争中，双方不仅在陆地上、海上开战，而且还在空中、水下展开争斗，这在世界历史上还是第一次。

德国的潜水艇有时会击沉并没有加入战争的其他国家的舰艇，这就使得那些国家极为愤怒。因此在战争结束之前，几乎世界上所有的国家都加入了战争。这就是为什么我们把这场战争称为“世界大战”的原因了。跟德国打仗的那些国家被称为“协约国”。后来，又打了另一场世界大战，因此我们把前面这次世界大战称为“第一次世界大战”。这就仿佛我们称呼一位国王为乔治一世，是为了不跟后面的那位乔治二世混淆一样。

在第一次世界大战中，上百万的人死去了，上百万的士兵成了伤员，上百万的金钱花在了战争上，而战争一直在继续，双方都是输家。于是，突然之间，俄罗斯就爆发了一场革命。俄罗斯人民推翻了他们的统治者沙皇及其家族，拒绝再战。他们由于自己国内的革命而不能再干涉战争了。情势开始向着不利于协约国的方向发展了。

直到公元1917年为止，美国都没有加入战争。差不多在战争开始的三年后，也就是1917年，美国加入了战争。之所这个时候加入，是因为，德国的潜艇击沉了美国的船只，杀死了美国人。

美国离战场非常远——几乎有三千英里的距离，中间还隔着一个大洋——看起来似乎不太可能影响战局。不过，美国在很短的时期内就通过航运向战场上输送了两百万士兵。他们在潘兴将军的领导下打了很多场大战役。

最后，在公元1918年11月11日，德国及其盟国终于投降了。德国签署了一份文件，同意完全按照协约国所说的去做。直到今天，11月11日仍然被称为休战日。在历史上，第一次世界大战就这样结束了。德国的独裁者跑到荷兰去住了，而德国成为了一个共和国。庞大的奥地利变成了小小的奥地利，因为，不属于奥地利种族的人民都从原来的国家中分裂了出去，各自成立了独立的国家。小小的塞尔维亚国则完全消失了。在塞尔维亚国原来所在的地方，形成了一个新的国家，叫做南斯拉夫。

短短的二十年

一根绳子有多长？这是一个无聊的问题，想对此问题作出回答的行为，也是无聊透顶的。

二十年有多长？这个听起来仿佛也是一个无聊的问题，可是它并不像听起来那么无聊。对于一条狗来说，二十年时间很长了，比它一生的时间还要长。而对于一个人来说，二十年时间并不算长：一个人到二十一岁的时候才有选举权，这个时候的年纪并不大。在悠久的历史中，二十年只是短短的一瞬。

在第一次世界大战结束后第二次世界大战开始之间的这段时间，一共有二十年，或者说二十年零几个月。夹在两次世界大战间的二十年，是非常短的一段时间。甚至，在第二次世界大战爆发之前，许多国家都还没有从第一次世界大战中恢复过来。这一章的内容是关于两次世界大战之间的二十年和平时期的。

第一次世界大战结束后，世界各地的人们都希望以后再也不要有什么战争了。第一次世界大战甚至被称为“一场终结战争的战争”。在一战结束之后，协约国的首领们聚集在法国的凡尔赛宫，签署了一个和平条约，人们把它称为“凡尔赛条约”。条约规定，德国只能拥有一支维持国内秩序的很小的军队，这支军队不能大到可以发动战争。德国也不允许拥有空军、海军、坦克部队。条约还规定，德国需要交纳一大笔钱给协约国，用来弥补协约国在这场战争中所遭受的损失。

然后，为了维持和平，协约国成立了国际联盟，将总部设在了瑞士。我觉得最伟大的发明就是在战争爆发之前就做出某些事情或制定某些办法。人们希望国际联盟就是能够阻止战争爆发的那个伟大发明。每个国家都会派出代表来参加联盟的会议，当受到战争威胁时，国际联盟会警告那些疑似备战的国家，让它们把自己的安全材料提交国际法庭审理，通过国际法庭来解决争端，而不是通过战争来解决。

国际联盟作出了努力，但是它没有成功。这有如下几方面原因。第一个原因就是美国不加入联盟。美国觉得，假如有些国家不顾国际法庭的决议而开战的话，他们将派出部队制止战争的爆发，在非常时期，美国不想被国际联盟牵制了手脚。

国际联盟没有成功的另一个原因是，它没办法让加入联盟的国家按照自己的要求去做。

有一个标语是“请勿踩踏草坪”。如果你不顾这条标语，自顾行走在草坪上，这条标语当然也阻止不了你，但是附近的警察却能够阻止你。国际联盟就相当于附近没有警察的“请勿踩踏”。

我猜想，在此之前，从来都没有这么多的人希望、祈祷战争停止。除了国际联盟之外，人们还采取了其他多种办法来阻止战争发生。

人们认为，如果所有的国家都没有那么多的军队武装，则可能会对阻止战争有帮助。因此，拥有最好海军舰队的国家在华盛顿举办了一场会议，会议达成协议，限制这些国家的海军规模。

人们还认为，如果世界上所有国家都独立作出承诺，保证不再发动战争，那或许也有助于抑制战争爆发。因此，人们制定了一个被称为“反战条约”的协议。一共有62个国家在这个条约上签了字，承诺放弃战争。

不过，尽管有国际联盟的限制，尽管有海军规模的限制，尽管有反战条约的限制，战争仍然再一次爆发了。究其原因，这世界上并没有一种武力可以在战争开始爆发的时候阻止它。当一座城市里的建筑物着了火，人们可以把消防队叫来。消防队员会穿着防火装备，拿着消防器械把大火扑灭。当一座城市里开始发生打架斗殴事件时，人们可以打电话给警察，然后警察会来到现场，阻止斗殴。

但是，当战争爆发的时候，却没有消防部门或警察部门来阻止。因此，不久后，战争再一次爆发了。甚至两次世界大战之间的二十年和平时期还有局部的战争发生。第一场新的战争是在亚洲发生的。

我在前文中跟你们讲过，在佩里准将打开日本的对外贸易之门后，日本是怎样快速地走上现代化建设之路的。日本从欧洲工业文明那里学到了很多好的东西，同时也学到了很多坏的东西。日本建设了一支规模相当庞大的现代化陆军与海军。在公元1931年，日本把军队派到中国北方，从中国人手里夺去了满洲里。然后，日本又开始入侵整个中国。当然，中国人民也团结起来抗日，想把日本人驱逐出中国。其他一些国家写信给日本政府，说不喜欢看到日本使用军队侵略中国。

“你们签署了反战条约，那么这又是怎么回事呢？”其他的这些国家问日本。

可是，由于没有其他国家试图用武力阻止日本侵略中国，因此战争一直在继续。中国人民抗战运动进行得非常英勇，但是由于他们的军队物资供应极度匮乏，因此日本很快就占领了中国东部所有沿海地带，并把中国政府赶到了中国西部。国际联盟不知道怎样去阻止这场战争，它一直持续到第二次世界大战结束。

这场战争在亚洲爆发的同时，非洲爆发了另外一场战争。意大利军队开进了古老的埃塞俄比亚。埃塞俄比亚国王的军队只有很少的一些枪支，大部分士兵们都以长矛做武器；而意大利军队则使用着飞机、炸弹、大炮，甚至还有毒气。因此，意大利很快就征服了埃塞俄比亚。

此时，欧洲的西班牙也爆发了一场内战。一支西班牙军队与另一支西班牙军队为争夺西班牙的统治权发生了内战。苏联没有试图阻止这场战争，相反，他们还派兵帮助其中一支军队；几乎是同时，德国和意大利也派兵来帮助另一支军队。

一、二、三——战争、战争、战争——中国、西班牙、埃塞俄比亚。国际联盟没能阻止日本对中国的侵略，也没能阻止意大利对埃塞俄比亚的侵略，尽管它试图通过让其他一些国家中断对意大利的物资供应来惩罚意大利。总之到了最后，意大利占领了埃塞俄比亚，西班牙内战也在爆发的进程中。作为一个阻止战争的发明，国际联盟并没有真正起到什么作用。

不过，在这二十年和平期间，除了战争还有其他一些重要的事情发生。在和平时期的第一个十年里，人们忙着制造、销售、购买、使用一些产品，这些产品是他们在第一次世界大战期间没有享用到的。在美国，几乎所有人都想获得一份工作。工厂非常忙碌，忙着制造大到汽车小到缝衣针的所有东西。商业非常繁荣。人们忙着挣钱花钱。许多人认为，这种繁荣会永远持续下去。但是他们错了，繁荣并没有一直延续。在短暂的繁荣过后，出现了商业人士所谓的“大萧条”。好的工作变得异常稀少，大量的人口没有工作，工厂生产出来的产品也卖不出去。很多工厂都关闭了，这让很多人失业下岗。如果人们一直找不到工作，又怎么能挣到钱为自己为家庭购买食物呢？因此，在和平时期的最后十年，是大萧条的艰难时期。

大萧条持续了几年，人们都绝望了。这时，美国选举出了一位新总统，富兰克林·D.罗斯福。正当大萧条看起来似乎令人绝望，所有的一切都陷入了阴暗的时刻，罗斯福当选了。人们很害怕，他们不知道接下来还会有什么事情发生。罗斯福在当选总统的第一天就说：“我们唯一恐惧的事情，那就是恐惧本身。”罗斯福似乎知道应该怎么去做。他要求通过一些法案，以便那些找不到工作的人能够得到政府救济。

接着，美国政府雇了很多人来从事他们能够做的各种工作。画家们画画，音乐家们举办音乐会，作家们写书，工人们扫落叶、挖沟渠、引流湿地里的水等等许多工作。所有这些人的工资都由政府来支付。罗斯福试了很多办法让国家运转起来。因此，人们把罗斯福担任总统期间所尝试的那些促进经济发展的办法称为“罗斯福新政”。

罗斯福把富人们的钱花在穷人身上，以此来帮助穷人，尽管罗斯福的家族以及罗斯福本人都是非常富有的。罗斯福39岁时，得了脊髓灰质炎，接着，他的两条腿也残废了。罗斯福再也不能走路了，只能依靠别人的胳膊搀扶走上几步。尽管有这样的缺陷，罗斯福还是两次当选纽约州州长，最后当选美国总统。

美国总统每四年竞选一次。每隔四年，人们会投票选举下一任总统。罗斯福在第一届任期结束后，第二次又当选了。美国国父乔治·华盛顿一共做了两届总统，每一届都是四年任期。后来，华盛顿拒绝了第三次当选。自从华盛顿不再参与第三次竞选后，美国的历届总统都没有参加过第三次竞选。不过，当富兰克林·D.罗斯福的八年任期结束后，他仍然第三次被选为了美国总统。他一共在任十二年，比任何一位总统的任期都要长。当十二年任期满了之后，他又第四次当选。如果罗斯福在第四届任期内没有去世的话，他将一共在任十六年。罗斯福任总统的时间是从公元1933年到公元1945年。除了罗斯福，再也没有任何一位美国总统的任期能够超过八年，也没有哪位美国总统会当选两次以上。

罗斯福并不能立即终止大萧条。但是他确实让美国人民看到，一切都没有那么绝望，而且他也让人们避免了饥饿与恐慌。不过，他的种种办法让美国政府花费了无数的美元。

在罗斯福的第三届任期开始之前，二十年的和平宣告终止，第二次世界大战在欧洲开始了。美国人民希望自己能够置身战争之外。但是罗斯福却觉得，即使这场战争是发生在遥远的大洋对岸，美国还是有可能受到攻击。因此，他带领美国人为可能会波及本土的战争作好了准备。当美国真的受到攻击后，罗斯福带领整个国家，与德国、日本、意大利开战，并取得了胜利。令人遗憾的是，就在德国投降之前的一个月，罗斯福去世了。

二十年的和平，一个用来终止战争却未见效的二十年的发明，一次繁荣与萧条的周期，然后是一场历史上规模最大、最糟糕的世界大战。二十年的时间有多长呢？在两次世界大战之间，它其实是非常短暂的。

野蛮人又来了

意大利有一位国王，但是这个国家真正的统治者却并不是国王，而是一名独裁者——墨索里尼。在第一次世界大战结束的几年后，墨索里尼成了独裁者。正是他，把意大利军队开进了埃塞俄比亚，发动了战争。

你们还记得古罗马时期辛辛纳图斯的故事吗？他是怎样成为一名独裁者并拯救罗马的呢？在敌军被击败后，他是怎样放弃独裁者的位置，回到老家继续成为一名普通农民的呢？

嗯，墨索里尼是一个完全不同于辛辛纳图斯的独裁者。他从来没有放弃过独裁者的位置，他不断地努力，使得自己的权力越来越大。

在由一名独裁者统治的国家中，人民很少有真正的快乐。因为，他们不得不去做一些独裁者让他们去做的事情，不管他们是否愿意。由于害怕独裁者可能会不喜欢，因此那里的人民不敢说出自己内心的真实想法。在独裁者统治的国家中，人们不经审判就会被投进监狱。此外，他们也不能在报纸上读到对一个问题的多方面看法，因为那些报纸上，只会印着独裁者想让他们发表的观点与看法。人们在独裁的统治下无时无刻不在担惊受怕，因为独裁者的密探总是在窃听、监视、等待着人们失误——说出反对独裁者的某些言论或做出独裁者可能不喜欢的某些事情。倘若那样，这个人就会消失不见了。

第一次世界大战之后的短短二十年和平时期，为欧洲的几位独裁者

登上权力舞台提供了充分的时间。

墨索里尼是很坏的了，他剥夺了意大利人民的自由，发动了对埃塞俄比亚的战争，这仅仅是因为他想得到埃塞俄比亚这个国家。

但对于另一位也登上了欧洲权力舞台的独裁者而言，墨索里尼只是一只“小土豆”而已。这位后来居上者就是阿道夫·希特勒，他成了德国的独裁者。希特勒的政党自称“纳粹党”。“纳粹”是德文Nationalsozialist的缩写Nazi的音译。你们在第一次听到“纳粹党”（Nazi Party）这个词的时候，可能会觉得它跟某个快乐的时刻比如生日聚会（a birthday party）有什么关系。其实，“纳粹党”就是追随希特勒的人组成的一个社团或群体，即希特勒的政党。

纳粹党党员非常粗暴、残忍。他们做了一些非常可怕的事情，甚至亚拉里克和他的哥特人部队，或者阿提拉和他的匈奴人部队都没有做过那些事情。我觉得，纳粹党比哥特人和匈奴人更坏，因为哥特人和匈奴人都是未受教化的野蛮人，他们生活在古代，那个时候整个世界几乎都是愚昧黑暗的；而纳粹党人生活在文明的基督教国家，这些国家有学校、大学、教堂，整个社会都浸泡在科学知识，还有20世纪良好的行为规范与法律准则中。

纳粹党对所有的犹太人进行迫害，后来他们开始屠杀在德国的犹太人。有一些犹太人逃到了其他国家，另一些人没有逃走，被关进了集中营，他们在集中营里遭受了非人的折磨，有的最后被杀害。纳粹党建造了大型的毒气室，那是一些很大的房间，可以灌进毒气。纳粹党徒会把成群的犹太人，不管男人、女人还是孩子，都赶进房间，然后释放毒气。他们用这种方式杀死了几百万犹太人。

除了犹太人，成千上万被认为反抗纳粹党统治的其他种族的德国人，也被关进了集中营，很多人都死在了那里。

希特勒在公元1933年成了德国的总理和独裁者。他是一名极富感染力的演说家，他可以用他的演讲来打动听众，让他们去做他想让他们做的事情。不过，希特勒并不只是依靠演讲。他的纳粹党间谍遍布各地，任何人只要说了一个反对希特勒的词，就马上会被纳粹党秘密警察逮捕。

希特勒想让德国成为世界上最强大的国家。为了实现这一目标，他创建了一支庞大的军队。他要求，每一位德国人都要帮助德国成为一个好战的国家。甚至每个男孩、女孩都是纳粹的俱乐部成员，他们在那里接受训练，为纳粹国家服务。那些不属于陆、海、空三军的人，则被安排进了军队劳工部，为军队建造堡垒、军事道路和作战设备。

我在上文中已经跟你们说过，《凡尔赛条约》并不允许德国拥有大规模的军队或空军力量。那又怎么样呢？希特勒说过，尽管德国政府已经在《凡尔赛条约》上签了字，但是德国不会受《凡尔赛条约》的约束。因此不久之后，德国就拥有了一支规模空前的军队以及空中力量。然后，他们开始入侵那些本不属于他们的土地。他们开进了奥地利，使奥地利成为了德国的一部分。之后，他们开始侵犯周围其他的国家。

当时，英国与波兰之间有一个协议，波兰是德国东方的邻国。英国、波兰的这个协议规定，英国会保护波兰的独立。因此，当德国威胁要进攻波兰的时候，英国就亮出这一条约警告德国，英国说，在这一条约之下保护波兰，是英国的义务。可是，希特勒不管这些，他继续下令军队前进，然后攻击波兰。希特勒先是把飞机派往波兰轰炸，然后又派出了陆军开进波兰。短短的几天内，波兰军队就被完全制伏了。这件事情发生在公元1939年，它是第二次世界大战的开始。

俄罗斯（这时应该称为苏联）在波兰的另一侧，他们也派出军队进入了波兰。这样，波兰就不复存在了。

接着，德国军队进攻了挪威和丹麦。希特勒用飞机运了一些士兵去挪威，然后在挪威叛徒的帮助下控制了挪威。

再接着，德国军队进攻了法国、比利时、荷兰。法国人、比利时人以及荷兰人的军队，再加上被派往法国帮助他们的英国军队合在一起也没有打过德国人的飞机和坦克。这时，墨索里尼发现德国人赢了，就也站在了德国这一边投入了战争。很快，荷兰、比利时、法国的大部分土地都落入到德国人的手中。德国军队开进了巴黎，数以万计的法国民众被遣送到德国去做奴隶一样的苦工。现在，只有英国还在战场上对抗着纳粹军队。

你们可能还记得，我曾经跟你们讲过，是议会而不是国王，才是英国的真正统治者。议会的领导者，也就是实施议会决议的那个人，被称为首相。在那个对英国而言相当危急的时期，英国的首相是温斯顿·丘吉尔。温斯顿·丘吉尔是一个非常勇敢、固执的人。尽管英国军队把武器都丢在了法国，整个英国只剩下不到一百辆坦克，飞机也没剩几架，军队的人数也比德军的少得多，丘吉尔还是没有放弃。他在广播里对英国人民讲话，鼓励他们不管任何艰难险阻都要战斗到底。他说："我们应当保卫我们的国家，无论付出什么样的代价。我们要在海滩上战斗，我们要在敌人登陆的地方战斗，我们要在田野里以及街道上战斗，我们还要在山上战斗！我们永远都不能投降！"

这番演讲是否让你们想起，在两千多年前，列奥尼达在温泉关战役之前给波斯人的回复呢？列奥尼达说："来抓我们。"丘吉尔的演讲并不是很简短，也不是"列奥尼达式的"回答，但是他演讲的含意跟列奥尼达的是一样的。

纳粹党已经准备入侵英国了。

他们带了三千多条驳船到达英国对面的欧洲海岸。这些船会被用来运载纳粹士兵，把他们送过英吉利海峡。但是希特勒首先想击溃英国的空军，这样他就能够更加容易地在英国登陆了。纳粹用很大的军舰来运送飞机，让它们去轰炸英国的机场和海港。

结果，希特勒遭遇了他的第一次失败。英国人的飞机数量比纳粹的要少得多，但是他们仍然能够打败纳粹的飞机。这次战役被称为"不列颠空战"。在空战的第一个十天里，英国人击落了德国人697架飞机，自己只损失了153架！

当希特勒发现德国飞机不能摧毁英国的空军后，就开始日夜不停地轰炸伦敦。数不清的伦敦居民被德国炸弹炸死。另一方面，英国的皇家空军飞行员也在不断地击落数量众多的德国飞机。以致最后，德国都不敢再派飞机轰炸英国了，除了夜间。在整个战争时期，德国飞机对英国的轰炸几乎就没中断过，但是希特勒已经失去了入侵英国的最佳时机。英国只用了几个月的时间就壮大了自己的军队。丘吉尔首相是这样评价英国空军飞行员的："在人类的战场上，从来没有一次像这次一样，保护如此众多的人民的如此重大的责任被托付给如此少的一群人。"

81

跟独裁者们打仗

第二次世界大战，人类历史上规模最大的战争，是很难以一章的篇幅把它全部讲出来的。

因此，这一章也只是关于第二次世界大战的大概内容。

在法国被德国攻下后，被德国攻击的所有国家中，只剩下大不列颠王国没有被征服。甚至就在不列颠空战之后，也没人能够确定，纳粹是否还会入侵英国。不过，仅仅把德国防御在英国国境线之外，还是不能赢得整个战争的。没人相信，英国人能打败德国人。除了英国人自己，没有人相信这一点。不过，英国人并没有放弃，他们继续试图攻击着这支世界上最强大、最训练有素、装备最精良的军队。

大不列颠王国的其他地区也派出了部队。但是这些大不列颠王国所属的其他国家，例如加拿大、澳大利亚、南非、新西兰、印度，都远在海外。如果这些国家派船过来，德国人的潜水艇就会用鱼雷攻击它们。

墨索里尼已经加入了战争，并且站在德国这边；日本在中国烧杀抢掠、不停地轰炸，也站在了德国这边。

没有哪个国家能保证自己足够安全可以免受攻击。那么，谁将是被攻击的下一个目标呢？

甚至与欧洲远隔着大洋、在三千英里之外的美国，也觉得自己应该加强防卫了。美国要使自己那支人数非常少的军队成为一支庞大的军队，于是，他们的军工厂日夜不停地开工，生产坦克、飞机以及其他军用物资。另外，美国还开始为海军制造新船。然而，一支庞大的现代化军队，是不可能在短短几天内得到扩充、完善并完成训练的。要打造一支庞大的现代化军队，需要的不是几天，几个月，而是几年。而军舰的制造和装备的完善甚至比打造一支军队所需要的时间更长。对于我们美国人来说比较幸运的是，当时的美国总统富兰克林·D.罗斯福带领着美国人民为可能会发生的战争时刻作着准备，因为就在大约一年后，美国就被突然袭击了。在那个时候，我们还没有准备好。哦，那是这个故事中比较靠后的事情了。

此时此刻，德国正忙于为法国、丹麦、挪威制定他们纳粹的新秩序，同时也在惦记着用空军来征服英国，而意大利则正忙着攻打希腊和埃及。不过意大利人不像德国人那样英勇善战。一小支勇敢的希腊军队就把意大利军队拖在了那里。这时，在北非的英国将军征用了从大不列颠王国的各个地方集合来的士兵，打败了两支人数是其自身五倍的意大利军队。这样，就把埃塞俄比亚从意大利手中解放了出来。

在几个国家战势如火如荼的时候，德国派出了一支军队，它在三周内就征服了希腊。他们还派出了一支军队去北非，在那里跟英军开战，这一战持续了三年之久。

之后，希特勒突然对苏联发起了进攻。在今天，你们可能会觉得希特勒做的这件事情非常愚蠢。苏联是一个强大的国家，有一支强大的军队，甚至拿破仑都没能够征服那时的俄国。但是希特勒知道，如果他把苏联拿下，德国将会得到大量的石油、小麦、木材与矿藏。除此之外，他还认为苏联可能会进攻德国，因为自从纳粹踏上了他们的征途，苏联就建起了一支规模可观的军队。那时，希特勒已经将十五个欧洲国家纳入到了自己的统治范围，并且他的军队从来没有败过，尽管他的空军还不能够使英国投降。

就这样，德军冲进了苏联。他们希望能迅速歼灭苏联军队。德军深入到了苏联的腹地，苏联军队节节后退。最后，纳粹到了莫斯科，立即从三个方向开始进攻这座城市。希特勒宣称，莫斯科战役将是苏联军队的最后一口气了。他说得太早了。苏联军队在莫斯科抵住了德国军队成千上万架飞机的轰炸、坦克的进攻达几个星期之久。守军与莫斯科居民肩并肩地一起战斗。最后，苏联人把德国军队赶了出去，莫斯科得救了。

然而，阻止德军攻下莫斯科并不意味着打赢了这场战争，这正像把德军拒在英国国境外也不算是打赢一样。德国和意大利仍然控制着几乎整个欧洲。

就在苏联军队把纳粹赶出莫斯科的同时，日本开始行动了。日本的飞机毫无预警地轰炸了美国在夏威夷珍珠港的舰队。这件事情发生在公元1941年12月7日。那里的所有美国军舰或是被击沉或是被损毁，另外还有两千多名士兵被打死。四天之后，德国、意大利也正式对美国宣战。

此时，美国还没有准备好跟德国、日本同时开战。美国新入伍的士兵还没有训练好，新的舰队也没有准备好去取代珍珠港被击沉的战舰。不过幸运的是，苏联在欧洲打得非常激烈，这样就牵制住了纳粹几百万的军队，给我们美国又腾出了一年的时间去准备战争。我们的工厂没日没夜地生产坦克、卡车和其他军用物资，然后尽可能地用船把它们运给苏联的军队和在埃及的英国军队。

相对于被牵制的纳粹，日本一直没有停下来。他们攻占了原本属于美国的菲律宾群岛、新加坡的英国海军基地、原本属于荷兰的东印度群岛，还有泰国、缅甸，然后朝着印度推进，日本还占领了马来西亚半岛，属于法国的印度支那和中国的大部分地区。

在你们的地理书上或地图册上很可能就有一张亚洲的地图。如果你们查查地图上的这些地方，就会看到，日本军队在亚洲铺开的战线有多长。并且，在太平洋的地图上，你还可以找到日本占领的一些岛屿，它们离日本本土都非常遥远。这些岛屿有着奇怪的名字，除了在第二次世界大战中发生在这些地方的战争外，在历史书的其他地方你永远也找不到它们。这些岛屿是：

关岛与威克岛

新几内亚岛

布尔维尔岛与瓜达卡纳尔岛

基斯卡岛

日本在侵略的过程中，遭到了当地军民强烈而勇猛的抵抗。例如在菲律宾，当美军与菲律宾军队全部牺牲或被俘之后，它才被占领。此外，有少数人逃到了山上，他们一有机会就跑出来对侵略者搞破坏活动。

美国总统罗斯福和英国首相丘吉尔决定，先打败希特勒，然后再清除日本侵略军。因此，他们把美国和英国士兵部署到了北非战场，在那里打击德国军队。之后，他们开始进攻意大利。

在英国本土，集合了大量的英国和美国士兵。英美的飞机从本土起飞，连续不断地轰炸德国和德国的机场。到了1944年6月，对德国主力部队发起总攻的准备完成了，最后的时刻到了。最大数量的英美联军在艾森豪威尔将军的领导下，穿过英吉利海峡，在法国的诺曼底海岸登陆。他们跟德军展开了激烈而血腥的战斗，挫败了德军的进攻，把德军从法国追到了德国。法国、比利时、荷兰从德军的占领下解放了，再一次成为独立的国家。

与此同时，在德国另一侧一直跟德军作战的苏联军队也取得了重大胜利，把德军赶回了德国。苏联军队还占领了德国的首都柏林。墨索里尼被意大利人自己抓了起来，开枪打死了。而希特勒，由于他的军队战败，他也永远地消失在了柏林的废墟中。

最后，可怕的纳粹军队终于被打败了，但是成千上万的人无家可归，没有食物可以果腹，不得不靠其他国家运来的食物维生。

这时，在世界的另一边，抗日战争仍然在继续。被日本占领的国家持续不断地进行各种各样的抗争，空战、海战、陆战，此起彼伏。在被日本占领的岛屿上，战士们一边要经受着热带丛林的各种艰难险阻，比如疾病、炎热，一边跟日本侵略军浴血奋战。这样，被占领的岛屿渐渐都摆脱了日本的控治。在太平洋战争中，美军的指挥将领是道格拉斯·麦克阿瑟。他的部队在海军的帮助下重新夺回了菲律宾群岛。当他们正要攻入日本本土的时候，一种可怕的新式武器被美军投到日本爆炸了，日本宣告投降。

这种新式武器就是原子弹，美军的飞机在日本的两座城市各扔下了一颗，但仅仅是两颗原子弹，就造成了极其可怕的破坏与毁灭。

德国在1945年5月宣告投降，日本在1945年8月宣告投降。于是，世界史上规模最大、最恐怖的战争结束了。

82

昨天、今天与明天

我住的地方附近有一家糖果店。这家店的牌子上写着“新鲜每小时”。历史每天都在被创造，几乎每小时都在更新。甚至就在此刻，报童就在我的窗外叫喊着：“号外！号外！是一场新的战争吗？是一个新的发现吗？”

从现在这个时候起，你们只能从报纸上读到新的历史了。

迄今为止，我们学到的历史都是一场接着一场的战争。在这些战争中，有规模大的，也有规模小的；有持续时间长的，也有持续时间短的。几乎在所有的时间里，总是有某些地方在进行着战争。一直是在战争、战争、战争——打仗、打仗、打仗。小孩子们在吵架的时候，他们会又抓、又踢、又咬；但等到我们长大后，我们就很少用拳头和脚来解决纠纷了。因此，战争看起来似乎是童年的一个标志——我们都是“小孩子”——而我们称为战争的打仗，其实也是一个我们的世界多么年轻的标志，我们人类多么年轻的标志，在宇宙的悠远岁月中，地球上的人类世界真的不过是一两分钟那么长而已。

在今天，我们总是会仰慕、赞美那些历史上的英雄，例如赫拉克勒斯、列奥尼达、圣女贞德、艾森豪威尔将军，还有那些为了保卫他们的国家而抗击侵略的人。这就仿佛，对于那些在夜里跟侵犯自己家庭的贼和杀人犯展开殊死搏斗的人，我们总会致以敬意一样。但对于那些只是为了增加自己的权力、财富或荣誉而无故侵犯他人、剥夺他人生命的人，不管他们是国王、将军还是王子，他们都并不比那些为了某些目的在夜里拿着枪伏在路旁抢劫杀人的蒙面大盗更好。战争会造成杀戮，战争会带来毁灭，战争还会耗费无数人的生命以及无尽的钱财——我们本来可以用这些钱使自己的生活更美好，而不是用它制造苦难、艰辛、悲惨、不幸、盲人与跛子、寡妇与孤儿。没有人能够从战争中得到好处，即使获胜者也不能。战争是一个可怕的游戏，甚至这场游戏的赢家同时也是输家。最后有谁知道呢！或许，这是这个世界唯一的发展方式？

但以下一点是确定无疑的：倘若战争不结束，那么人们就会用杀伤力更强的武器，以至于最后整个国家甚至整个洲的人都会被杀死。原子弹爆炸造成的毁灭已经说明，一颗原子弹足以把整座城市夷为平地。如果战争继续下去的话，或许整个地球上就没有一个活着的人能剩下来，而那将会是人类历史的终结。

或许战争是可以被终止的。世界各地的人不断地作出各种尝试，希望能结束下一场危险的战争。阻止战争并不容易，但是如果联合国可以表现得像消防部门那样，在大火燃烧起来之前就把火扑灭，那么这个世界还可以维持几年的和平。那样的话，新的发明就会被用来维护和平，而不是用于战争。那样的话，原子弹如此可怕的能量会被用来驱动机器、给室内供暖、治疗疾病。那样的话，有那么一天，它甚至可以让冰冷的南极成为适合人类居住的地方。你们喜不喜欢在南极有一间房子呢？

人类的发明似乎已经比魔法本身更具备魔力了。飞机与直升机取代了飞毯。它们比真正的飞毯好，因为它们是真正的飞行器，而有魔法的飞毯只存在于人们的想象中。无论你们想象到什么，无论你们的想象力多么稀奇古怪，这些东西很可能在某一天就会被发明出来——假如战争可以被阻止的话。你们可以想象一个发明，这个发明可以阻止所有的战争，你们还可以非常确信，它在某一天能够被派上用场——在战争还没有把一切都毁灭之前。

发明跟发现并不完全一样。哥伦布并没有发明美洲，他是发现了美洲。如果一样东西以前一直在那里，但是人们并不知道它，一旦人们知道了，那么这就是一个发现，而不是一项发明。

发现与发明！在最近的一百多年里，它们同样重要，它们看起来就像魔法。当然，地球上没有更多的大陆等着人们去发现，但是人们无时无刻都有奇妙的发现。

在最重要的那些发现中，有一些是关于疾病及如何防治它们的。这些发现通常会有很长的名字，例如：

种痘！如果你是男孩的话，请检查一下你的胳膊；而如果你是女孩，请检查一下你的大腿。在那里，你能找到自己永远不会得天花的理由。在此之前，世界上各个地方都有天花传播，它是致命的疾病。通过种痘防止天花的这种发现，其拯救的生命可能跟战争夺去的生命一样多。

牛奶的巴斯德杀菌法！你们知道那是什么吗？这是以一个法国人的名字命名的，他发现了怎样杀死致命细菌的办法。你可以猜一猜他的名字。对了，他的名字就是巴斯德！

预防接种！你们知道那是什么吗？是否医生曾经用针管给你们“注射”过一些东西？它们是用来保护你们不被破伤风或伤寒症感染的！

麻醉！你们知道那是什么吗？你们是否闻过乙醚？如果你们要动一个手术的话，那么麻醉剂可以让你们沉沉睡去。如果没有麻醉这个方法，想想吧，我们现在要遭受多少痛苦！

青霉素！它的发现，拯救了第二次世界大战中许多受伤士兵的生命！

我希望自己还能跟你们讲讲另外一些发明，例如电子眼、雷达、喷气式飞机等等。我希望自己还能跟你们讲讲一位叫爱因斯坦的科学家。我希望自己还能……但我不能再讲下去了。在这本书中，要把所有的东西都讲到，已经没有足够的地方了。除此之外，我也不太可能紧跟时代的脚步，因为新的发现与发明时时刻刻都在发生——“新鲜每小时”。

现在，我们已经抵达历史中称为“当下”的时刻。这个时刻就在今天，就在现在，就在此时此刻。

这本书中的故事已经结束了，但仅仅是暂时结束了。因为，历史将继续书写它的故事，不断地继续下去。甚至就在你们读到这一行的时候，科学家们又作出了各种各样的发明与发现，而这些发明与发现就有可能会写入未来的历史书中呢！

如果你们是生活在公元10000年的小男孩或小女孩，那么你们现在读到的这部历史仅仅是你们那时的历史的开端而已。那个时候，甚至连第二次世界大战看起来都那样久远，就像石器时代的战争对于今天的我们而言很遥远一样。那时，你们想到今天的我们以及今天看来似乎非常奇妙的种种发明，就像今天的我们想到青铜时代与青铜的发现那样。

或许到那个时候，人们不会再使用火车、轮船、汽车，甚至也不再用飞机，而是坐着某种魔法飞毯，仅仅在心里想想就能从一个地方到达另一个地方了。或许在那个时候，人们也不再用信件、电话、飞机，甚至也不再用电视机，而是能够直接读出他人的想法，无论他们离自己有多远。

如此等等——这个世界将永远继续下去——阿门！